LÉON BURDIN

Der Weg ins Licht

LÉON BURDIN

Der Weg ins Licht

Sterbenden Begleiter sein – Erfahrungen und Anregungen

Mit einem Vorwort
von Bernard-Henri Lévy

Aus dem Französischen
von Bernardin Schellenberger

HERDER
FREIBURG · BASEL · WIEN

Titel der Originalausgabe:
Parler la mort – Des mots pour la vivre.
Préface de Bernard-Henri Lévy

Umschlaggestaltung: Finken & Bumiller, Stuttgart
Umschlagmotiv: Getty Imagges, München

www.herder.de
Druck und Einband:
fgb · freiburger graphische betriebe 2001
www.fgb.de
Gedruckt auf umweltfreundlichem,
chlor- und säurefrei gebleichtem Papier
ISBN 3-451-27583-X

Dieses Buch des À-Dieu
widme ich Lucie, meiner Mutter,
in ihrer Ewigkeit ...
sowie allen Gesichtern,
denen ich in diesem Leben begegnet bin.

Inhalt

Vorwort

DAS IST EIN BUCH, wie es meines Wissens noch nie geschrieben wurde. Es ist ein Buch nicht »über« den Tod, sondern ein Buch in seinem Schatten, ganz nah bei ihm, in hautnaher Berührung mit ihm.

Es ist das erschütterndste derzeit verfügbare Buch über jene uns allen gemeinsame Bestimmung: unser Verhängnis, im Sein-zum-Tod zu leben.

Der Verfasser ist Priester. Genauer: Er ist Fährmann. Er steht in einer großen Pariser Klinik den Sterbenden bei, vom diesseitigen Ufer abzustoßen. Er ist Zeuge ihres letzten Seufzers, vernimmt ihre letzten Worte, spendet ihnen letzten Trost, kurz: Er begleitet sie auf ihrer letzten Reise bis zur Endstation.

Sein Beruf? Fährmann der Toten. Einfacher und erhabener: Charon. Großartiger und bescheidener: menschlicher Wächter über das Geheimnis anderer Menschen. Bewahrer oder Helfer dazu, dass sich ihnen, wie er sagt, die »innere Epiphanie« erschließe.

Ich teile den Glauben dieses Menschen nicht. Muss ich es noch deutlicher sagen? Ich gehöre zudem nicht der gleichen spirituellen Tradition wie er an. Zweifellos gibt es daher Züge in seiner Darstellung, die mir fremd sind oder schwer nachvollziehbar: der Bezug auf das Jenseits, der Glaube an die Auferstehung der Körper, die Vorstellung, es gebe einen »Lernprozess des Ja-Sagens«, das uns durch den Tod hindurch mit der »Weltordnung« in Einklang bringe. Worin besteht die wahre Größe: zum Tod ja zu sagen oder ihm bis zum Letzten Widerstand zu leisten? Ihn anzunehmen oder sich gegen ihn aufzubäumen? Und sterben wir nicht in Wirklichkeit einsamer und eines gewalttätigeren Todes, als Burdin es wahrhaben will?

Aber das ist gar nicht so entscheidend. Man kann gar nicht anders, als sich dem Menschen, der dieses Buch geschrieben hat, dem Fährmann aus diesem heutigen Totenhaus, ungeheuer nah zu fühlen und Solidarität mit ihm zu empfinden.

Für diesen Soldaten des Todes, diesen »Frontkämpfer«, dessen Ehre, dessen Erfüllung, dessen Alltagsbeschäftigung darin besteht, beim Tod anderer dabei zu sein und, wie er sagt, daran »Anteil zu nehmen«, für diese Verkörperung der Nächstenliebe, die ihre Tage seit Jahren in den Mauern einer Klinik voller kranker Kinder, voller auf die Gestalt von Gespenstern reduzierter Männer und Frauen mit von Krankheit, Hoffnungslosigkeit, Kummer oder zuweilen der düstersten aller Aussichten verzerrten Körpern und entstellten Gesichtern verbringt, für diesen Heiligen – ja, »diesen Heiligen«, denn als solcher kommt er mir vor, wenn ich ihn mir vorstelle, wie er sich melancholisch und heiter auf den Fluren dieses Elendsortes, seiner Krebsstation, bewegt, und es ist Heiligkeit, wenn man sich so wie er entschließt, sich um diesen Tod zu kümmern, der wütet, der an die Türen pocht, der sich in die Träume der Menschen drängt und sie in ihren wachen Stunden belagert, sich diesen Tod zum Gefährten und zum allzeit auf dem Sprung befindlichen Gegner zu wählen, ihm sein Priestertum, sein Leben zu weihen – für diesen Heiligen also empfinde ich Bewunderung und grenzenlosen Respekt.

Vor allem aber und über meine Empfindungen für diesen Menschen hinaus kann ich nicht anders, als mir die paar Lektionen für das Leben – oder, was auf das Gleiche hinausläuft, für die Philosophie –, zu eigen zu machen, die sich aus dieser fremdartigen und schönen Darstellung abzeichnen. Ich sage: »schöne« Darstellung, weil ich überzeugt bin, dass man sie tatsächlich als »schön« bezeichnen muss ... denn dieser Priester, er möge es mir nicht übel nehmen, ist auch ein begnadeter Schriftsteller, und es ist nicht die geringste Tugend dieses Buches, uns im Verlauf seiner Seiten fast ungewollt großartige Formulierungen zu bieten, Porträts, die uns die Tränen aus den Augen treiben, Worte, die von ihm stammen oder die er ganz im Gegenteil von »seinen« Sterbenden empfangen hat und mitteilt, Worte, deren Wahrheitsgehalt derart umwerfend ist, wie es nur Worte eines Textes der großen Literatur sein können.

Kurz, hier wird uns eine Lektion nicht nur in Literatur, sondern auch in Metaphysik erteilt, die ich kurz in einigen Punkten zusammenfassen will, unbeholfen und unzulänglich allerdings, und sie wollen nicht mehr sein als eine Einladung, sich auf dieses Buch selbst einzulassen.

(1) Im Widerspruch zu dem, was uns die allgemein vorherrschende Technik glauben machen will, ist der Tod nicht die Verneinung des Lebens. Im Gegenteil, er ist ein Augenblick dieses Lebens. Er ist ein Ereignis – und was für ein entscheidendes! – der vollendeten Existenz eines Menschen. Es gibt gelassene Tode, sagt der Autor. Zuweilen gibt es unmittelbar am Rand des Todes, verblüffend für alle Umstehenden, unvorstellbare Ausbrüche der Freude – man lese unter anderem die Schilderung der Frau, die weiß, dass sie sterben muss und sich sorgfältig das Kleid auswählt, das sie auf ihrer letzten Reise tragen will! Der Tod ist eine Tat. Der Tod ist eine Geste. Man kann aus seinem Tod genau wie aus seinem Leben ein Werk machen, ja ein Meisterwerk. Gewiss, der Tod ist immer traurig. Er ist immer ausweglose Betrübnis. Aber diese Traurigkeit, sterben zu müssen, diese endgültige Betrübnis, so sagt Léon, kann man sich zur Aufgabe machen, zu einer nicht unmenschlichen, sondern menschlichen Tat. Und seine Rolle, so Burdin, bestehe darin beizustehen, damit der Tod sein menschliches Antlitz wieder finde und der »Lebenskern«, der in diesem finsteren Stollen voller Nacht und Schrecken stecke, zu Tage gefördert werde.

Ist das nicht das Gleiche, das auf seine Art der atheistische Philosoph Michel Foucault sagte, als er 1954 schrieb: »Das, worauf der Mensch im tiefsten Grund seines Traumes stößt, ist sein Tod«? Und dann zehn Jahre später: »Wenn langsam, halb unterirdisch, aber bereits sichtbar der Tod näher kommt, findet der Einzelne sich selbst wieder ...« – da, im Augenblick des Sterbens, »trennt ihn ein schwarzer Ring von allem anderen ab und verleiht ihm seine ureigene Wahrheit.«

(2) Was das spezifisch Menschliche am Tod des Menschen im Unterschied zum Tod einer Pflanze oder eines Tiers ausmacht, ist der Umstand, dass er mit Bewusstheit und im Grunde mit Klarsicht geschieht. Im Französischen sagt man zuweilen von jemandem, der plötzlich durch einen Unfall oder am Ende eines langen Zustands der Bewusstlosigkeit gestorben ist, neidvoll: »Il ne s'est pas mourir« – »Er hat sein Sterben nicht mit ansehen müssen.« Auch die Angehörigen dessen, den man bis in die letzten Sekunden bezüglich seines bevorstehenden Todes belogen hat oder meinte, belügen zu können, sagen: »Er hat sein Sterben nicht mit ansehen müssen, er hat den Tod nicht kommen sehen müssen« – und sie glauben, dieses Nichtwissen, dieses Nichtbewusstsein und Unbesorgtsein habe ihm die Schrecken der Furcht, der Angst, des letzten Sich-Aufbäumens oder sogar des Hoffens erspart. Aber was für ein Irrtum!, sagt Burdin. Was für ein entsetzliches Missverständnis! Als wären nicht gerade diese nicht bewussten Tode die schlimmsten ... Als wären nicht gerade sie der sicherste Weg, uns ganz nahe ans Nicht-Schicksal der Pflanzen oder Tiere anzunähern ... Auch die Tiere sterben. Auch die Pflanzen sterben. Aber was bei den Menschen anders ist, was ihr »Sterben« ausmacht und vermenschlicht – und Burdin legt Wert darauf, dieses »Sterben« des Menschen vom einfachen biologischen »Tod« zu unterscheiden – das ist dieses Aug'-in-Auge, dessen Zeuge er schon so oft war, das uns die Zeit lässt, den letzten Augenblick zu fürchten, uns gegen ihn zu sperren, ihn zu hassen, zu beschleunigen, zu erhoffen, kurz: zu leben.

Ich entsinne mich, dies eines Tages gesagt zu haben – aber spontan, unbesonnen –, als ich in Beantwortung des berühmten Fragebogens von Marcel Proust einem Journalisten im Gespräch erklärt hatte, meiner Auffassung nach bestehe die schlechteste Art des Sterbens darin, im Schlaf zu sterben – ohne die Möglichkeit zu haben, den Tod kommen zu sehen und das Sterben zu erleben. Léon Burdin sagt das Gleiche viel besser. Er zeigt, er *beweist* geradezu, dass die Hölle der sanfte Tod ist. Er beschreibt die armselige, in Wirklichkeit schreckliche Verantwortungslosigkeit der Familien, die den Priester rufen, wenn es zu spät ist, im allerletzten Moment, wenn der Sterbende bereits in sein letztes Koma eingetreten ist und er nur noch ein erloschenes Gehirn segnen kann – »Herr Pfarrer, spenden Sie ihm die Krankensalbung ... aber so, dass er nichts davon merkt ...«

(3) Dieser gelebte, bewusste Tod ist in erster Linie eine Angelegenheit des Zur-Sprache-Bringens. Auch hier widerspricht Burdin ganz dem Zeitgeist. Er erweist den anderen Gemeinplatz als grundfalsch, demzufolge die Haltung derer »bewundernswert, mutig usw.« ist, die schweigend, verschämt und ohne noch einziges Wort zu sagen sterben. Auf seine ruhige, unaufgeregte Art, immer mit der gleichen Lautstärke jener schlichten Gewissheit sprechend, die ihm seine Erfahrung erschlossen hat und seinem Buch seine Musik verleiht, widerlegt er das mythologische Bild im Stil des Dichters Vigny, wie der alte »Wolf« ohne einen Seufzer verscheidet und die »starke«, von allen Wettern gegerbte Seele ohne Klage und Reue erlischt. Was für eine Armseligkeit ist doch auch dies! Was für eine Katastrophe für den Sterbenden und mehr noch für die Überlebenden! Welche Schönheit dagegen liegt in den wirklich gelebten Toden, das heißt den ausdrücklich ins Wort gebrachten, bei denen lebende Wesen sich austauschen, also sprechen!

Burdin spendet jene Art Salbung, die man von ihm verlangt, die Salbung auf die Stirn eines Sterbenden, der schon nicht mehr da ist, kein Zweifel. Er spendet sie *offensichtlich*. Aber er spendet sie nur widerstrebend. Es ist eine Handlung gegen die Natur. Das ist kein »religiöser« Akt, sondern ein »magischer«. Dabei wird das Sakrament zum seltsamen Fetisch, den man dem Menschen in die Tasche schiebt, beiläufig, ohne dass er es merkt. Denn Sterben heißt Sprechen. Priester sein heißt zunächst einmal: Fachmann für das Wort sein. Einen Menschen bis in seine vorletzte Stunde begleiten heißt: ein in ihm vergrabenes Wort bergen, es heben, es hinaus zu den anderen tragen – es heißt: etwas ans Licht kommen lassen, was er noch nicht sagen kann oder will. Was ist ein Mensch? Eine Seele. Aber was ist eine Seele? Eine Mischung aus Blick (Levinas) und Wort (Freud, Lacan). Am Punkt des Zusammentreffens dieser beiden Traditionen hat sich der Autor, gewollt oder ungewollt, eingefunden. An diese Überschneidung beider Linien stellte sich jener Mensch, mochte er es wissen oder nicht, der eines Tages zu ihm sagte: »Herr Pfarrer, ich habe eine schreckliche Nacht hinter mir«, und auf die Frage des Priesters: »Hatten Sie Todesängste?« zur Antwort gab: »Nein, aber Angst zu sterben, ohne vorher noch gesprochen zu haben!«

(4) Und schließlich die letzte These noch – die letzte Lektion aus diesem bewundernswerten Buch, bei dem ich merke, dass ich nichts Besseres zu tun vermag, als es zu paraphrasieren: Dieser gelebte, ins Wort gebrachte usw. Tod, dieser »wahrhaftig« menschliche Tod, menschlich durchlebt von Menschen, ist für unsere Gesellschaften zum großen Problem geworden, zu ihrem letzten und furchtbarsten Thema, das es zu verschweigen gilt – ist weit mehr als zum Beispiel der Sex, das große Tabu des 20. und soeben begonnenen 21. Jahrhunderts ... Da gibt es die makaber-komische Geschichte vom Fernsehteam, das in einer Klinik einen Film »über das Sterben« drehen will und dafür nach einem frischen, frohen, optimistischen Sterbefall fragt – kurz, einem strahlenden Tod, bei dem die Krankenschwestern fröhlich auf den Fluren tanzen. Viel weniger komisch ist die Geschichte jener Kranker, die bei Eintritt des Priesters ins Sterbezim-

mer von einem heiligen Schrecken erfasst werden – dem Schrecken vor dem *Heiligen*, dem Schrecken, der Gesellschaften befällt, die das Gespür selbst für das *Bild* der Heiligkeit verloren haben: »Was wollen Sie hier? Warum sind Sie gekommen? Bin ich so krank, dass Sie schon meinen, sich bemühen zu müssen?« Und der Priester fragt sich unwillkürlich: »Wer bin ich, dass ich mich so empfangen lassen muss? Was für ein schwarzes Schreckgespenst bin ich geworden? Was für ein Unheilsvogel? Und: Wie weit ist es mit ihnen gekommen? Haben sie den Gedanken an den Tod derart verdrängt, dass schon mein bloßes Auftauchen diese Panikreaktion auslöst?«

Ja, so weit ist es mit ihnen gekommen. So weit haben sie es gebracht. Ganze Gesellschaften haben es so weit gebracht, ganze Gemeinschaften, die den Traum von der Unsterblichkeit bis zu dieser letzten Schwelle vorantreiben und die allen Ernstes glauben, sie könnten nach und nach das Reich des Todes immer weiter zurückdrängen. Kurz: Die Menschheit ist immer weniger dazu fähig, das Ereignis des Todes als Ereignis des menschlichen Lebens zu leben, weshalb das Schlimmste zu befürchten ist: dass Trauer unmöglich wird, Worte in Ketten gelegt, versiegelt, erstickt werden, vielleicht sogar Gewalttätigkeit um sich greift, Unmenschlichkeit triumphiert – dass eine Welt selbst tot wird oder nicht mehr lebbar oder über kurz oder lang der Verdammnis anheim fällt.

BERNARD-HENRI LÉVY

Zur Einführung

Wie Tausende anderer Pariser nehme ich allmorgendlich die RER und dann das Auto, um mich an meinen Arbeitsplatz in der Bannmeile zu begeben, Richtung Villejuif ins Institut Gustave-Roussy (IGR). In diesem bekannten Zentrum von Paris für Krebsbehandlung spiele ich eine ganz besondere Rolle. Ich bin weder angesehener Professor noch brillanter Forscher noch hingebungsvoller Pfleger. Ich gehöre zum Personal wie die anderen, habe jedoch in dieser Festung, in der Tag und Nacht unablässig gegen die Krankheit angekämpft wird, die rätselhafte Funktion des Geistlichen im Rahmen eines kleinen Seelsorgeteams. In gewisser Hinsicht bin ich der Einzige meiner Gattung. Seit fünfzehn Jahren fahre ich tagaus, tagein dorthin, zur riesigen Schar derer, die sich auf diesem Eiland südlich von Paris Tag um Tag abkämpfen: von weither gekommene Kranke, Familien voller Hoffnung, äußerst kompetente Pflegerinnen und Pfleger.

Ich durchstreife als Mensch mit leeren Händen, ohne technisches Gepäck, die Flure der Klinik, mit der offiziellen Vollmacht, unter unbedingter Wahrung der Freiheit der Kranken mit ihnen Kontakt aufzunehmen, an ihre Türen zu klopfen, ihre Zimmer zu betreten. Das ist also meine Arbeit, einfach und immens zugleich: In einem großen Krebszentrum gehe ich auf den Menschen, jeden Menschen, Gläubigen wie Ungläubigen, zu, den Menschen, der von drängenden und belastenden Problemen um Leben und Tod heimgesucht wird, ausgelöst durch die Tatsache, dass er vom Krebs befallen ist.

Meine Arbeit ist schwer; die Schwierigkeiten, auf die ich stoße, sind vielfältiger Natur. Ich wohne ungeheuren Leiden bei und oft werde ich mitten ins Epizentrum jener Erschütterungen gerufen, bei denen sich mit der Angst vor dem Tod unglaubliche Widerstände und ein lähmendes Verstummen vermählen. Aber es ist eine Arbeit, bei der ich unermessliche Freude verspüre, eine Freude der Art, wie sie dem Menschen beschieden ist, der Zeuge des Wunders jenes Lebens sein darf, das bei denen aufleuchtet, die der Tod zerreißt. Denn der Mensch, der sein Sterben als Handelnder vollzieht, hat Größe, genau wie derjenige Größe hat, der kämpft, um nicht sterben zu müssen.

Sie werden in diesem Buch ein Zeugnis finden – mein Zeugnis – vom Weg der Leiden und Neugeburten, den die Menschen im IGR erleben ... Das ist mein Alltag, mein Alltag, der mich als solcher ungemein tief bewegte, der mich sehr oft und ungemein stark erschütterte, in dem ich, so glaube ich, meine intensivsten Momente des Glücks und der Freude erlebt habe, in dem ich mich schließlich Tag um Tag so intensiv wie nur möglich engagiert habe. Dieses Buch handelt also, kurz gesagt, von meinem elementaren Kampf als Mensch und Priester in einer großen Klinik.

Ein derart persönliches Zeugnis muss unvermeidlich einseitig, ja befangen wirken. Jedoch, so wage ich zu glauben, verdient es Beachtung: Der Ertrag an Einsicht, den es von jenem vordersten Frontbereich liefert, wo der Mensch unerbittlich hart mit dem Tod zu tun bekommt – mit dem seinigen und demjenigen derer, die wie er sind – ist besonders reich und von einer Art, dass er für uns heute von höchster Bedeutsamkeit ist.

In unserer Zeit scheint nämlich der Tod als ein unüberwindliches Problem erlebt zu werden, als ungemein störendes Phänomen. Alles spielt sich so ab, als sei es uns ganz unmöglich, unseren Tod und den Tod der anderen ins Leben einzubeziehen. Selbst in der Klinik muss er sich verstecken. Er ist grundsätzlich vom Zweifel belastet, und das ist der Grund für die Hilflosigkeit angesichts seiner: Wir zweifeln daran, ob der Mensch fähig sei, ihn zu ertragen.

Unter diesen Umständen ist es nicht selbstverständlich, wenn man heute den Menschen an der äußersten Grenze seines Lebens als zu besonderer Größe befähigt darstellt. Wenn ich in diesem Buch die Größe des Menschen in dieser Extremsituation thematisiere, dann mit dem Gefühl, es in einer Welt zu tun, die, ohne es zu wissen, darunter leidet, an diese Größe nicht mehr glauben zu können. Diese Welt ist weit hinter ihr eigentliches Format zurückgefallen, weil sie sich nicht mehr die Umstände gönnt, diese letzte Größe zu leben.

Allerdings sind die Dinge derzeit im Fluss, selbst was unser Verhältnis zum Tod angeht: Man spricht wieder über ihn. Zweifellos steckt dahinter das Gefühl, ihn nicht richtig zu bewältigen. So drängen sich Fragen auf ... Die Frage steht im Raum, ob wir so sterben, wie ein Mensch sterben sollte – oder könnte, und ob das Leben, das den Tod nicht mehr erträgt, wirklich ein menschliches Leben ist. Wir merken, dass der Tod, auch wenn verdrängt, in unseren Leben eine Leerstelle geschaffen hat, die eine taube Unruhe auslöst. Aus diesem Grund versucht die Gesellschaft, den Faden wieder aufzugreifen und ihm einen neuen Sinn zuzuerkennen.

Während in unserer Gesellschaft diese tastenden Bemühungen und Fragen erst diffus und zögerlich in Gang kommen, werden sie für die Hunderte von Kranken, die ich begleite, von brennender Aktualität; sie werden für sie zum drängenden, alles entscheidenden Problem. Aus diesem Grund erscheint es mir notwendig, sozusagen mit dem Tod wieder Kontakt aufzunehmen und ohne Tabu von ihm zu sprechen.

Der Tod ist nicht nur ein starres Faktum: Er ist ein Werk – unser ganz persönliches Werk. Er hängt von unserem Tun ab und wird am Ende nichts anderes sein als das, was wir aus ihm gemacht haben. Denn Sterben – das heißt, aktiv seinem eigenen Tod entgegengehen – ist, daran besteht kein Zweifel, eine ausgesprochen menschliche Aufgabe. Es erfordert den Einsatz der gesamten Persönlichkeit und zudem noch ihrer Umgebung. Der Tod ist nämlich kein solitäres Geschehnis, ein Tod nur für den, der stirbt, sondern er geschieht auch für die Menschen, die er verlässt. Wenn der Ast vom Baum bricht und zu Boden stürzt, zeichnet er ihn mit der Wunde seiner Bruchstelle.

Im Gegensatz zu etablierten, scheinbaren Gewissheiten habe ich hier also vor aufzuzeigen, dass der Mensch fähig ist, seinen Tod zu bejahen; denn in ihm stecken die Kräfte, ihn zu leben; ferner, dass ihm eine angemessene Begleitung und Hilfe ohne diese Einsicht nicht gewährleistet werden kann; und schließlich, dass sein innerer Halt nicht untrennbar und ausschließlich an die Hoffnung, wieder gesund zu werden, geknüpft ist.

Als Mensch, der mit beiden Füßen auf dem Boden steht, bewege ich mich tastend vorwärts; als Mensch mit seinem eigenen Menschsein möchte ich meinesgleichen, diesen über alle ihre Errungenschaften so stolzen und am Ende trotzdem so hilflosen Wesen, helfend die Hand reichen. Allerdings habe ich dabei kein Wissen zu dozieren, sondern möchte ganz einfach brüderlich meine Erfahrung und meine Überzeugungen mit ihnen teilen. Ich glaube also, dass es dem Menschen gut täte, dem Tod in seinem Leben wieder seinen Platz einzuräumen; dem Kranken angesichts seines Todes wieder seine Freiheit zu lassen und ihn zu ermutigen, wieder als Erster mit dem Sprechen darüber anzufangen. Es ist möglich, mit anderen seinen Tod zu teilen, genau wie man mit ihnen sein Leben geteilt hat. Wie oft war mir schon das Glück beschieden, »dazuzugehören«: zu denen zu gehören, die am Tod eines Menschen Anteil haben durften, an einem voll und ganz durchlebten Tod!

In diesem Buch soll es also nicht darum gehen, eine genaue und vollständige Bestandsaufnahme des derzeitigen Kampfs gegen den Krebs mit all seinen Siegen und Niederlagen zu liefern; dazu fehlen mir die Mittel und die Kompetenz. Auch möchte ich nicht irgendein Verhaltensmodell für Menschen und Gruppen – einzelne Klinikseelsorger oder Seelsorgeteams – vorlegen, die im Namen der Kirche den Kranken den Dienst ihres Glaubens an Jesus Christus anbieten. Vielmehr soll es hier darum gehen, anhand meiner begrenzten Erfahrung bei den Kranken, die an die Schwelle des Todes gelangt sind, ein vergessenes, jedoch für jeden Menschen und sein Verhalten wesentliches Element wieder ins Licht zu rücken: das richtige Verhältnis zu unserer Verfasstheit als Menschen.

Ich bin mir der Unzulänglichkeiten wohl bewusst, die ich durch diese entschiedene Parteinahme in Kauf nehme, wenn ich hier vor allem die Schönheit der Zeugnisse von Menschen in extremen Situationen schildere. Eigentlich wollte ich auch ausführlicher von jener wichtigen Seite meiner täglichen Erfahrung als Seelsorger sprechen, die darin besteht, Kranke zu ihrem Sieg durch den Heilungsprozess zu begleiten, durch alle ihre Kämpfe, Hoffnungen und Fortschritte hindurch. Ich hätte auch dankbar den Anteil all derer schildern wollen, die im Lauf der Jahre meine Mitarbeiter beim Seelsorgedienst im IGR waren. Und schließlich hätte ich auch noch deutlicher vor Augen führen wollen, welche beträchtlichen Anstrengungen seitens der Einrichtung des IGR unternommen worden sind, das Pflegeverhalten zu modifizieren und die Bedingungen zu verbessern, unter denen heute die Kranken ihre letzten Etappen der Krankheit und des Lebens erleben können.

Alle diese miteinander eng verknüpften Bereiche konnte ich hier nicht behandeln, jedoch möchte ich auf keinen Fall, dass meine Ausführungen die Einrichtung, zu der ich gehöre, in ein falsches Licht stellen, denn ich bin auf sie stolz und ich bin glücklich, mich in ihr restlos einsetzen zu können. Ich zähle dort viele zu meinen Freunden; ich schätze ihre immense Kompetenz, ihre Effizienz und ihr intelligentes Engagement beim hartnäckigen Kampf gegen den Krebs; und ich fühle mich bei ihrem Kampf für den Menschen völlig mit ihnen solidarisch.

Auf den folgenden Seiten folgen Berichte, viele Berichte. Wir wollen sie in ihrer ganzen Vielfalt gemeinsam durchgehen. Dabei werden wir entdecken, wie in jedem auf ganz eigene Weise die Dynamik des Lebens ins Spiel kommt und sich der betreffende Mensch das

Ereignis des Todes zu Eigen gemacht hat. Diese Fülle an Beispielen wird uns helfen, so hoffe ich, auch uns selbst nicht nur mit der »Idee« des Todes, diesem Abstraktum, vertraut zu machen, sondern mit der Realität, der Wirklichkeit des Todes; mit dieser Wirklichkeit des Sterbens, diesem letzten Akt des Lebenden, der sich auf seinen eigenen Tod vorbereitet, ihn empfängt, von ihm spricht, kurz: mit diesem Lebenden, der ihn lebt. Das wird der Weg sein, der Weg, auf den mich tagtäglich die Kranken bei ihrem eigenen Gang und anhand ihrer Zeugnisse mitnehmen, und auch ihre Familienangehörigen, ihre Freunde und alle, die sie pflegen.

Wie wir wissen, besteht ein enges Band zwischen der Art, wie wir den Tod sehen, und der Art, wie wir in unserem Leben stecken. Das bedeutet also: Wenn wir unser Verhältnis zum Tod klären, wirkt sich das nachhaltig auf unser Verhältnis zu uns selbst, zu den anderen, zur Wirklichkeit, zur Geschichte und zum Universum aus. Und auch auf unser Verhältnis zu Gott ...

Wie man Klinikseelsorger wird

Wie bin ich Klinikseelsorger geworden? Diesen Vorschlag hat mir der Provinzial der Jesuiten, der Obere einer Ordensprovinz, der ich angehöre, anlässlich einer seiner jährlichen Visiten gemacht. Um ehrlich zu sein, muss ich sagen: Ich war davon nicht begeistert. Wie konnte man von mir verlangen, künftig mein Dasein als Seelsorger in einem Krankenhaus zu fristen? Es schauderte mich geradezu davor. Vor meinem inneren Auge wurden die Gestalten der Priester in Soutanen lebendig, die ich als Student bei der Heimkehr von unseren Ausflügen hatte durch die engen, kahlen Straßen in Richtung des benachbarten Krankenhauses gehen sehen. Ich wusste, das waren respektable Priester und, so zweifelte ich nicht, Priester, die schon lange ein sehr ehrenwertes Apostolat ausübten. Aber sie verkörperten damals etwas, was ich als Jugendlicher, den bereits die geistliche Berufung umtrieb, auf keinen Fall werden wollte; das hatte ich mir geschworen. Dieses Bild also hatte sich mir zu Beginn meines Weges geboten. Und angesichts dieser schwarzen, trostlosen Vorstellung empfand ich einen unüberwindlichen Widerstand.

Es folgte ein Zeit des Taubseins. Ich wollte nicht hören. Ich stemmte mich gegen den Vorschlag meines Oberen. Aber man wird eine so eindringliche und verwirrende Aufforderung nicht einfach dadurch los, dass man wegschaut ... oder weghört. Ich brauchte Zeit, Zeit zum Zögern und Reifwerden. Diejenigen, die von mir verlangten, diesen Posten zu übernehmen, hatten kaum eine Vorstellung davon, wie ungeheuer sich diese neue Haut, in die zu schlüpfen ich zustimmen sollte, sich mit derjenigen des Studentenseelsorgers biss, in der ich mich zur damaligen Zeit nicht ohne eine gewisse Selbstgefälligkeit ungemein wohl fühlte.

Schließlich sammelte ich Informationen. Was ich alles über das »Institut Gustave-Roussy« erfahren konnte, war mir eine wertvolle Hilfe für meine weiteren Überlegungen. Hinter der Bildfläche der Krankenhaus-Seelsorgestation, vor der bislang meine Vorstellungen geendet hatten, entdeckte ich die Dimensionen einer Großklinik von internationalem Rang, die sich dem Kampf gegen den Krebs verschrieben hat. Da kam mir erst zu Bewusstsein, dass sich zusätzlich zu vielen Kranken, die täglich in sie eingeliefert wurden, auch eine noch viel bedeutendere Anzahl von Männern und Frauen dort einfanden: Familienangehörige, Freunde und alle die Menschen, die der Schrecken dieser Krankheit ebenfalls betrifft und aufscheucht. Außerdem war dort tagtäglich das gesamte Personal zugegen, das hier seine Zeit und Arbeitskraft einsetzte und schon für sich eine ganze Kleinstadt darstellte. So gab es hier eine ganze Stadt, damit beschäftigt, Krankheit und Elend zu bekämpfen. Schritt für Schritt erwarb ich mir also das Gespür für ein mir bislang unbekanntes Tätigkeitsfeld, das alles in allem sehr herausfordernd wirkte. Mir wurde langsam bewusst, wie weit das Feld und die Möglichkeiten waren, die es dem bot, der sich ihm von ganzem Herzen und aus seinem Glauben heraus verschrieb.

Zugleich ging mir unmerklich immer stärker die eigenartige innere Verwandtschaft auf zwischen jener Ausprägung des Abenteuers des Menschseins, das man mir anbot, und der Form, in der ich mich bislang geübt und worin ich meinen Weg und meine Erfüllung gefunden hatte. Ich hatte zahlreiche junge Menschen, Männer wie Frauen, durch die Zweifel und Engpässe ihrer Universitätsjahre begleitet, um sie zur zuweilen schmerzlichen Entdeckung ihrer ureigenen Berufung zum Menschsein anzuleiten. Mir dämmerte allmählich, dass meine Rolle in dieser Klinik ebenfalls darin bestehen würde, Menschen auf ihrem Weg zu begleiten, aber jetzt in Richtung des Lichts eines anderen Ja-Sagens: der Zustimmung zum Sterben, um in den großen Frieden hinein geboren zu werden.

Schritt für Schritt nahm so vor meinen Augen eine wichtige und erfüllende soziale Sendung Gestalt an. Die Niedergeschlagenheit, das Fluchtverhalten der ersten Zeit wichen einer klaren Entschlossenheit und dem freien Willen, mich ohne innere Vorbehalte zu engagieren. In mir wuchs die Gewissheit, dass es tief erfüllend sein werde, diese zutiefst menschliche und zugleich spirituelle Aufgabe zu übernehmen.

Als ich mich eingehender mit dem Sterben befasste, entdeckte ich zugleich in mir die grundlegende Erfahrung, die ich beim Tod meiner Mutter gemacht hatte. Diese Erfahrung hatte mir eine bis dahin unbekannte Freude erschlossen: die Freude, vorbehaltlos dazu ja zu sagen, wie die Welt eingerichtet ist. Es war die Erfahrung, dass im Innersten eine Epiphanie aufbricht und zur Gewissheit wird, ja, dass sich die Kraft einer Auferstehung regt.

Schließlich kam ich zur Überzeugung, wenn ich diese Stelle als Seelsorger im IGR annähme, könne ich mich dem gleichen Projekt wie alle dortigen Ärzte und Pfleger verschreiben, wenn auch mein Beitrag von anderer Art sein würde. Ich würde mich einbringen können, um mitten in der Logik des technischen Kampfes gegen Krankheit und Tod wieder ein Gespür für das menschliche Leben zu wecken. Denn im Herzen des zähen Ringens, wie es in der Klinik ständig stattfand, bemerkte ich einen Mangel oder eher: einen Anruf. Es handelte sich um ein Schlüsselelement der Vorstellung vom Menschen, und das lag nicht auf der Ebene des rein Wissenschaftlichen: die Art, wie man den Menschen sieht.

Tatsächlich lässt sich der Mensch nicht auf die Biologie und auch nicht auf die Psychologie reduzieren. Er ist zwar im Innersten an diese Dimensionen geknüpft, aber eine weitere Dimension kommt hinzu, und das ist die spirituelle. So entdeckte ich einerseits eine Welt voller Not und sah andererseits, dass die rein menschlichen Mittel nicht ausreichten, um diese Not zu beheben. Man brauchte in diesem Milieu mehr Männer und Frauen im *Dienst des Wortes*, also aus einem anderen Bereich als demjenigen der Technik und der Wissenschaft; wenn sie hinzukämen, würde das dem Menschen helfen, inmitten seiner Schwierigkeiten aufrecht zu bleiben, ja sogar an Größe zu wachsen. Mein Einsatz würde dort also fruchtbar, ja innovativ sein können, falls er dazu beitrüge, diese spirituelle Dimension des Menschen zutage zu fördern.

Die meisten Menschen haben heute keine Ahnung mehr davon, welche Schätze diese Quelle liefern kann. Die Schleuse ist verstopft; jedoch würde es genügen, sie anzubohren, damit das Leben, das sie birgt, wieder frei herausfließen könnte. Aber die meiste Zeit wird ganz übersehen, dass es diese Quelle überhaupt gibt, oder man hat Angst vor den Kräften, die sie freisetzen könnte. So stellt sich dem Seelsorger die Frage: Wie kann er den Menschen helfen, sich zur Zustimmung durchzuringen, diese vorhandene Quelle zu öffnen? Wie kann er ihnen zu begreifen helfen, dass der Tod ein wichtiger Bestandteil ihres Lebens ist? Und was es Gutes an sich hat, seine Verfassung als endlicher Mensch zu akzeptieren?

Zweifellos musste ich mich zunächst auf Erkundung und Suche begeben, um dann den richtigen Draht zum kranken Menschen zu finden. Von da aus würde es mir dann möglich sein, diesen zu seinem ureigenen »Richtigsein« hin zu begleiten. Ich sah mich also nicht nur, wie es in den offiziellen Dokumenten heißt, als »ministre du culte«, als »Kultdiener«, sondern als Diener des Menschseins, und fühlte mich nicht nur für den Christen im Menschen verantwortlich, sondern für den Menschen als Ganzen und für das in ihm, was sich danach sehnt, zur Fülle des Menschseins zu gelangen.

Früher war der Priester die einzige – die große – Zuflucht vor dem Tod; denn er fing ihn mit seinen Riten ein und ging den Weg mit, der dorthin führt – das Sterben. Damals starb man vor aller Augen. Niemand konnte es übersehen. Der Tod entfaltete sich in seiner gebieterischen Sichtbarkeit. Das Sterben spielte sich sichtbar in seiner ganzen Intensität ab, in seiner gesamten Länge und auch mit allen es begleitenden Schmerzen. Um diese zu stillen, gab es nur schwach wirksame Mittel, einige Salben, leichte Beruhigungsmittel. Unter den damaligen harten Bedingungen konnte nur die Feier eines Sinnes dieses Sterbens, das heißt das Fassen dieses rohen Sterbens in Gesten und Worten, die den Glauben des Sterbenden beschworen, konnten nur gemeinschaftliche Riten wenn nicht physisch den Schmerz lindern, so ihn doch wenigstens auf einen Zielpunkt ausrichten und die spirituellen Energien wecken, mit deren Hilfe man ihn zu ertragen vermochte. Ich denke hier an die gleichen Energien – den »Sinn« –, die auch Menschen unter der Folter durch ihre Besatzer standhaft bleiben ließen, oder ich denke an die Märtyrer. Auch die Frau, die ein Kind zur Welt bringt und ihre Geburtswehen aushält, schöpft aus dieser Energiequelle.

Seit es wirksame Mittel gibt, den Schmerz einzudämmen, und vor allem seit die Streitmacht der Wissenschaft und Technik die Reichsgrenzen des Todes immer weiter zurückdrängt, sind die »Sinn«-Energien verschwunden, dem Traum von der Unsterblichkeit gewichen. Sie bedürfen der Neuentdeckung.

Andere im Umfeld der Klinikseelsorge Tätige, andere Mitglieder der Klinik, viele Kranke und Familienangehörige betrachten vielleicht die Thematik dieses Buches unter einem anderen Blickwinkel; sie werden zweifellos auch andere Worte als diejenigen erwarten, die sie in diesem Buch zu lesen bekommen. So bleibt mir nur zu wünschen, dass diese bewusst sehr persönlich gefärbten Seiten dazu beitragen, in einen intensiven Austausch und Dialog treten zu können.

Möge dieses Buch, die Frucht meiner Weggemeinschaft mit denen, die ihre letzten Schritte durchlebt haben, der Leserin und dem Leser helfen, in sich selbst bis zuletzt den Ruf des Lebens zu vernehmen. Und möge es mir gelingen, an sie mein ehrfürchtiges Staunen über diese lichtvollen Begegnungen unter der Sonne des Todes weiterzugeben.

»Wir machen Sie schon wieder gesund!«

Die Klinik – Ort der Prüfungen und großartiger Siege

Ort der Prüfung für den Menschen,
Ort der Solidarität von Menschen.
Ort des Sieges für die Wissenschaft, Ort, wo sie in die Knie geht.
Ort der Verwundung von Körper, Herz und Geist.
Ort ihrer schon nicht mehr erhofften Wiederherstellung.
Ort der Versehrung und der Einebnung sozialer Unterschiede.
Ort der Bekräftigung solider Freundschaftsbande.
Ort aber auch, der Freundschaften überfordert und auflöst.
Ort der Versöhnung – Ort, wo Menschen einander verraten.
Ort, wo ans Licht kommen nicht nur die Schwächen,
sondern auch verborgene Schätze, Quellen ungeahnter Kraft.
Ort höchster Einsamkeit und Not, Ort zärtlicher Zuneigung.
Ort unserer Erniedrigung, Zerstörer unserer Autonomie.
Ort aber auch unserer Auferstehungen,
Wiege eines anderen Selbst.
Ort der Zweifel am Sinn des Daseins und des
Dämmerns neuen Sinns.
Ort äußerster Entblößung und Ort großer Souveränität.

Ein Ort voller Zwiespältigkeiten

Die Klinik ist heutzutage ein Ort voller Zwiespältigkeiten und Widersprüche. Während im öffentlichen Leben unserem Blick das Leiden immer mehr entzogen wird, multipliziert es sich hier, stellt sich zur Schau und vervielfacht sich. Mit Hilfe der an diesem Ort konzentrierten, unwahrscheinlichen technischen Hilfsmittel stellt hier der Mensch dieser Konzentration des Übels energisch seine konzentrierte Wissenschaft, seine Intelligenz und seine Entschlossenheit zum Sieg gegenüber. Kranke und Ärzte befinden sich wie in einem Kampf der Giganten um den Sieg. Die Symphonie umspielt das Thema von Sieg und Heilung: »Wir machen Sie schon wieder gesund! Das bringen wir hin! Sie müssen nur fest dran glauben!« Doch an diesem Ort sind auch schmerzliche Niederlagen einzustecken, die in der Partitur auf dem Orchesterpult nicht eingetragen oder nur leise angedeutet sind und sich in den Bassstimmen zu verlieren scheinen. Aber es gibt sie! Wie aber soll man nun an diesem anspruchsvollen, hehren Ort die Nuancen und Schatten hervorheben, die der Symphonie erst ihre Vielschichtigkeit verleihen?

In ihrem Bestreben, zuversichtliche Kampfesstimmung zu verbreiten, erliegt die Klinik zuweilen den verführerischen Sirenengesängen der Lüge. Man glaubt dann, die Zeichen des Scheiterns vertuschen zu müssen. In den Augen vieler ist die Anerkenntnis und Annahme der Niederlage die größte Zumutung; sie lehnen sie energisch ab und verführen die Kranken dazu, ihnen auf ihrem Weg zu folgen. Die Folge ist, dass man sich mit verbissener Willenskraft gegen die Wahrheit sperrt, um das Schicksal zu zwingen und, wenn möglich, gemeinsam jener Realität zu entkommen, die nun einmal im Menschsein angelegt ist. Dieser Kampf ist gnadenlos; er diktiert sein Gesetz: die Realität zu leugnen, sich dem Unvermeidlichen zu verweigern, das Offensichtliche zu verschweigen, dem Blick des anderen auszuweichen, um sich über die harte Realität etwas vorzumachen; alles in allem also: uns zu drücken vor der gemeinsamen brüderlichen Wanderung auf dem Weg, den uns unsere Verfassung als sterbliche Menschen deutlich markiert. Die Klinik als anspruchsvoller, hehrer Ort ist somit ein Abbild unseres Zeitalters. Ein Konzentrat der Menschheit, ein offenes Bullauge auf unsere gesamte Gesellschaft, für die der Tod ein Ärgernis ist.

Das IGR als Hochburg des Kampfes gegen den Krebs

Das »Institut Gustave-Roussy« in Villejuif ist keine Ausnahme davon. Diese international äußerst angesehene Klinik zieht Tausende von Kranken aus allen Regionen Frankreichs und aus dem Ausland an. Ihr Name ist für unzählige Menschen, die am Krebs, der großen Krankheit des Jahrhunderts, erkrankt sind, ein Synonym der Hoffnung. In diesem großen Zentrum, in dem klinische Pflege und wissenschaftliche Forschung Hand in Hand gehen und renommierte Ärzte Schritt für Schritt die Krankheit zurückdrängen und wo die kompliziertesten Neuentdeckungen unverzüglich in den Dienst der Kranken gestellt werden, scheint alles möglich zu sein, sogar das Unmögliche. Jedenfalls ist für viele Kranke und ihre Familienangehörigen diese Klinik fast zu einer Art von profanem Lourdes geworden, wohin man pilgert, um ein Wunder zu erwarten, selbst wenn man sich das nicht so offen eingesteht.

Die Vielfalt der Methoden, ihre Qualität und das Engagement des Personals machen aus dieser Klinik eine Hochburg des Kampfes gegen den Krebs. Die Ärzte bekämpfen die unheilbare Krankheit mit aller Kraft, mit Ehrgeiz, mit höchstem Einsatz. Es sind heroische Kämpfer, Bannerträger des Feldzugs gegen den Tod. Aber das ist ein erschöpfender Kampf, der oft die letzte Kraft kostet und zuweilen auch auf Irrwege führt, sogar in die Flucht nach vorn. Denn auch hier gibt es Niederlagen, genau wie anderswo. Und natürlich kommt es auch vor, dass jemand hier stirbt, trotz allem. Manche Kranke fragen verwundert: »Aber Herr Pfarrer, gibt es denn im IGR Todesfälle? Sterben hier Menschen?« Das ist die Folge eines Renommees – eines durch seine Kompetenzen und Erfolge durchaus gerechtfertigten Renommees – und eines medizinisch hochgestochenen Anspruchs: unmerklich der Versuchung zu verfallen, die Welt nur noch im Licht seines zuversichtlichen Kampfgeistes zu sehen und vorwärts zu stürmen.

Das IGR zwischen Hoffnung und Zweifel

Unter diesen Umständen ist es nicht verwunderlich, dass im IGR die Zwiespältigkeit, der sich der Kranke mit seiner Krankheit bereitwillig hingibt, einen Grad an Intensität erreicht, wie er in anderen Heilungsstätten kaum erreicht wird. Auf der einen Seite wird dieses Zentrum der Krebsbekämpfung zum Sammelbecken extremster – und folglich tödlichster – Fälle dieser Krankheit; doch auf der anderen Seite weckt es auch durch sein Höchstmaß an menschlichem, wissenschaftlichem und technischem Einsatz und seine Entschlossenheit, hervorragend zu sein, geradezu ein Bild der Allmacht, das sich in der Phantasie dazu steigern kann, hier sei alles möglich: »Wir machen Sie schon wieder gesund!«

Ganz unwillkürlich weckt also diese Einrichtung im Herzen der dortigen Kranken eine ungeheure Zuversicht und Hoffnung – eine überwältigende, unvernünftige Hoffnung –, wieder gesund zu werden. Diese aber überdeckt im Herzen des Patienten die unerträgliche Angst, eines Tages von seinem Krebs dahingerafft zu werden. Denn auch die noch so brillanten Erfolge des IGR können leider dem Kranken nicht die Bedrohung nehmen, dass schließlich gegenüber seinem Krebs alles versagt. So ist der Kranke zwei ganz gegensätzlichen starken Strömungen ausgesetzt: Einerseits beseelt ihn die begründete Hoffnung, ja Gewissheit, er werde geheilt, und andererseits plagen ihn der hartnäckige Zweifel und die Angst, die diese bittere Krankheit auslöst, die noch immer als weithin unheilbar gilt.

Will man das, was da in der Tiefe im Menschen nagt, noch besser verstehen, muss man die Eigenart des Krebs und das mit ihm verbundene Bild genauer verstehen. Weil der Krebs darin besteht, dass er auf unkontrollierte, schädigende Weise lebendige Zellen wuchern lässt, erscheint er als am innersten Quellpunkt des Lebens angesiedelte Krankheit; er gleicht also einer Art Sterbeprozess im innersten Kern des Lebens. Im Unterschied zu anderen Krankheiten, selbst sehr schweren, weckt der Krebs darum fast immer und auch heute noch spontan den Gedanken an den Tod. Der Kranke und seine Angehörigen leben mit dieser Krankheit vor dem Horizont des Todes. Im Maß ihres Vermögens schirmen sie sich instinktiv dagegen durch Lüge, Verstummen oder Verleugnen ab. Weder die technische Umgebung noch die verbalen Versicherungen, die ihnen die Mediziner geben, können sie wirklich davon überzeugen, dass alles gut ausgehen wird. Ihre radikale Ungewissheit lässt sich nicht so leicht auflösen; alles, was sie erleben, ist vom Zweifel angefressen, wird von düsterer Mutmaßung bedroht. Dagegen helfen selbst die Erfolge der Behandlungen nicht wirklich, die Aussprachen mit den Ärzten und die Zukunftspläne, die sie selbst sich schmieden, um sich Mut zu machen.

Diese existentielle, für den Kranken so ungemein schmerzliche Unsicherheit findet heute eine erstaunliche Entsprechung in der ausgefeilten Sprache, mit der man den Krebs anfasst. Es ist, als würden die Menschen aus dem Bauch heraus gehemmt, das Übel beim Namen zu nennen und eindeutig zu bezeichnen. So entsteht ein merkwürdiges Verhältnis zwischen der Realität und dem Sprechen über sie: »Nach langer Krankheit verstorben«, heißt es schließlich in der Todesanzeige in der Zeitung. »Die« Krankheit beim Namen zu nennen, vermeidet man tunlichst. Und wie lauten die Begriffe in der üblichen Litanei der Konsultation? »Karzinom«, »benigner Tumor«, »präventive Chemotherapie«, »rechtzeitig erkannte Erkrankung«. Dieses Vokabular, das eigenartig demjenigen gleicht, mit dem man »Gefahrguttransporte« umschreibt, leidet eindeutig unter der gleichen Zwiespältigkeit wie der Kranke und trägt nicht zur Klarheit bei, die er insgeheim eigentlich wünscht. Manche Familien setzen ihren ganzen Ehrgeiz darein, ihre Kranken völlig im Zweifel zu lassen. »Er weiß nichts davon« – »Er meint, es sei Rheuma«! Oder vor schweren Operationen: »Herr Pfarrer, sagen Sie ihr nichts. Sie meint, es sei nicht schlimm.« Die Umgebung gibt sich alle Mühe, sich nicht in die Krankheit »hineinzusteigern«, und tröstet sich selbst mit der Illusion der armseligen Zuversicht: »Er weiß nichts davon« – »Sie meint, es sei nur ...« Jedoch genügt ein Blickwechsel mit dem Kranken oder die etwas genauere Beobachtung ihres von Angst verzerrten Gesichts, um zu erkennen, dass die Illusion schon lange verpufft ist. Der/die Kranke weiß, was es geschlagen hat. Aber er/sie möchte es gern aus dem Mund derer hören, die er/sie besonders schätzt.

Die Prüfung durch den Krebs

Im Gegensatz zu anderen Krankheiten ist der Krebs keine vorübergehende Prüfung, die dem Kranken lediglich in Teilbereichen seines Lebens eine Umstellung auferlegen würde. Er ist zwar nicht die einzige Krankheit, die Leiden, Verstümmelung oder Angewiesensein auf andere mit sich bringt, aber neben Aids vermutlich die einzige, die derart radikal das Verhältnis des Kranken zu seinem gesamten Leben verändert. Sie bringt seine Beziehung zu seinem eigenen Körper völlig durcheinander, denn sie pflanzt seinem gesamten Wesen den radikalen Zweifel an der Zuverlässigkeit seines Organismus ein.

Zudem stellt sie, in diesem Fall vielleicht sogar zu seinem Vorteil, das Verhältnis des Kranken zu allen Dingen, zu allen Wesen und zur Zeit auf den Kopf. Weil er sich plötzlich in der Tiefe seines Wesens direkt mit dem Tod verbunden weiß, sieht er alles, was mit Leben verbunden ist, mit ganz neuen Augen. Er nimmt jetzt den Geschmack der Welt in den einfachsten und elementarsten Dingen des Lebens überdeutlich wahr, im unscheinbarsten Gänseblümchen auf dem Rasen oder im zwitschernden Vogel im Baum vor dem Fenster. Seine Seele ist empfindsamer geworden: Instinktiv tastet er sich vorwiegend immer stärker an den immateriellen Aspekt der Wesen und Dinge heran.

Von daher versteht man, dass der Mensch, der in diese einzigartige Erfahrungswelt eingetaucht ist, sozusagen vom Zeichen einer neuen

Zugehörigkeit geprägt ist: Seine Welt ist nicht mehr die gleiche, ist nicht mehr diejenige, die er bis dahin mit allen anderen geteilt hat. So hebt in ihm ein Suchen an, er sieht sich nach Brüdern und Schwestern, nach Gleichen um. Und ihn beschäftigt angesichts derer, mit denen er im Alltag Blicke wechselt, auf der Straße oder im Supermarkt, ständig die Frage: »Ist dieser, ist jene einer, eine von uns? Sind sie gezeichnet wie ich?«

Im Stadium der Heilung ist ein weiterer für die Erkrankung am Krebs typischer Unterschied zu verzeichnen. Bei der Heilung von jeder gewöhnlichen Krankheit wird der Mensch wieder in sein früheres Leben entlassen, selbst wenn ihm Spuren der überstandenen Prüfung bleiben. Ist die Narbe nicht sogar das Zeichen dafür, dass er das Übel hinter sich hat, dass das Leben wieder gesiegt hat? Doch beim Krebs gibt es keinen eindeutigen Sieg über das Übel. In jedem Augenblick kann die Narbe wieder aufbrechen, die Wunde wieder klaffen. So trägt der Krebs dem Menschen in sein ganzes weiteres Leben die Aussicht auf seinen Tod hinein; denn er rührt an den innersten Nerv der Lebenskraft und versieht alles noch zu Lebende mit dem Siegel der Sterblichkeit. Mit dem Krebs bricht nachhaltig der Tod in das in der Gegenwart gelebte Leben ein. Das tut er trotz aller Errungenschaften der Wissenschaft.

Diese ganz neue Konfrontation mit seiner eigenen Sterblichkeit kann sich auf den Kranken verheerend auswirken, denn der heutige Mensch ist auf eine solche Begegnung kaum vorbereitet. So hat sich die Ansicht wie ein Dogma verhärtet, diese Konfrontation mit dem Tod müsse stumm bleiben; denn würde sie bewusst und ausdrücklich, so würde sie im betreffenden Menschen unweigerlich allen Lebensschwung und Kampfgeist lahm legen und ihn der Kapitulation und Verzweiflung ausliefern. So glaubt jeder, er müsse seinem Bruder, seiner Schwester im Namen der Nächstenliebe und der schlichten Menschlichkeit diese Zumutung ersparen.

Ärztliche Rücksichtnahme?

In diesem kulturellen Kontext spielt sich das Verhalten der Ärzte ab und ihre Art, wie sie dem Kranken bei der Konsultation und während der Behandlung seine Diagnose eröffnen. Hier treffen zwei grundverschiedene Einstellungen bezüglich der Frage, was man dem Patienten sagt, aufeinander. Die eine ist diejenige der Rücksichtnahme: Da die Auskunft sich katastrophal auswirken, das heißt, der Kranke am Boden zerstört sein könnte, wenn man ihm offen sagt, er habe Krebs, legt die elementare Rücksichtnahme dem Arzt, der über die Autorität des Wissens verfügt und für das weitere praktische Verhalten verantwortlich ist, verbale Klugheit und Zurückhaltung nahe. Diese aufmerksame und angemessene, umsichtige Rücksichtnahme ist grundsätzlich sehr wichtig, ja unverzichtbar und muss jede Aussprache des Arztes mit seinem Kranken prägen.

Aber unter dem Vorwand der Rücksichtnahme kommt es auch immer wieder zu bedauerlichen Ausweichmanövern und Formen der Vermeidung dessen, was man eigentlich leisten müsste. Dabei handelt es sich dann nicht mehr um Rücksichtnahme oder Klugheit, geschweige Menschenliebe, sondern man benutzt Diskretion als Mantel, den man über die Angst und die Hilflosigkeit des nicht darauf vorbereiteten Menschen stülpt. Dabei verlässt man den Bereich der angebrachten Klugheit und des mitmenschlichen Empfindens. Der Arzt befürchtet hoffnungslose, verzweifelte Reaktionen des Kranken, der auf die schlimme Wahrheit nicht gefasst war und sie jetzt nicht verkraften kann, und hält deshalb diese Wahrheit hinter Allgemeinplätzen und harmlosen Formulierungen versteckt, die es ihm erlauben, sich nicht dem inneren Drama des Kranken stellen zu müssen.

Zuweilen begegnet man auch einer anderen Form kluger Zurückhaltung; sie ist seltener, in meinen Augen jedoch authentischer. Weil sie nicht an der Angst und der mangelnden Vorbereitung des Kranken ansetzt, sondern in seinem innersten Wesen, ist sie von ganz anderer Beschaffenheit als die gerade beschriebene. Zudem kann sie den Arzt zu für den Kranken, den er betreut, angemesseneren und trostvolleren Gesten und menschlichen Worten inspirieren. Sie ist durchaus nicht unsensibel für die Ratlosigkeit der Menschen und ihre Leiden; aber die ihm innewohnende Kraft beseelt ihn zu einem natürlichen Vertrauen auf den Menschen und leitet ihn darum spontan zu beruhigenden Gesten und gelassenen Worten ein, die der Kranke mehr als alles andere braucht.

Wenn es um Krebs geht und der Arzt dem Patient diesen und womöglich auch die nachfolgenden Konsequenzen eröffnen soll, steht der Arzt vor einer ganz besonderen Schwierigkeit, weil der Krebs unmittelbar mit der Vorstellung vom Tod verknüpft ist. Er kann mühelos seine Erklärungen abgeben, was die medizinische Technik heute alles zustande zu bringen vermag, aber er tut sich schwer, wenn die Krankheit das Leben angreift und er eine echte innere Beziehung zu seinen Patienten aufnehmen soll. Tatsächlich ist es nicht leicht, seine Sprache als Experte und Wissenschaftler abzulegen und in die riskante Dichte des Redens von Mensch zu Mensch einzutreten; das kann man nicht so leicht improvisieren. Aber gerade das erwartet der Kranke über seine Krankheit hinaus: dass ihn ein Mensch als Mensch anspricht, der er ist. Nun ist aber der Arzt nicht immer bereit, sich auf diese ganz wesentliche Beziehung einzulassen; er ist nicht willens oder fähig, auf diesen so oft heimlich gemurmelten Herzenswunsch einzugehen: »Keine Frage, ich möchte in dir gern dem Fachmann und dem, der in Theorie und Praxis Bescheid weiß, begegnen; aber ich möchte vor allem auch in dir dem Menschen begegnen, der mir, wenn es so weit ist, mit den Worten eines Menschen und nicht eines Fachmanns sagt, wie es mit mir bezüglich meines Lebens und meines Todes steht.«

Man kann sich fragen, welche Lähmung es eigentlich ist, die den Arzt befällt und ihn davon abhält, die wunderbare Antwort zu geben:

»Lieber Patient und Freund, ich bin genau wie du nur ein sterblicher Mensch. Glaube nicht, ich sei bloß der, der dich heilen würde. Ich kümmere mich lediglich um deine Betreuung, besorge deine angemessene Pflege. Und ich mache das durchaus von ganzem Herzen. Aber Heilung kann ich dir nicht versprechen. Du sollst jedoch wissen, dass ich da bin, ganz nahe bei dir. Ich bin dir nahe, mein Bruder im Menschsein.«

Die Versuchung zu glänzen

Der Arzt muss einen langen Weg zurücklegen, bis er auf eine solche Ebene der Kommunikation gelangt; er muss sehr hartnäckige Verteidigungsmechanismen und dann auch Widerstände abbauen. Das erste Hindernis, das es zu überwinden gilt, ist der Schutzwall von Ehrgeiz und Tüchtigkeit, hinter den man sich zurückzieht. Er besteht vielleicht aus dem allzu deutlich zur Schau getragenen und auf falsche Weise stimulierenden Bedürfnis, besonders Hervorragendes zu leisten und ganz vorne im Siegeszug medizinischer Großtaten mitzumarschieren. So muss man etwas finden, veröffentlichen, entdecken ... Man ist dann ständig von der Sorge getrieben, womöglich von der Spitze des triumphalen Vormarsches von Wissenschaft und Technik zurückzufallen.

Dabei darf man nicht vergessen, dass hier eine überzogene Presse und Werbung bezüglich jeweils allerneuester Erkenntnisse und Methoden ihre verheerenden Wirkungen hat. Nicht zuletzt führt sie dazu, beim Pflegepersonal zu einer tiefen Verunsicherung und zum Mangel an Vertrauen in die Tugenden des Menschseins und des Verständnisvermögens des heutigen Menschen zu führen. Dieser weiß trotz seiner Ungeduld durchaus recht gut, dass die Forschung langsam vor sich geht und auch Rom nicht an einem einzigen Tag erbaut worden ist. Wenn man jedoch allzu sehr ständig die Errungenschaften der modernen Wissenschaft und Technik rühmt, läuft man Gefahr, den Glauben zu wecken, das Übel sei besiegt und »hier sterbe überhaupt niemand«, was überaus ungesund ist. Die Folgen dürften bekannt sein ...

Fragwürdige Fernsehsendungen

Ich entsinne mich einer Fernsehsendung. Sie wurde auf einer unserer Stationen gedreht. In der Klinik, bei dem Team, bei dem sie aufgenommen wurde, fanden die Filmmacher manches unbefriedigend, zu gewöhnlich: Es habe eine gewisse Leichtigkeit gefehlt, ein gewisses Siegesgefühl. Kurz gesagt, das Team war ihrer Meinung nach zu wenig engagiert, fast traurig. Die Botschaft eines entschiedenen Optimismus sei nicht genügend herübergekommen. Es habe die Gefahr bestanden, der Zuschauer könne den Eindruck bekommen, der Tod sei aus dieser Einrichtung noch nicht ganz gewichen. Doch in Wirklichkeit konnte der unbefangene Zuschauer auch genau den gegenteiligen Eindruck bekommen: Die Sendung sei zu verharmlosend gewesen, mit gekünstelter, ja geradezu verlogen froher Atmosphäre ausgestattet. Man konnte im Film – damit es ein guter Film wurde – sogar eine Krankenschwester auf dem Flur der Station tanzen sehen.

Oder eine andere Fernsehsendung mit einer anderen Form der Verklärung: Das Thema war der Beitrag paramedizinischer Heilmethoden zum Kampf gegen den Krebs. In der Sendung wurde besonders die Art und Weise hervorgehoben, wie zur vollständigen Heilung auch andere als nur streng medizinische Maßnahmen beitragen konnten. Als Musterbeispiel für die Zuschauer war Sylviane ausgewählt worden. Man setzte sie blendend in Szene, und es war sehr werbewirksam für die Botschaft: Unsere Klinik marschiert ganz an der Spitze des Fortschritts, denn unsere Kranken werden auch ästhetisch aufwendig betreut: Wir pflegen sie nicht nur, sondern verschönern auch noch ihren Körper. Wie hätte Sylviane noch daran zweifeln können, dass sie für immer von ihrer Krankheit geheilt sei, als sie auf allen Bildschirmen unter den flinken Fingern der Schönheitstherapeutin und der Friseurin in ihrem Zimmer zu sehen war? Sie hatte sich sogar die schriftliche Bescheinigung dafür geben lassen, dass sie ganz geheilt sei.

Ich habe hinter ihrer Zusage, sich für diese Fernsehsendung zur Verfügung zu stellen, bereits damals vermutet, dass sie sich damit selbst fest davon überzeugen wollte, ganz geheilt zu sein. Im Fernsehen auftreten, das hieß, das Übel endgültig austreiben, sich vollends davon überzeugen, gewonnen zu haben. Jedoch hatten wir miteinander darüber gesprochen, sogar lange und ausführlich. Wir hatten ausgezeichnet Kontakt zueinander gefunden, kamen in die Tiefe, waren wahrhaftig. Sie »wusste«, was los war, und hatte zu einem echten inneren Weg angesetzt, in dessen Verlauf es darum gegangen wäre, den energischen Kampf gegen ihren Krebs mit der gesunden Annahme dieser Realität zu verknüpfen. Ich hatte geglaubt, sie sei auf diesem Weg, den ich ihr vorgeschlagen hatte, schon ein gutes Stück vorangekommen. Mein Ziel war es, sie von einer tief sitzenden Angst zu befreien und ihren kämpferischen Geist zu bestärken: Sie sollte entschieden und energisch gegen ihre Krankheit ankämpfen, sich aber zugleich, gestützt von ihrem Glauben, spirituell zur Haltung der inneren Verfügbarkeit und des Herzensfriedens angesichts einer noch ungewissen Zukunft durchringen. Mich hatten alle Anzeichen in der Sicherheit gewähnt, sie habe die Notwendigkeit dieser Arbeit an sich selbst erkannt, und ich war des Glaubens gewesen, sie habe bereits ein Stück weit zur inneren Gelassenheit gefunden.

Aber dann war sie eines Tages wieder da: Jahre nach der Sendung hatte ihre Krankheit wieder zugeschlagen. Durch einen recht großen Zufall betrat ich wieder ihr Zimmer und erkannte ihr Gesicht wieder. Nach und nach tauchte aus meiner Erinnerung unser Stück gemeinsamen Weges auf, belebt durch den Umstand, damals einen recht guten Draht zueinander gefunden zu haben. Doch an einigen kaum merklichen Zeichen erkannte ich eine Art Zuckungen eigenartiger Reserviertheit. Etwas in mir ließ mich spüren, dass zwischen uns nicht mehr alles so klar und glatt lief, wie es mir seinerzeit vorgekommen war. Hatte ich mir damals Illusionen gemacht? Sylviane war sichtlich sehr beunruhigt. Eine beträchtliche Wucherung drückte ihr in der rechten Körperseite auf die Organe.

Langsam knüpfte sich zwischen uns wieder der Kontakt, aber schwierig dieses Mal. Schließlich kam ihr Mann zur Tür herein und blieb im Abstand stehen, sichtlich erschrocken angesichts des Priesters am Bett seiner gefährdeten Frau. Er stand da wie die Statue eines Kommandeurs. Ich verzichtete darauf, sie noch einmal zu besuchen.

Wenn man aus einigem zeitlichen Abstand darauf zurückblickt, kann das öffentliche Auftreten eines Menschen in dieser Verfassung tödlich sein. Wer kann schon sagen, dass das lächelnde Kind oder die elegante Frau, die vor der Kamera in einen Augenblick der Siegeszuversicht festgehalten werden, nicht schon morgen wieder von der Krankheit erfasst werden und sich von da an schämen, sich selbstgefällig für die trügerischen Schönfärbereien am Bildschirm hergegeben zu haben?

Seine Krankheit annehmen

Im Gegensatz dazu kann der Umstand, am Ende eines zuweilen langen Weges so weit zu kommen, dass man seine Krankheit annimmt, für den Kranken zur einzigartigen Gelegenheit werden, das Leben und die Freiheit auf verblüffende Weise ganz neu zu entdecken. Es ist, als hätten sich plötzlich eine ganze Reihe bislang versiegelter Pforten vor ihm aufgetan, die ihm den Eintritt in ein bislang unbekanntes und verbotenes inneres Heiligtum gestatten. Plötzlich ist ein vergessenes Lied ganz neu zu hören. Es war schon immer da, aber man konnte es noch nicht wahrnehmen, das majestätische Lied vom Anfang und Ende, das das Ohr jetzt vernimmt. Dieser Mensch hatte es vergessen; jetzt erklingt es ihm wieder, unverändert seit je. Es hatte dieses begnadeten Moments bedurft, sich selbst wieder ganz zu finden, damit sich ihm dank der Prüfung die tiefe Harmonie des Seins zu erkennen geben konnte.

Für den Kranken wie für seine Umgebung ist die Überraschung groß, wenn das Wunder geschieht. Wie könnte es auch anders sein? Wer würde heute auch tatsächlich vermuten, das könne möglich sein, wo es doch schon fast als unschicklich gilt, noch voll leben zu wollen, wenn man sich als dem Tode geweiht weiß? Wieder gesund werden, ja, das darf man schon wollen, ja, tausendmal ja, man muss es wollen. Aber es gibt zugleich auch die Notwendigkeit, sich an die herbe Arbeit zu machen, das Ja-Sagen zu lernen. Diese beiden Komponenten gehören in Wirklichkeit zu ein und demselben wesentlichen Akt; man sollte sie beim Kampf um das Leben nie voneinander trennen. Sie enthalten für jeden von uns die Chance, zu einer anderen Art von Leben zu finden, die schon immer auf uns gewartet hat.

Eine erstaunliche Freude

Mir fällt in diesem Zusammenhang das überraschende Zeugnis einer Apothekerin ein. Ich schätzte sie auf ungefähr fünfzig. Es war am Ende meines Vortrags vor katholischen Apothekern, zu dem ich eingeladen worden war. Sie war bereits stark von einem Krebs befallen, von dem sie wusste, dass er unheilbar sei. Sie wusste auch, dass sie bald würde sterben müssen. Nach meinem Vortrag trat sie ans Rednerpult, um das Wort zu ergreifen und ihren verblüfften katholischen Glaubensbrüdern und -schwestern von ihrem Glauben, ihrer inneren Freiheit, aber vor allem von jener Freude am Leben zu erzählen, die sie aus den Quellen ihrer Krankheit schöpfe. Sie berichtete ihnen von ihrem verrückten Wunsch zu tanzen. Mir ist noch deutlich das allgemeine Staunen über die Einfachheit und Authentizität ihrer Schilderung vor Augen. Sie sagte ohne falsche Scham, es sei der Umstand, dass sie zu ihrem Sterbenmüssen ja gesagt habe, was ihr diesen neuen Geschmack am Leben und diesen Jubel im Herzen geschenkt habe.

Schon dem Tod verschrieben, erfreute sie sich einer unglaublichen Freiheit; daran konnte niemand zweifeln, der sie sah und hörte. Sie strahlte ein beneidenswertes Lächeln aus – und das angesichts ihres bevorstehenden Todes! Sie hing nicht mehr krampfhaft an dem, was ihre Ärzte und Pfleger vielleicht doch noch bewirken könnten; ihre Freiheit kam uns ungeheuer groß vor. Sie war für uns der schlagende Beweis, dass man das Leben auch auf einem anderen Boden als dem der Unsterblichkeit feiern konnte. Paradoxerweise hatte diese Frau, indem sie vorbehaltlos »ja« zu ihrem eigenen Tod gesagt hatte, dem Tod sein tödliches Gift genommen. Wir wurden Zeugen einer eigenartigen Vereinfachung ihres Seins und bewunderten die Klarheit im Blick und die Lauterkeit im Herzen einer Frau, die ganz unbekümmert ihren Tod zu einem lebendigen Gefährten hatte werden lassen können.

Welch ein Kontrast zu den bemühten und verlogenen Behauptungen, es gehe ja doch langsam wieder »aufwärts«! Zu den armseligen erfreulichen Ermutigungen, die die Kranken zuweilen den selbstgefälligen Lippen der Ärzte zu entreißen vermögen: »Alles wird schon wieder gut, liebe Frau!« Oder dann zu den törichten Dankesbezeugungen gegenüber dem Arzt, der es »verstanden« habe, ihnen so lange die Wahrheit vorzuenthalten, dass sie bald sterben müssten! Wie sollte ich angesichts dieses Kuhhandels um die »Wahrheit« anders können, als von stummer Traurigkeit geplagt zu werden? Die zwiespältige, düstere Freude dieser Kranken tut mir weh. Sie tun ganz so, als seien sie demjenigen, der sich bereit erklärt, sie »gekonnt zu belügen«, zu höchster Dankbarkeit verpflichtet. So haben sie sich gemeinsam in einem taktischen, komplizenhaften Schweigen verschworen, das es dem Kranken gestattet, »Haltung zu bewahren« und die »Vollmacht« des Arztes als Heiler nicht in Frage zu stellen.

Schweigen ist fatal

Das Schweigen ist das zweite Hindernis, das der wahrhaftigen Kommunikation mit dem Kranken im Wege steht, ein weiterer Schutzschild, der gegen die vermeintliche Aggression des offenen, befreienden Wortes abschirmt. Wenn man sich grundsätzlich für diese Strategie des Schweigens entscheidet, bedeutet das, dass man sich an einem schweren Irrtum über den Menschen beteiligt: nämlich zu unterstellen, dass der Mensch nicht über die notwendigen inneren Kräfte verfüge, seinen Tod leben zu können, das heißt, aus ihm ein menschliches Werk zu machen. Vor allem aber bedeutet es, dass man ihn um die Chance bringt, bewusst auf die letzte große Herausforderung seines Lebens antworten zu können, was er im Grund seines Wesens durchaus will, weshalb er vom anderen ein Zeichen in diese Richtung erwartet. Seinen Tod anzunehmen, wenn dessen Zeitpunkt kommt, ist kein negatives Tun, keine Erniedrigung oder Absage, im Gegenteil: Man legt dadurch in sich eine Quelle frei, aus der Friede, Stärke und souveräne Freiheit aufbrechen können.

Diese Quelle ist allerdings versiegelt. Während des normalen Verlaufs seines Lebens neigt der Kranke nur allzu gern dazu, sie zu vergessen und es bleiben zu lassen, aus ihr zu schöpfen. Doch sie ist trotzdem da und jedem Menschen jederzeit angeboten. Sich von ihr abzuwenden ist kein Gewinn. Wenn im Verlauf der Krankheit vorübergehend Besserung eintritt, mögen sich der Kranke und der Arzt wohl zu ihrem Pakt des Verschweigens beglückwünschen und an den frohen Sieg des Lebens glauben. Aber wenn dann der Tod doch seine Schleier lüftet und es nicht länger möglich ist, ihn zu vertuschen, kommt die Zeit, wo man den Boden unter den Füßen verliert und sich hoffnungslos verlassen fühlt. Der »starke Kranke«, der gekämpft und an die Medizin geglaubt hat, findet sich dann jäh grausam allein, ohne äußeren Halt durch seinen Arzt und ohne die inneren Kraftquellen, die längst hätten erschlossen werden können, wenn er im

Gespräch entsprechend begleitet worden wäre. Seine Zuversicht gründete auf dem Schweigen des Arztes, an das zu glauben man vorgab. Das gehörte zur Behandlung; man hatte sich stillschweigend auf die Überzeugung geeinigt, alles werde gut werden – und dann enthüllt die Realität diesen scheinbaren Sachverhalt brutal als Lüge.

Mit diesen verharmlosenden Sprüchen: »Liebe Frau, alles verläuft ganz normal. Bald geht es Ihnen wieder besser. Das wird schon wieder!« wurde es offensichtlich unterlassen, der Kranken hilfreich die Hand zu einer wahrhaftigen Begleitung zu reichen. Damit war auch kein Platz für ein echtes, ehrliches Wort. Und jetzt ist der Tod da.

Kranke wollen die Wahrheit wissen

Im Verlauf der Krankheit kommt fast immer irgendwann der Punkt, an dem die Kranken die Wahrheit wissen wollen; sie möchten den Kreis des Schweigens und der Abhängigkeit durchbrechen, in den sie sich zunächst mit ihrem Arzt begeben hatten. Sie werden sich ihres bevorstehenden Todes bewusst, sind es müde, ewig Verstecke zu spielen und die Augen zuzuhalten, und verspüren den Wunsch, bezüglich ihres Lebensendes ihre eigenen Entscheidungen zu treffen. Diese Aufgabe fällt ihnen nicht leicht. Zuweilen bedarf es eines Dritten, der dem Arzt eindeutig zu verstehen gibt, dass der Kranke jetzt unversehens diesen Wunsch habe und aus seinen eigenen Hemmungen hervorgelockt werden wolle.

So habe ich es mit Zustimmung eines Kranken unternommen, mit seinem Arzt in diesem Sinne zu sprechen. Dieser Arzt betreute seit Monaten einen jungen Patienten, dessen Zustand sich von Tag zu Tag unerbittlich verschlechterte. Nach einem Schwall von Versprechungen und ermutigendem Zureden, was alles immer wieder enttäuscht wurde, war der Kranke in absolute Mutlosigkeit verfallen. Er weinte vor Verzweiflung. Da sein Arzt weitere Versprechungen unterließ, wartete er auf eine wahrhaftige Aussprache, um endlich sein Schicksal zu erfahren und von seiner unerträglichen Ungewissheit erlöst zu werden. So wollte ich also diesen Umschwung herbeiführen und das Schweigen brechen. Ich zitiere den Wortlaut meines Schreibens:

»Sehr geehrter Herr Doktor, bei meinen Krankenbesuchen auf Ihrer Station habe ich mich nach einem ausführlichen Gespräch mit einem Kranken bereit erklärt, für ihn bei Ihnen vorstellig zu werden. Er hat mich ausdrücklich darum gebeten. Seinen Fall habe ich als besonders schmerzlich empfunden, und aus diesem Grund gestatte ich es mir, diesen Brief in seinem Namen zu schreiben. Es handelt sich um den jungen 20-jährigen A., dessen Tage gezählt scheinen, der jedoch seinem Gefühl nach schon allzu lange weiterhin einer Chemotherapie unterzogen wird, deren Nützlichkeit ihm nicht mehr plausibel erscheint. In seiner großen Ratlosigkeit möchte er am liebsten heim.

Doch das Drama, das sich, so weit ich das mitbekommen konnte und er es mir erklärt hat, in seinem Inneren abspielt, bezieht sich nicht so sehr auf die Aussicht seines nahe bevorstehenden Todes, mit dem er bereits rechnet und von dem er mir sagte, er akzeptiere ihn schon jetzt; vielmehr ergibt es sich aus seinem verzweifelten Gefühl, niemand sage ihm unmissverständlich und zuverlässig die Wahrheit, damit er endlich frei und klar seine ureigene, persönliche Entscheidung treffen könne, ob er gehen oder weitermachen solle.

Nach seiner eigenen Aussage fühle er sich bis jetzt als ›Gefangener ermutigender Zusprüche‹, die in der Folge durch den tatsächlichen Verlauf der Krankheit dauernd Lügen gestraft worden seien. Daher frage er sich verzweifelt, ob er je selbst in voller Klarheit und Verantwortung über sich entscheiden könne, da ihm ja die Wahrheit über seinen Fall nicht bekannt sei. Ihm scheine in der derzeitigen Situation eigentlich nur noch die Lösung übrig zu bleiben, auf eigene Verantwortung um seine Entlassung zu bitten, aber dann würde er nicht in Frieden heimgehen und voller Zweifel und Schuldgefühle bleiben.

Nun hofft er, dieser Brief werde dazu helfen, dass er bei seinem nächsten Termin bei Ihnen, in drei Wochen, wenn seine Prothese fertig ist, von Ihnen die Wahrheit erfahren kann, die er so dringend braucht und die ihn aus seiner Not erlösen würde. Er möchte klipp und klar erfahren, wie es um seinen Krebs steht.

Ich weiß, dass es für Sie nicht leicht ist, dieser Bitte um ein offenes Wort zu entsprechen. Jedoch wage ich zu glauben, dass A. Ihnen dafür unendlich dankbar wäre. Meiner Überzeugung nach würde er dieses Wort von Mensch zu Mensch, das Sie ihm auf seine Bitte sagen würden, als unschätzbaren Erweis des Vertrauens und der Menschlichkeit annehmen, und in seinen Augen wäre das die Krönung all dessen, was Sie bereits mit Ihrem Einsatz und Ihrer Kompetenz als Arzt und Forscher für ihn getan haben.

Natürlich stehe ich gern zur Verfügung, mit Ihnen, falls Sie das wünschen, noch einmal über die Einzelheiten dieses Briefes zu sprechen ...«

Wenig später erhielt ich darauf die folgende Antwort:

»Sehr geehrter Herr Pfarrer,

Ihr Brief bezüglich der dramatischen Situation des jungen A. hat mich tief berührt.

Ich denke, Sie werden verstehen, dass mein Zögern und meine Schwierigkeit, diesem jungen Mann klare Antworten zu geben, dadurch bedingt sind, dass der medizinische Erfolg jedes Mal ungewiss war, wenn wir eine neue therapeutische Maßnahme beschlossen, zumal die, zur Amputation zu schreiten. Immer ließ ich mich von der klaren Hoffnung leiten, ihm helfen und ihn heilen zu können.

Ich bin durchaus bereit, mit ihm in aller Offenheit über seine gegenwärtige Situation zu sprechen. Ich fände es äußerst hilfreich, wenn es Ihnen recht ist, ja ich würde mich sehr freuen, wenn wir uns an einem Dienstagvormittag gegen Mittag auf meiner Station miteinander über diesen recht schwierigen Fall unterhalten könnten.

Hochachtungsvoll, Ihr ...«

Wenn man die volle Wahrheit sagen soll, kann man das nicht unversehens improvisieren. Man muss es lernen, dafür den richtigen Zeitpunkt zu wählen, das Wie und die objektiv und subjektiv passenden Umstände sowie wem man sie sagt. Doch auf diesem Gebiet erfährt der Arzt bei seinem Medizinstudium recht wenig.

Das Dilemma: heilen oder pflegen?

Jeder Arzt hat den Wunsch, und das ist normal, den Kranken zu heilen; das ist seine Leidenschaft, seine Berufung. Umso schmerzlicher trifft ihn jedes Scheitern – so sehr, dass er sich ihm gar nicht direkt und ganz stellen kann. Mit dieser inneren Haltung erlaubt er sich selbst nicht die in seinen Augen zu banale Alternative, den Kranken nur noch zu »pflegen«, und so bleibt ihm oft nichts anderes übrig, trotz aller Aussichtslosigkeit seinen Dienst weiter als Dienst der Heilung anzubieten. Der Tod eines Patienten kann so für ihn unbewusst zur Infragestellung seiner Berufung, seines Daseins und seiner Arbeit werden. Darin scheint mir letztlich in der Klinik das Hindernis zu bestehen, dem Kranken authentisch zu sagen, wie es um seine Krankheit und seinen Tod steht.

Wenn es darum geht, den Kranken über seine Lage zu informieren, neigt der Arzt instinktiv dazu, mit möglichst sparsamen Worten etwas zu sagen, statt sich zum Begleiter auf dem Weg der Wahrheit zu machen. Die Gründe dafür liegen meist in schlechten persönlichen Erfahrungen. Sie haben ihn erschüttert und genügen in seinen Augen, und zwar apodiktisch und endgültig, um ein Verhalten zu rechtfertigen, das in Wirklichkeit nur auf einem Irrtum beruht, einem Missverständnis oder dem schlichten Nichtwissen, wie er es anders machen könnte.

Es gibt noch einen weiteren Grund für sein Verhalten: Wie für uns alle ist auch für ihn der Tod etwas Grausames. Jedes Mal, wenn er zuschlägt, rafft er ihm jemanden weg, um den er sich mit Einsatz seiner ganzen Kraft gekümmert hat. So ist es verständlich, dass dabei in ihm die Asche seiner Erinnerung aufgewühlt wird: seiner nahen Erinnerungen, was er alles aufgewandt hat, um diesem Kranken zu helfen; aber vor allem seiner fernen Erinnerungen, die ihn in seine eigene persönliche Vergangenheit zurückführen, bis in seine Familie und seine Kindheit. Verständlich ist es auch, dass er im Verlauf dieser Konfrontation unvermeidlich auf Anfragen und Zweifel bezüglich der Tiefenmotivation seiner Entscheidung für den Arztberuf stößt. Wie sollte er also deshalb nicht versucht sein, dies alles zu vermeiden und sich hinter das Argument, zu wenig Zeit zu haben, zurückzuziehen, um sich so diesen Blick auf den Tod und auf sich selbst zu ersparen? »Für langes Reden mit den Patienten habe ich keine Zeit! Ich mache nur das, was ich tun muss ...!«

Wie sollte man von diesen ständig unter Druck stehenden Menschen erwarten, dass sie bereit wären, weniger zu *tun*? In je höherem Maß man ein »guter Arzt« ist, desto mehr gerät man unter die Tyrannei des Dringenden und der Überlastung. Wenn man sich unter diesen Umständen »Zeit lässt«, bedeutet das, dass man bewusst dringenden Aufgaben, die man erfüllen könnte, nicht nachkommt und unter dieser Situation leidet; es hieße, eine unwiderstehliche Beschleunigung zu drosseln und vielleicht auf die Befriedigung, alles zu wissen, zu verzichten ... Die Art, wie man mit seiner Zeit umgeht, zeigt unerbittlich, welchen Sinn man seinem Leben gibt; sie verrät, »wem man nachrennt«. Bei manchen dieser bemerkenswerten Ärzte bringt die Flucht nach vorn in eine erschöpfende Arbeit einen verborgenen Bezug zu einem Teil ihres Lebens zum Ausdruck. Beim einen mag es die Revanche für eine problematische Kindheit sein, beim anderen vielleicht der Stolz darauf, wozu man es gebracht hat, bei wieder einem anderen das Helfersyndrom, das keine Grenzen beim Sich-Verausgaben kennt ... bis zum Infarkt, der einen mitten in der Karriere aus der Bahn wirft.

Bei einem jungen Arzt dagegen war es die Gefährdung durch Selbstmord, die der Tod eines Patienten auslöste. Als er die Briefe der Angehörigen eines jungen Mädchens las, mit dem das Thema »Tod« nicht rechtzeitig hatte angesprochen werden können, vergoss er heiße Tränen. Er fühle sich fehl am Platz, sagte er mir, auf einer Station, auf der keine Möglichkeit vorgesehen sei, dass die Verscheidenden noch in aller Ruhe mit ihren Angehörigen sprechen können.

Hat er den falschen Beruf gewählt? Seine Aufgabe überfordert ihn. Was hat sich in seiner Kindheit abgespielt? Wie hat sein Vater gelebt? Von welchen finsteren Träumen werden die Tage dieses jungen Arztes verdüstert? »Eines Tages spreche ich mich vielleicht einmal bei Ihnen aus, Herr Pfarrer.« Wir umarmen einander. Seine Tränen benetzen mein Gesicht. »Danke, Léon!«

Welchen inneren Weg müssen also alle diese Menschen zurücklegen, die damit befasst sind, ihresgleichen zu helfen, damit sie selbst von den Nebeln und Unwettern ihrer Kindheit loskommen und sich unbefangen auf den Tod einlassen können? Man muss viel Lehrgeld bezahlen, bis man gelernt hat, im gegebenen Augenblick mit dem Reden als Praktiker aufzuhören und mit aufmerksamem Gespür auf jene innersten Offenbarungen der Patienten zu hören, die sich an ihr Sterbenmüssen herantasten. Bei allen diesen Ärzten finden sich in konzentrierter Form menschliche Werte, Großzügigkeit, Hingabe, Intelligenz und Ausdauer; aber leider muss man allzu oft feststellen, dass ihnen die Gabe abgeht, ganz natürlich jene schlichten menschlichen Worte zu finden, auf die die Kranken an der Schwelle des Todes aus ihrem Mund warten.

Ein solcher Mangel kann für alle diejenigen unerträglich werden, die in der Umgebung der Ärzte und abhängig von ihnen tagtäglich den Dienst am Sterbenden versehen. Ich denke dabei an die Krankenschwestern, die ihn bis zum Schluss pflegen und die Aufgabe übernehmen, den Kranken und seine Familienangehörigen angesichts des Angst machenden Schweigens dessen, der etwas sagen könnte – und müsste – zu begleiten. Eine von ihnen formulierte ihre Not in einem Brief an mich, und sie bat, ich möge ihn hier mitteilen: »Wir vom Pflegepersonal haben außer unserer Schulbildung (die nicht viel zählt) keine wissenschaftliche Ausbildung; aber wir können sehr wohl spüren, wer ein wirklich guter Arzt ist, und wir merken genau, ob einer die Chemotherapie nur verschreibt, um sich nicht näher auf den menschlichen Kontakt mit einem Todeskandidaten einlassen zu müssen, den bis zum Schluss zu begleiten dann uns überlassen bleibt ... Damit wir den Tod eines Patienten richtig verkraften können, fällt im Betreuungsteam ein entscheidendes Element aus, und das ist der Arzt.«

Das ist ein Schrei aus innerster Not, ein dringender Appell, dieses menschliche Versagen zu beheben und sich gründlich darüber Gedanken zu machen, wie man den Patienten anders begegnen könne. Wie könnte ein echtes Einvernehmen zwischen Pflegenden und Gepflegten – gleich welcher Art und Bedrohlichkeit ihrer Krankheit – gefunden und gestaltet werden?

Es müsste darin bestehen, den Kranken weder allein zu lassen noch ihn zu sehr zu behüten. Aber hier muss eine Revolution stattfinden, und zwar unverzüglich, damit in der Klinik der Tod zur Sprache kommen darf, im Gespräch sterblicher Menschen mit anderen sterblichen Menschen.

Dieser Appell richtet sich bei weitem nicht nur an den Arzt, sondern an unsere ganze Gesellschaft: an Pflegepersonal wie Kranke, an Familienangehörige und Freunde und jeden Menschen, der voll und ganz zu seiner Verfassung als sterblicher Mensch zu stehen bereit ist.

Es bedarf der Sprache, will man dem Sterben wieder seinen Sinn erschließen

Damit das Sterben seinen Sinn bekommt, bedarf es des Wortes, das es wieder zu finden gilt. Allzu oft rechtfertigt man das Ausbleiben des ehrlichen Wortes gegenüber einem vom Krebs Befallenen mit der Angst, wenn man ihm sage, er sei dem Tod geweiht, werde er in einen Abgrund der Verzweiflung stürzen. So schirmen wir Menschen uns alle gegeneinander ab. Wir wollen es uns ersparen, diesen Sturz zu erleben und uns dem harten Abenteuer unseres Sterbens zu stellen; und zudem verbieten wir es uns selbst, unseresgleichen diesen inneren Kampf zuzumuten.

(1) Der Arzt

Zu diesem System der Abschirmung leistet der Arzt seinen ganz persönlichen Beitrag. Er möchte sein vorteilhaftes Image dazu nutzen, dem Kranken Vertrauen einzuflößen und die positive Wirkung seiner medizinischen Kunst zu verstärken. Folglich scheut er sich, die Diagnose »tödliche Krankheit« zu stellen und zuzugeben, dass die Medizin nicht mehr weiterwisse. Er weiß nur zu gut, welche Erschütterung in einem Menschenwesen die Ankündigung auslösen kann, das Ende seines Lebens stehe bevor.

Jedoch findet das Wort des Arztes bei weitem nicht die gleiche Resonanz, wenn er sich nur auf der Ebene des Sachverstands an den Kranken wendet oder wenn er sich wirklich selbst als Mensch ins Spiel bringt. Setzt er schonungslos seine Fachkenntnis ein, so kann das brutal, ja womöglich sogar verhängnisvoll wirken. Aus diesem Grund teilen Ärzte ihr Wissen nur in abgemilderter Form mit oder kleiden es in trügerische Worte. Bringt sich der Arzt dagegen als Mensch ins Spiel, so ist das eine ganz andere Ebene. Dann aktiviert er, ohne sein Fachwissen zu leugnen, die Logik der menschlichen Anteilnahme und Solidarität; er kann die Wahrheit von Mensch zu Mensch erschließen, im Rahmen geteilten Menschseins, worin das Schweigen, das Zuhören und die Präsenz mehr zählen als alles andere. Wenn er so ansetzt, kann er dem Kranken wirklich helfen, kann ihn auf dem Weg begleiten, der ihn bis zum Annehmen seiner Krankheit führt und schließlich auch seines Todes.

(2) Die Familienangehörigen

In der Annahme, ihrem Kranken zu helfen, wählen auch die Familienangehörigen oft den Weg des Verdrängens. Sie sprechen ihm Mut zu und leugnen womöglich sogar sein Leiden; sie spornen ihn bis zur Erschöpfung an, damit er sich selbst einredet, eigentlich gar nicht so krank zu sein. Oder sie bemuttern ihn im Übermaß und zwingen ihn zum Essen. Alle diese Verhaltensweisen verraten eine hemmungslose Angst und verstärken diese nur noch. So spielen die Angehörigen eine entscheidende Rolle. Von ihnen hängt es ein gutes Stück weit ab, ob sich der Kranke seinem Tod zu stellen vermag oder nicht.

Auch der Kranke seinerseits ist vorwiegend darauf bedacht, seine Angehörigen zu schonen. Er fürchtet vor allem, es werde den Seinen sehr weh tun, wenn er sie verlasse, was als schweres Gewicht auf seiner seelischen Waage lastet. Ja niemandem weh tun! Da gibt es die Frau, die sich in den Sommerferien operieren lässt, um ihrer Mutter vorzutäuschen, sie sei in Urlaub gefahren. Oder den Vater, der es nicht übers Herz bringt, seine Kinder – mögen sie noch klein oder schon erwachsen sein – allein zurückzulassen, und ihnen deshalb seine Krankheit verbirgt. Andere befürchten, ihren alten Eltern großes Leid zu bescheren, weshalb sie ihnen lieber nicht die Wahrheit sagen. Sie tun alles, um sie zu verhehlen.

(3) Die Klinikseelsorge

In dieser Wüste, in der das Fehlen des offenen Wortes jede echte Hilfe mühsam, wenn nicht unmöglich macht, befinden sich der/die Klinikseelsorger(in) und sein/ihr Team in einer ganz besonderen Rolle, und zwar einfach deshalb, weil sie bei den Kranken anwesend sind: Ihre Aufgabe ist es, die Sprache in Gang zu bringen. Selbst wenn sie nur schweigend da sind, vernimmt der Kranke mit seinem inneren Ohr das nicht ausdrücklich gesprochene Wort: Er nimmt das in seinem eigenen Inneren vergrabene Wort wahr. Die Seelsorger sind sozusagen die Verbündeten dieses »Inneren«, aus dem das Wort aufsteigen will, und warten wie Hebammen auf den Augenblick, in dem es sich regt. Ganz im Widerspruch zur landläufigen Meinung sind die Kranken, die wissen, dass sie bald sterben werden, mit diesem bevorstehenden Wort regelrecht schwanger und warten darauf, dass es hervorkommt.

Damit fängt ein eigenartiger Weg an. Aus einem Zustand des von da an nicht mehr möglichen Willens zum Weiterleben tastet sich der Kranke langsam an die Zustimmung zum geheimnisvollen Sterbeprozess heran. Dieser Übergang gleicht keineswegs einem Abgleiten oder Fall und erst recht nicht einem Sturz ins Nichts; vielmehr handelt es sich um das Aufbrechen eines neuen Vertrauens, der Fähigkeit zum Loslassen seiner selbst und der friedvollen Auslieferung in die Arme eines anderen. Damit einher geht ganz natürlich die Sorge und Aufgabe, die Seinen darauf vorzubereiten und an sie dieses neuartige Vertrauen weiterzugeben, was möglich wird, wenn alle Angehörigen gemeinsam zum Tod und damit auch zum Leben ja sagen.

Da ich beim Antritt meiner Stelle in der Klinik von Anfang an der Hauptverantwortliche für die Seelsorge war, nahm ich mir vor, ganz gezielt auf die Kranken zuzugehen. Ich wollte dieses Schweigen durchbrechen, von dem ich wusste, was es anrichtet, und ich wollte dieses allzu oft nicht gesprochene Wort fördern. Mein Wunsch war es, einfach ein Mensch zu sein, der das Sprechen ermöglicht. Inzwischen sind etliche Jahre vergangen; die Aufgabe bleibt immer noch gewaltig, aber ich kann jetzt besser die Schwierigkeiten und die Chancen ermessen und auch den Fortschritt einschätzen, den ich zu erzielen vermochte.

»So, Herr Pfarrer, machen Sie wieder Ihren Rundgang?«

Was macht eigentlich der Seelsorger?

»So, Herr Pfarrer, machen Sie wieder Ihren Rundgang?« Mit diesem Spruch werde ich schonungslos auf meine Rolle festgelegt, fixiert! In dieser scheinbar leicht dahergesagten Floskel steckt insgeheim recht viel. Vordergründig klingt sie bedeutungslos, ja fast freundschaftlich, und ich fasse sie auch gern so auf; aber trotzdem höre ich aus dieser scheinbar belanglosen Bemerkung auch immer wieder eine feine Spitze heraus: In einer Klinik, in der alle sich kompetent und höchst aktiv einbringen, macht der Seelsorger »seinen Rundgang«, geht ein bisschen spazieren und plaudert!

Da ich dieser Reaktion, die meine Anwesenheit weckt, recht oft begegne, stellt sie mich vor eine ernste Frage, auf die ich hören muss; ich muss die Botschaft vernehmen, die darin verborgen steckt. Freundschaftlich und ironisch kaschiert höre ich vor allem den Verdacht heraus: Du tust nur so, als machtest du völlig absichtslos und freundschaftlich und aus reiner Menschenliebe einen unverbindlichen Besuch; heimlich willst du doch irgendetwas, bist »auf Beute« aus. Im Übrigen scheint dieser zwar harmlos und einfach klingende Spruch durchaus eine recht präzise Funktion zu erfüllen: unmerklich zwischen dem Kranken und mir eine bequeme Distanz herzustellen. Er bietet dem Kranken die Möglichkeit, sich hinter ein höfliches Urteil bezüglich meiner Rolle zurückzuziehen. So hält er mich geschickt auf Abstand von dem, was in ihm vorgeht; er will es nicht dem dilettantischen Spaziergänger oder heimlichen Beutejäger, als den er mich taxiert, eröffnen, sondern baut einen Schutz gegen mich auf.

Gewöhnlich kommt dann – nach einer kurzen Zeit banalen Geplauders, wenn zwischen uns das Eis schmilzt, die präzise und klare Frage über die Lippen, die ich schon Hunderte Male gehört habe: »Herr Pfarrer, Sie besuchen hier doch alle, nicht wahr?« Hinter der vordergründigen Harmlosigkeit auch dieser Frage brennt eine ganz andere Fragestellung, die verrät, was den Kranken beschäftigt: »Sie werden doch nicht über mich etwas besonders Schlimmes erfahren und mich deshalb eigens aufgesucht haben?« Zuweilen äußert schließlich der Kranke dann auch tatsächlich ganz offen die Frage: »Herr Pfarrer, hat Sie eigentlich jemand zu mir geschickt?« Wie sollte ich nicht innerlich regelrecht vor der Ohrfeige dieses Verdachts zurückzucken, wo ich doch in den meisten Fällen keine Ahnung vom Krankenbericht habe? Doch muss ich mir offensichtlich eingestehen: Meine Rolle als Priester und Seelsorger rührt in den Kranken den beunruhigenden Bodensatz auf, der sich im Lauf ihres Krankseins auf dem Grund ihres Geistes und Herzens abgelagert hat. Daher stelle ich mir die Frage: »Wer bin ich für sie? Ein Schreckbild? Der Bote, der den Tod ankündigt, den noch niemand wahrhaben will? Das gefürchtete Vorzeichen kommenden Unheils? Der Spender von ›Nächstenliebe‹ an der Schwelle des Todes?«

So entziffere ich in ihren Gedanken die Fragen, die sie bedrängen und die sie mir nicht laut zu stellen wagen: »Warum hast du dich bemüht?« – »Bin ich denn so krank, dass heute sogar der Priester zu mir kommt?« – »Ist es mit mir schon so weit?« Diese schwerwiegenden, angstbesetzten Fragen treffen mich selbst tief; denn ich spüre schmerzlich, wie zwiespältig meine Identität als Priester erscheint. Und es tut mir weh, dass sie auch heute noch derart verzerrt wahrgenommen wird. An den Ängsten, die sie weckt, kann ich ermessen, wie sehr sie aus mir nicht den Menschen macht, der ich sein möchte: den Mann des hilfreichen Wortes und des Zuhörens. Nein, immer noch sitzt zäh der Tod selbst an der Wurzel des Seins und murmelt von sich aus und ohne Interpreten »das« Wort. So kann ich angesichts des Kranken und neben dem Pflegepersonal ermessen, welche Schwierigkeiten zu überwinden sind, bis ich wirklich die Rolle einnehmen kann, die ich als die meinige betrachte.

Wozu ein Rheumatologe, ein Chirurg oder eine Krankenschwester gut sein können, lässt sich von vornherein sagen. Aber welchen Dienst hat ein Priester zu bieten? Die häufigste Vorstellung, die ich darüber in der Klinik antreffe, ist die, er sei dafür zuständig, die Kranken auf ihren baldigen Tod vorzubereiten und ihren Angehörigen in der Zeit unmittelbar danach beizustehen. Ein eigentlich spirituelles Bedürfnis haben wenige; namentlich der vom Krebs befallene Mensch leidet unter diesem Defizit. Selten sind die Kranken, die das als Leere empfinden oder als Mangel an ihrem Sein, der behoben werden müsste. Folglich vermögen sie das nicht mit der Kompetenz des Priesters in Verbindung zu bringen und verspüren auch gar nicht den Wunsch, nach ihm zu verlangen. Verstärkt wird diese Beziehungslosigkeit noch dadurch, dass die Rolle des Priesters vorwiegend darauf reduziert wird, der religiös-kultische Veranstalter der Beerdigung zu sein. So erscheint er nicht als Anreger dazu, ihre Krankheitssymptome als Symptome eines tieferen Leidens zu deuten, das im Menschsein als solchem steckt. Angesichts von Menschen, die derart »spirituell unbedarft« sind und vom Priester nichts Spirituelles erwarten, ist es fast unvermeidlich, dass der Priester meistens zu spät gerufen wird, nämlich erst dann, wenn die Katastrophe schon da ist. Warum ruft mich eine bestimmte Krankenschwester immer erst dann ans Krankenbett, wenn jemand stirbt? Was gibt ihr ein, mir die Rolle dessen zuzuweisen, der diesen bevorstehenden Tod absegnet?

Da ist ein Fünfundsechzigjähriger am »Verscheiden«. Er ist nicht mehr bei Bewusstsein. Um sein Bett stehen seine Frau, sein Sohn und seine Schwiegertochter. Der Sohn ist Arzt. Gerufen hat mich die Krankenschwester. In ihren Augen gehört offensichtlich zum Sterben der Beistand eines Priesters. Damit ein Mensch in der Sterbestunde ganz rein gewaschen wird und Zugang zum ewigen Leben erhält, braucht er also dieses Sakrament. Doch seitens der Angehörigen wurde keinerlei Wunsch danach geäußert; nichts in ihrem Verhalten konnte bei den Krankenschwestern den Eindruck hervorrufen, hier werde etwas erwartet und man müsse darauf eingehen.

Wie immer unter derartigen Umständen bin ich perplex und mir ist unbehaglich zumute. Ich spüre in mir verschiedene, widersprüchliche Antriebe. Einerseits fühle ich mich zum Handeln gedrängt, als sei ich dazu verpflichtet: Ich soll den Retter spielen, die Absolution erteilen oder die Krankensalbung spenden, weil sonst die Seele ihres Heils verlustig gehe und nicht des ewigen Lebens teilhaftig werde. Andererseits wehrt sich in mir etwas dagegen, weil ich nur zu gut weiß, dass das Heil dieses Menschen doch nicht von dieser Art magischer Geste abhängen kann, die ich vollziehe, dieser Geste, die dem wahren Geist des Sakraments völlig fremd ist.

»Wie eine Ahnung vom ewigen Leben«

Ganz anders war das bei der Bitte der Eltern von Corinna. Ihr Kind lag im Sterben. Es war noch nicht getauft. Doch für sie war es gar keine Frage, ob man es im Sterben noch taufen solle. Es wäre ihnen unpassend, ja unehrlich vorgekommen; denn da sie weder praktizierten noch glaubten, hatten sie das bislang auch nicht gewünscht. Worauf es ihnen jetzt einzig ankam, war das »Danach«. Nur um dieses »Danachs« willen hatten sie mich ans Bett ihrer sterbenden Tochter gerufen; ich sollte es mit ihnen vorbereiten und dann die Zeremonie gestalten, sie auf die Totenbahre zu legen. Sie waren sehr darauf bedacht, nicht der Erpressung zu erliegen, ihre Tochter werde der ewigen Verdammnis anheim fallen, wenn man sie nicht noch taufe. Dagegen erschien es ihnen richtig und angemessen, dass ein Priester mit ihnen eine Abschiedszeremonie feiere. Ohne dieses »Danach« konnten sie sich ihr Hinscheiden nicht vorstellen. Diese religiöse Komponente ohne weiteres Ritual als meine kreative Präsenz als Priester entsprach ihnen. Mein Verhalten im Augenblick des Sterbens ihres Kindes hatte ihnen Vertrauen eingeflößt: Sie waren davon überzeugt, dass ich als Priester ihren Wunsch respektieren und ihrer Abschiedsfeier jenes religiöse »Mehr« hinzufügen würde, über das ich in ihren Augen, wenn auch auf sehr geheimnisvolle Weise, verfügte.

»Ich bin nicht gläubig, aber ich weiß, dass ich sterben muss«

Als Priester wird man zuweilen von Begegnungen mit Nichtgläubigen ganz verblüfft. Etwa von dem Kranken, der gleich am Anfang sagt: »Herr Pfarrer, ich bin nicht gläubig, aber ich weiß, dass ich sterben muss.«

Bei diesem Menschen, in dessen Zimmer ich zufällig geraten bin, liegen die Dinge ganz klar, er beschreibt sie unmissverständlich: Er ist nicht gläubig, er weiß, dass er sterben muss, und über diesen Tod möchte er mit dem ungewöhnlichen Gast, der ich für ihn bin, sprechen. Nach dieser offenen Einleitung kommen wir unverzüglich ins Gespräch, frei und ungezwungen; er, der Nichtglaubende, und ich, der Priester, unterhalten uns darüber, was ihm auf dem Herzen liegt. Vor allem geht es ihm um seine Kinder: Er wird sie verlassen müssen, aber er möchte ihnen vor seinem Tod noch etwas sagen.

Vor meinen Augen entrollt er den Film seiner Familiengeschichte. Ich begleite seine Schilderung weitgehend mit meinem mitfühlenden Schweigen und sorgfältigen Zuhören, und die Gestalten seiner Söhne, einer nach dem anderen, erstehen vor mir. Ab und zu unterbreche ich ihn, rühre mit meiner genaueren Nachfrage an ein mir nicht bekanntes Geheimnis. Dann schaut er in die Ferne, verstummt und überlegt lange. Hierauf kommen ihm wieder die Worte, er redet weiter. Von jedem seiner mir nicht bekannten Kinder erläutert er mir, was er ihm bald sagen werde anlässlich seines bevorstehenden Dahinscheidens. Sein Vaterherz spricht; es schürft tief, und ich freue mich, ihn dermaßen durch die Labyrinthe seiner Familiengeschichte begleiten zu dürfen. Es kommt mir vor, als erlebte ich eine Art von Gewissenserforschung eines »Nichtgläubigen«. Doch leider stoßen meine Hilfe und meine Freude jäh an eine Grenze.

Sein Blick wird starr, eine Art stummer Traurigkeit, eine unterdrückte Empörung verschleiert ihn. Eine Mauer zieht sich zwischen uns hoch; der Blick von Angesicht zu Angesicht ist nicht mehr möglich. Wir schweigen. Dann plötzlich, als rede er nur mit sich selbst, mit halblauter Stimme, die Worte sind fast nicht zu hören, kommt etwas Unglaubliches über seine Lippen: »Aber dem einen, dem habe ich nichts zu sagen. Der ist ein Tunichtgut!« Die Mauer, das war also der Kummer über diesen einen Sohn, über den er sich nur schämen konnte ... Was vermochte ich angesichts solcher traurigen Worte eines Vaters, die er, kurz vor dem Sterben, über einen seiner Söhne äußerte? Was vermochte ich gegen das ungeheure innere Leiden, das da in ihm aufbrach? Wie gerne hätte ich mehr Zeit gehabt! Vielleicht hätten wir uns, wären ihm noch mehr Tage beschieden gewesen, im Lauf der Zeit gemeinsam bis zum Frieden der Vergebung vorarbeiten können. Mein Schmerz an diesem Tag jedenfalls bestand darin, dass er diese Brücke nicht zu überschreiten vermochte. An dem mir nicht bekannten Gesicht dieses Sohnes, an dieser Mauer scheiterte das Verzeihenkönnen eines Vaters.

»Ich bin nicht gläubig, aber mein Gewissen ist rein!«

Eine ähnliche Überraschung, eine in ihrer Schlichtheit glücklichere, erlebe ich bei einer Vietnamesin, der ich ebenfalls zufällig bei meinen Rundgängen begegne. Eines Tages trete ich in ihr Zimmer und stelle mich als der Klinikseelsorger vor. Sie erwidert mir unverzüglich mit dem sanften und freundlichen Lächeln der Orientalin: »Ich bin nicht gläubig, aber mein Gewissen ist rein!« Wie ist das möglich, dass diese Frau zwei Tage vor ihrem Tod mir als einem ihr unbekannten Priester das Urteil ihres Gewissens über ihr gesamtes Leben eröffnet: »Mein Gewissen ist rein.« Was für ein wunderbares Zeichen des Vertrauens äußert sich in dieser vertraulichen Mitteilung! Mir, dem Unbekannten, macht sie dieses Willkommensgeschenk, das Schlusswort über ihr gesamtes Leben! Ich frage mich heute noch, warum sie mir auf diese Weise die Quintessenz ihres Lebens, ihr Geheimnis mitgeteilt hat, ihr wichtigstes und einziges Gepäck, das sie bald schon ans andere Ufer mitnehmen würde.

Auf die Rechtfertigung vor welcher höchsten Instanz bereitete sich diese »ungläubige« Frau bei sich selbst vor, kurz bevor sie die Schwelle des Todes überschritt? »Mein Gewissen ist rein.« Ich verweilte kurze Zeit still bei ihr und verließ sie dann voller Freude im Herzen als Teilhaber ihres Geheimnisses, das sie mir anvertraut hatte. Am darauf folgenden Tag besuchte ich sie noch einmal, in der Hoffnung, sie noch ein kleines Stück weiter auf ihrem Weg zum Frieden begleiten zu können. Sie lag mit geschlossenen Augen da und schlief. Ihr Arm ruhte längs ihres Körpers. Ich wollte sie vorsichtig anrühren, um sie meine Nähe und Wärme spüren zu lassen und doch nicht jäh zu wecken. Schon bei der ersten behutsamsten Berührung schlug sie die Augen auf und erkannte mich wieder. »Meine Hand ist warm«, sagte ich zu ihr in Erwiderung ihres Lächelns. »Ja, Ihre Hand ist warm.« Und ich setzte hinzu, gleichsam als ein Echo auf die innere Stimme ihres Gewissens: »Immer noch im Frieden?« – »Ja, ich bin immer noch im Frieden.« Das waren ihre letzten Worte. Für mich war es der letzte Schritt bei einer ungewöhnlichen Begleitung, aber was für einer beglückenden!

Diese beiden Begegnungen mit Kranken, die sagten, sie seien keine Gläubigen, sind in der Klinik durchaus nicht die Ausnahme: Immer wieder habe ich es mit solchen Menschen zu tun. In meinen Augen veranschaulichen sie schlicht und einfach die unsichtbare Dimension und unergründliche Wirkung der Tätigkeit – ja der schlichten Präsenz – des Klinikseelsorgers. Noch bevor man mit einem Kranken, dem man auf dem Flur über den Weg gelaufen ist, über persönlichere Dinge gesprochen hat, weckt das, was die Person – oder die Funktion – des Priesters darstellt, bei diesem Kranken, mag er gläubig sein oder nicht, Fragen um den Sinn seines Lebens und auch seines Sterbens. Allem Anschein nach verfügt der Priester schon durch seine schlichte Anwesenheit über einen merkwürdigen Einfluss auf ihn. Für den Kranken ist er das Symbol für das Wesentliche, und bei seinem Anblick regt sich in ihm das, was in seinem innersten Wesen rumort, mag er es akzeptieren oder ablehnen.

»Sagen Sie ihm bitte nicht, dass ich Sie geschickt habe!«

Viel komplexer und schwieriger ist die Lage, wenn ich von Angehörigen eines Kranken gebeten werde, ihn zu besuchen, sie aber bitten, mich so zu verhalten, dass er nichts merke.

Da kommt morgens ein Anruf: Die Freundin eines Kranken bittet mich, sich seiner anzunehmen. »Es geht ihm sehr schlecht.« Sie möchte, dass ich ihn besuche. Darauf sei sie gekommen, weil ihr ein Gespräch vor etlicher Zeit, beiläufig in einem Bistro, eingefallen sei. Damals hätte sie sich mit einer guten Bekannten über Religion unterhalten. Deren Mann habe seinerzeit der Seelsorger des Krankenhauses, in dem er lag, sehr geholfen. Daher sei ihr heute der Gedanke gekommen, sie könne doch auch ihrem krebskranken Freund den Kontakt mit dem Priester des IGR vermitteln. Er selbst kenne keinen Priester und scheine das zu bedauern. Daher rufe sie mich an, ob ich ihn nicht besuchen könne. »Aber«, so schärft sie mir ein, »sagen Sie ihm bitte nicht, dass ich Sie geschickt habe!« So wurde ich in bester Absicht in die unehrenhafte Situation gedrängt, etwas verheimlichen zu müssen.

»Aber er darf auf keinen Fall etwas merken!«

Es kommt nicht selten vor, dass Freunde oder Verwandte des Kranken den Seelsorger drängen, sich auf eine derartige Aktion einzulassen. »Herr Pfarrer, spenden Sie ihm doch bitte die Krankensalbung. Aber er darf auf keinen Fall etwas merken!« Da wird man also mit diesem schützenden Schweigen konfrontiert, mit dem die Familie den Kranken umhüllt, aus lauter Sorge, ihm den Gedanken an seinen bevorstehenden Tod zu ersparen. Der Besuch des Priesters macht Angst. Wenn er ins Zimmer tritt, wird die Umgebung befangen, weil er womöglich dem Kranken die Schwere seiner Krankheit und die traurige Tatsache eröffnet, dass er bald sterben müsse. Was für eine seltsame Rolle des Priesters! Das umherwandelnde Wort mit der magischen Kraft, offen auszusprechen, was man für ungewusst oder geheim hielt! Der Kranke muss sich unwillkürlich fragen, wer diesen Priester zu ihm geschickt hat.

Dieser Einstieg ist für den Seelsorger recht unangenehm. Er ist von vornherein mit dem behaftet, was – von ihm ungewollt – sein unerwartetes Erscheinen bei seinem Gegenüber auslöst und folglich gleich einen Fehlstart darstellt. Die Reaktionen auf sein Kommen greifen ihn an, verunsichern ihn. Zu seiner eigenen Unsicherheit kommen dann die angstvollen Fragen des Kranken und seiner Familienangehörigen hinzu. So wird ihm von Anfang an eine gewaltige Anstrengung abverlangt, um seine eigene innere Erregung zu meistern und jenen Frieden zu finden, ohne den sich die Vorbehalte, Vorurteile und Missverständnisse nicht ausräumen lassen, die sein Eindringen weckt. Erst dann kann sich zwischen Seelsorger und Krankem ein ausgeglichenes Verhältnis einstellen.

»Herr Pfarrer, so weit ist es noch nicht!«

Im Allgemeinen verkennt der Kranke die Art Hilfe, die ihm ein Priester zu bieten vermag. In seinen Augen beschränkt sich diese oft auf die magische Kraft eines sakramentalen Passierscheins oder Visums für den Eintritt ins ewige Leben. Daher liegt ihm daran, dass ihm das erst ausgehändigt wird, wenn er kurz vor seinem letzten Atemzug ist. »So schlimm steht es noch nicht mit mir!«, denkt er sich und sagt: »Herr Pfarrer, so weit ist es noch nicht!« Das ist ein verkürztes Bild von der Rolle Priesters, das den Zugang zu den inneren Nöten und wirklichen Problemen des Todgeweihten blockiert. So lässt sich der Kranke nur ungern auf ein religiöses Gespräch mit dem Priester ein, der ihn besucht; denn er sieht nicht, weshalb das angebracht oder wozu das gut sein könnte.

Folglich bedarf es einiger Zeit der Annäherung, bis zwischen Seelsorger und Krankem eine echte Beziehung entsteht. Der Kranke braucht diese Zeit, um herauszufinden, um wen es sich bei dieser zunächst eher unvertrauten und beunruhigenden Gestalt des Priesters eigentlich genau handelt. Für ihn ist der Krankenhausgeistliche in erster Linie der Mensch, der genau Bescheid weiß. Sein bloßes Auf-den-Plan-Treten »sagt« dem Kranken, was ihm die Ärzte und das Pflegepersonal verschweigen und was er, der Kranke, nicht »weiß«, selbst wenn er es heimlich vermutet und befürchtet. Und schlimmer noch ist in seinen Augen, dass dieser Priester die wahren Absichten seines Besuches verschleiert. Wie könnte ich unter diesen Umständen spontan als der aufgenommen werden, als der ich eigentlich kommen möchte: als Mitmensch, der einfach bei dem Kranken sein und ihn seine Nähe spüren lassen möchte?

Der Einstieg in die Begegnung mit dem Kranken ist für mich oft schwer, weil sie von diesen geheimen Vorurteilen belastet ist. Manchmal stelle ich mir vor, ich müsste eigentlich jedes Mal zunächst sagen: »Freund, ich, der dich da besuchen kommt, bin nicht der, für den du mich hältst. Auch das Hilfsmittel, über das ich verfüge, um dir zu helfen und das ich dir gern spenden will, sofern du es wirklich selbst möchtest – man nennt es die Krankensalbung –, ist nicht das, wofür du es hältst. Ich als Priester will dir aus innerstem Herzen etwas ganz anderes schenken als einen hohlen, magischen Zauber aus einer vergangenen Zeit, als dessen Spender du mich betrachtest.«

Eine weitere Schwierigkeit für den Seelsorger, mit dem Kranken wirklich ins Gespräch zu kommen, ist der Umstand, dass das »Institut Gustave-Roussy« ein Zentrum der Krebsbekämpfung ist. Der Krebs aber ist eine Krankheit, deren wahre Natur der Kranke sich selbst gegenüber zu verdrängen geneigt ist. Er gesteht sich seine Ratlosigkeit angesichts ihrer nicht ein. Doch aus seiner zur Schau gestellten Tapferkeit spürt man trotzdem die Angst heraus. »Herr X, wie geht es?« – »Oh, ganz gut ...« Der Mann trägt die Spuren zahlloser schwerer Eingriffe im Gesicht; es ist schrecklich entstellt. »Und Sie sind guten Mutes?« – »Natürlich!«, tönt er zuversichtlich, legt dann aber halblaut, wie einen Rückzieher, plötzlich mit weniger verstellter Miene nach: »Was bleibt einem anderes übrig?«

Welche Dramen stecken hinter diesem einfachen »Was bleibt einem anderes übrig?«! Der Seelsorger hat es nicht leicht, diese Äußerungen falscher Tapferkeit und Verdrängung zu durchbrechen und mit dem Kranken in ein ehrliches Gespräch zu kommen. Was soll er auch sagen, nach all diesen Bekundungen tapferer Zuversicht? Er muss viel schweigen können, muss die Menschen in ihrer Zurückhaltung respektieren, muss genau darauf zu achten verstehen, ob sich der Schleier der Scham hebt, sich das versteckte Leiden ans Licht wagt und sich die Tür für das Wort auftut. Findet dies statt, dann schwindet auch der Verdacht, er sei ein Mensch, bei dem Gefahr bestehe, dass ans Licht komme, was doch verborgen bleiben müsse.

Die Aufgabe, Kontakt zum Kranken zu finden

Wenn ich an meine Anfangszeit im IGR zurückdenke, fallen mir die Stationszimmer ein, die ich so behutsam wie möglich betrat und wo – mitten zwischen Krankenkarteien, Kästen mit Spritzen und Verbandszeug, Ständern mit Infusionsflaschen – Krankenschwestern und -pfleger, deren Gesichter ich zum größten Teil noch nicht kannte, konzentriert an der Arbeit waren. Ich hoffte, den einen oder anderen Namen eines Kranken zu erfahren, der sich über meinen Besuch freuen und ... der mich als nützlich empfinden würde. Zunächst blieb das Personal zurückhaltend, aber nach einiger Zeit führte mich dann doch die Krankenschwester bereitwillig ans Bett einer älteren Dame, die auf der Station für ihre Frömmigkeit und ihre klirrenden Medaillen bekannt war – oder auch zu einem vernachlässigten Kranken, der so gut wie nie Besuch bekam. Heute ist das anders: Mit dem Pflegepersonal hat sich eine ständige wertvolle Zusammenarbeit eingespielt. Man weiß jetzt genauer, von welcher Art und wie wirksam die Hilfe sein kann, die die Seelsorge den Kranken zu geben vermag.

Trotzdem bleibt die Aufgabe, zum Kranken Kontakt zu finden, für den Seelsorger eines Krebszentrums die wichtigste Bewährungsprobe, selbst wenn er hier derjenige ist, der am intensivsten an ihrem Schicksal Anteil nimmt. Der Priester muss seinen Weg durch Überraschtsein, Unterstellungen, Verweigerung, Widerstand, ja offene Ablehnung finden und sich wie durch den Urwald zu einem ihm unbekannten Menschen vorwagen, der leidet und zu dem es in seinem üblen Zustand eine Brücke zu bauen gilt. So kommt es jedes Mal neu darauf an, die richtigen Worte und angemessenen Gesten zu finden, damit man zum Herzen des betreffenden Menschen findet, ohne Missverständnisse auszulösen.

Was der Priester auf keinen Fall tun darf, ist, künstlich das ganze Knäuel widersprüchlicher Spannungen zu lösen, sein Dasein zu rechtfertigen und mit beruhigenden Worten um jeden Preis zu versuchen, die Fragen und die Unruhe, die sein Auftauchen auslösen kann, zu zerstreuen. Das wäre für den Kranken keine echte Hilfe. Es würde ihm nur den Vorwand liefern, sich der Aufgabe, sich mit sich selbst auseinander zu setzen, zu der er sich eingeladen spürt, zu entziehen. So ist es also besser, allen Unsicherheiten, die den Kranken plagen, freien Lauf zu lassen und seine tastenden Fragen, weshalb der Priester denn ausgerechnet ihn aufsuche, geduldig hochkommen zu lassen. Es gilt also, die geradezu rituellen Fragen: »Was wird er mir wohl sagen?« und »Was erwartet er eigentlich von mir?« einfach auszuhalten.

Mich selbst beschäftigt angesichts dieser inneren Erregung, die mein Besuch auslöst, besonders stark die Frage: Wie kann ich diesem Menschen, der vom Tod gezeichnet ist, vor dem er Angst hat und flieht, verständlich machen, dass der Seelsorger nicht kommt, um ihm womöglich ziemlich aufdringlich die berühmt-berüchtigte »Letzte Ölung« zu verpassen? Wie kann ich durch meine aufmerksame Zuwendung als Mensch und Priester den Weg zum Herzen dieses Menschen finden und, falls er es wünscht, einige Schritte gemeinsam mit ihm auf dem Weg gehen, den er selbst wählen wird? Diese Aufgabe, sich in den jeweiligen Kranken einzufühlen, ist ungemein anspruchsvoll.

Allerdings lassen sich die Missverständnisse nicht immer leicht im Rahmen eines zwanglosen ersten Besuchs ohne schwerwiegenden Inhalt zerstreuen. In Wirklichkeit kann es nämlich immer wieder vorkommen, dass der Priester gerade dann auf den Plan tritt, wenn der Kranke innerlich besonders stark erregt ist, weil er trotz seines Willens, um jeden Preis durchzukommen, die Krankheit zu besiegen oder von sich zu weisen, und trotz seines Aufbegehrens gegen die Ungerechtigkeit des Himmels zu spüren beginnt, dass aus seiner Tiefe der Anruf ergeht, er solle endlich ja sagen und die Waffen strecken.

Ist der Kranke gerade in der Phase, dass er sich mit aller Gewalt blind dagegen stemmt, so wird er das Kommen des Priesters besonders falsch deuten: Er kommt ihm dann wie der Sendbote jener göttlichen Allmacht vor, die ihn in die Erniedrigung und das Ja-Sagen zwingen will. Der Priester löst damit ungewollt erst recht eine dieser inneren Krisen aus, durch die hindurch der Kranke schließlich so weit gelangt, dass er seine Krankheit mit allen ihren Konsequenzen akzeptiert. Wenn er den Priester in dieser Situation aggressiv ablehnt, verschleiert das in Wirklichkeit nur sein gewaltiges schmerzliches Ringen um das Ja-Sagen, das er noch nicht zu deuten vermag.

Die Begegnung

Aber welche Freude ist es für mich, wenn sich nach diesem Chaos und Gefühlssturm langsam die Wogen glätten, dieses innere Ringen seine Frucht zeitigt und nach und nach mit neuer Zartheit eine Fülle an Leben aufbricht; wenn nach dem anfänglichen Misstrauen langsam das Zwiegespräch, ja die Gefährtenschaft möglich werden! Das kann gelegentlich so weit gehen, dass es einem vorkommt, als beginne man beim Herannahen des Todes eine zweistimmige Kantate zu singen ...

»Mein Mann hat gesagt, dass Sie da waren.« In Wirklichkeit war ich nur kurz beim Kranken im Bett nebenan oder wir haben uns auf dem Flur kurz gegrüßt. Zu meiner großen Überraschung erzählen mir sehr oft Angehörige davon, sie hätten erfahren, »dass ich da war«. Offensichtlich war das für den betreffenden Kranken etwas Wichtiges, obwohl mir das gar nicht bewusst war. Folglich muss ich mich unvermeidlich fragen: »Was geht im Kranken vor, wenn der Priester vorbeikommt?« Und: »Wie reagiert seine Umgebung, wenn sie seine Anwesenheit spürt?«

Eine stürmische Begegnung

Angesichts dieser ermutigenden Begegnung fällt mir ein anderer, eher tragischer Besuch ein, bei einer jungen zweiunddreißigjährigen Frau. Ich hatte sie bei ihren vorhergehenden Aufenthalten in der Klinik bereits wiederholt besucht, kannte sie also. Aber jetzt wusste ich nicht, wie es im Augenblick um sie stand.

Ich betrete das Zimmer. Es ist voller Menschen, die ich nicht kenne. Ums Bett ist die ganze Familie versammelt, in Schweigen gehüllt. Die Atmosphäre ist unerträglich, schnürt mir die Kehle zu. Ich stehe noch kaum zu Füßen des Bettes, mitten in dieser tief traurigen Versammlung, da geht zu meiner Linken die Tür zum Flur wieder auf. Herein kommt der aschfahle Mann, dem ich auf dem Flur über den Weg gelaufen bin. Seine fahrigen Gesten gelten eindeutig mir, dem neuen Besucher: Er möchte, dass ich das Zimmer verlasse. Die Aggressivität seiner Gestik und der Schrecken, den ich von seinem Gesicht ablese, treffen mich tief und lassen mich schaudern. Was tun? Ich bleibe kurz reglos stehen. Aber es ist nutzlos, dieses Gewitter der Angst mit Schweigen und sturem Dableiben zu überstehen. Also beschließe ich, hinauszugehen und mich auf ein Gespräch einzulassen.

Unter dem explosiven Druck dieses Menschen war mein erster Reflex, standzuhalten und abzuwarten, bis sich die Gewalt entladen würde. Doch als ich jetzt von Angesicht zu Angesicht vor ihm stehe, verzichte ich darauf, mich zu rechtfertigen, zu argumentieren und zu erläutern, warum ich das Zimmer betreten habe. Er redet auf mich ein, ich lasse es eine ganze Zeit lang geschehen. Plötzlich tritt ein junger Mann zu uns her. Vermutlich hat er sich Sorgen gemacht, weil ich überstürzt das Zimmer verließ, und so ist auch er herausgekommen. Es ist sein Schwiegersohn, der Mann der Sterbenden. So geht unser Gespräch zu dritt weiter.

Das junge Paar hat zwei Kinder mit vier und fünf Jahren. Sie sind daheim geblieben; sie wissen nicht, dass ihre Mutter im Sterben liegt.

Zwischen uns dreien ist die Atmosphäre entspannter geworden, Vertrauen ist eingekehrt. Ich kann es wagen, einen Rat zu geben. Mich beschäftigt vor allem, dass die beiden Kinder noch gar nichts wissen. Ich sage das. Was ich sage, trifft sich genau mit den Sorgen, die sich auch die beiden verzweifelten Männer machen. Sie hören mir zu, werden offen. Was macht es schon, wenn es so kommt, wie sie es befürchten: dass der Vater vor seinen Kindern in Tränen ausbrechen wird, wenn er ihnen bald sagen muss, ihre Mutter sei gestorben! Wenigstens können sie dann mitten in diesem Kummer deutlich sehen, wie sehr sich die beiden Menschen geliebt haben, denen sie ihr Leben verdanken!

Am nächsten Tag kommt die Überraschung. Schon frühmorgens klopft jemand an die Tür meines Büros: Der Vater der Sterbenden will mich sprechen. Ein langes Gespräch ... Er muss etwas los werden. Ich erfahre, wie sehr er leidet. Er hatte eine unglückliche Kindheit, sein Kurat bei den Pfadfindern hat ihn tief verletzt. Er hat ihm das Gefühl gegeben, ihn zu verachten. Dieser Priester hatte ihn nicht gemocht; er hatte seine Sympathie ganz den tüchtigeren Jungen zugewandt. Ihm aber war es versagt, zu ihnen zu gehören. Diese Verletzung von damals plagte ihn immer noch. Diese ungerechte Bevorzugung von damals hatte dazu geführt, dass er sich von der Religion ganz entfernt hatte. Beim Gedanken an die Erniedrigungen und Ungerechtigkeiten, die ihm damals widerfahren sind, zittert er noch heute. Ich höre ihm aufmerksam zu. Schmerzlich betroffen, bewegt und dankbar nehme ich diese Art Beichte entgegen. Mir wird klar, weshalb er mir gestern so feindselig entgegentrat. Der unerwartete Besuch, den er mir an diesem Morgen macht, ist also seine Art, sich für sein aggressives Verhalten von gestern zu entschuldigen: Er bedankt sich bei mir, dass ich die Ausbrüche seines Schmerzes und seiner Verzweiflung als Vater geduldig ertragen habe.

»Ich bitte Sie, das Zimmer zu verlassen.
Wir sind alle Atheisten!«

Ein anderes Drama anlässlich eines Besuchs: diesmal nicht deshalb mit einem Gefühlsausbruch verbunden, weil sich die Familie ängstlich beschützend abschirmt, sondern weil die Runde intellektueller Freunde, die die Kranke umgeben, voller ideologischer Feindseligkeit und Antiklerikalismus ist. Ich hatte Sylvie seit ihrem ersten Aufenthalt im IGR regelmäßig besucht und begleitet. Eine Frau mittleren Alters, kultiviert, mit brillanter wissenschaftlicher Karriere; eindeutig nicht glaubend, obwohl sie es mir nie ausdrücklich gesagt hatte. Im Lauf unserer vielen Begegnungen und dank einer gemeinsamen Freundin hatten wir einen sehr guten Draht zueinander gefunden. So versäumte ich es nie, sie bei ihren wiederholten Klinikaufenthalten regelmäßig aufzusuchen und längere Zeit bei ihr zu bleiben. Auf diese Weise hatte ich auch einige ihrer Freunde aus der Forschung kennen gelernt.

Sie hat bereits eine ganze Reihe immer mühsamerer Chemotherapien hinter sich, als ich eines Morgens auf meiner Liste sehe, dass Sylvie auf die Intensivstation eingeliefert worden ist. Diese unerwartete Rückkehr in die Klinik beunruhigt mich. Zweifellos ist die Krankheit außer Kontrolle geraten; ich befürchte, ihr Ende steht bevor. Unverzüglich begebe ich mich zu ihr, um sie zu begrüßen und sie ganz einfach spüren zu lassen, dass ich ihr freundschaftlich nahe bin.

Es ist Vormittag. Ich komme gerade an die Tür zu ihrem Zimmer, als auf dem Flur eine mir unbekannte Dame, klein von Statur, mit Schildpattbrille, an mir vorbeigeht. Zweifellos eine Freundin von Sylvie. Die Art, wie sie sich hier ungezwungen bewegt und zugleich eilig um etwas besorgt ist, lassen mich das vermuten. Offensichtlich hat sie gerade das Zimmer verlassen, um für ihre Freundin irgendetwas zu besorgen. Ich betrete das Zimmer. Sylvie liegt da, schläfrig, wohl bei Bewusstsein, aber sehr müde. Ich trete zu ihr. Sie schlägt die

Augen auf. Obwohl sie sehr schwach ist, begrüßt sie mich, lächelt. Ihr aufgedunsenes Gesicht verrät, dass das Ende nahe ist. Es geht ihr sehr schlecht. Ich bin froh, dass sie mich als Freund wieder erkennt, fasse ihre Hand und frage, wie es ihr geht.

Ich bin gerade mitten in diesem freundschaftlichen Austausch, als ich zu meiner Überraschung spüre, dass direkt hinter mir schroff und angespannt jemand steht. Es ist die Dame, die gerade an mir vorbeigegangen ist. Unverzüglich spricht sie mich streng an. Sie hat das Kreuz gesehen, das ich auf dem Revers meiner Jacke trage, und fordert mich auf, das Zimmer zu verlassen. Ich weigere mich. »Monsieur, bitte gehen Sie!« Ich widerspreche. »Hinaus! ... Wir sind nämlich alle Atheisten!« Ich rühre mich immer noch nicht. Da dreht sie sich jäh auf den Fersen um, stürzt aus dem Zimmer und ruft um Hilfe, läuft zu den Krankenschwestern und fordert sie auf, mich aus dem Zimmer zu weisen. Von ihrem Bett aus verfolgt Sylvie verlassen und erschöpft diese Szene. Als ihre Freundin weg ist, sagt sie mir, wie traurig sie sei, dass sich ihre Freunde über dem bisschen Leben und Freundschaft, das ihr noch bleibe, entzweiten.

»Eine recht rätselhafte Gestalt!«

Dieses Aufbegehren angesichts des Priesters in diesen ganz eigenen Räumen, in denen sich der Weg in Richtung Tod auftut, sehe ich von meiner Seite aus als Wegetappe für mich. Aber eine solche Etappe ist es auch für diejenigen, die meine Anwesenheit aggressiv macht und die diese Aggressivität auf mich lenken. Die innere Ablehnung gegen den Seelsorger, die sich zuweilen bei Familienangehörigen der Kranken, beim Kranken selbst, bei seinen Freunden oder sogar bei bestimmten Leuten in der Klinik regt, rührt zum Teil von dem Zweifel, den sie bezüglich seiner Absichten und dessen, worum es ihm geht, haben. Er wird als Streckenwärter des Todes gesehen, als Verkäufer einer spirituellen Wirklichkeit, von der man nicht weiß, ob es sie wirklich gibt und ob sie trägt, oder er wird betrachtet als einer, der letztlich demoralisiert: Die Gestalt des Klinikgeistlichen, wie sie sich in den Köpfen abzeichnet, trägt sehr rätselhafte Züge.

In Wirklichkeit ist diese beunruhigende Gestalt nichts als eine Erfindung; zum größten Teil besteht sie aus Projektionen all dessen, was der heutige Mensch bezüglich des herannahenden Todes verweigert, leugnet oder an Ängsten in sich trägt; der Rest ist das Resultat aus der Lebensgeschichte und der familiären, sozialen oder religiösen Vergangenheit jedes Einzelnen. Aus diesem Grund führt der Klinikgeistliche, ob er es will oder nicht, dem Kranken und seiner Umgebung etwas vor Augen, das zu einem guten Teil aus all dem besteht, was in ihnen bislang verleugnet und verschüttet war und angesichts oder dank seiner nun in ihnen hochkommt, ins Bewusstsein tritt und damit sichtbar wird. Von daher gesehen kann man die Gestalt des Klinikgeistlichen als eine symbolische Persönlichkeit bezeichnen.

So muss ich einen beträchtlichen Teil meiner Energie darauf verwenden, meiner Aufgabe als lebendiges Symbol, das ich bin, gerecht zu werden und, so weit ich das kann, der Auffassung, die man von der Person des Seelsorgers hat, größere Tiefe zu verleihen, um sie mehr an die Wirklichkeit anzunähern. Nein, ich bin weder dieser »Streckenwärter des Todes«, für den man mich hält, noch der »Aufsammler« der medizinisch misslungenen Fälle, als die man diejenigen betrachtet, die in der Klinik sterben und ihren guten Ruf gefährden. Erst recht bin ich nicht der Verkäufer spiritueller Inhalte, also jener irrealen und ungreifbaren Wirklichkeiten, die man angeblich erlangt, wenn jenes materielle Wohlbefinden, das man verzweifelt auf Erden zu erlangen sucht, endgültig zusammenbricht. Nein, ich bin kein Demoralisierer. Ich bin ganz einfach einer, der ein Stück mitgeht und helfen will, die Augen aufzumachen. Was kann ich dafür, wenn sich angesichts meiner das Wort in einem Menschen regt, das er tief in sich vergraben hatte? Wenn sich bei meinem Kommen auf dem Bildschirm des Bewusstseins das abzuzeichnen beginnt, was den Menschen in der Tiefe seines Wesens plagt? Rufe ich etwa wach, was anzuschauen der Kranke sich selbst verbietet? Das, was unablässig in ihm blinkt: Rot-Grün, Hoffnung-Verzweiflung? Tatsächlich verschwört sich ansonsten alles in seiner Umgebung darauf, ihm weiterhin ein Theater vorzuspielen, und gibt sich alle Mühe, auch noch die letzten Reserven des Widerstandsgeistes aus einem Wesen herauszulocken, das in Wirklichkeit durchaus schon weiß, dass sein Ende herannaht.

Der Priester als Symbolfigur

Ich bin also eine symbolische Figur. Als solche muss ich mich annehmen und eine solche bleiben, was es auch kosten mag, damit das Ereignis meiner Anwesenheit für den Kranken und seine Umgebung dazu führt, dass sie sich auf dem Weg begleitet spüren, der sich mit der Aussicht auf den bevorstehenden Tod für sie auftut. Wenn der Tod als reale, baldige Möglichkeit auf den Plan tritt, bricht das blitzartig wie eine kosmische Katastrophe über den gewöhnlichen Verlauf eines Menschenlebens herein.

Das geschieht im Herzen des Kranken und zwingt ihn zu einer totalen Umorientierung. Dabei ist die Umstellung brutal: Hat er bislang relativ unbekümmert sein Leben geführt, so wird er plötzlich mit der herben Tatsache konfrontiert, dass der Mensch sterblich ist und vergeht. Es wäre unangebracht und verfrüht, wollte man erwarten, dass jemand im ersten Schock dieser Erschütterung dazu innerlich zustimmen und den aus dieser Zustimmung sich ergebenden Frieden erfahren oder das überhaupt als Lernziel sehen könnte. Für den Augenblick sind da nur Verwirrung und Chaos, völliges Sich-Sperren gegen diesen neuen Aspekt. Es bedarf des Zuwartens, bis sich über den chaotischen Tiefen ganz langsam am Horizont die Aussicht auf ein mögliches anderes Universum abzeichnet. Als Entsprechung zu dieser inneren Ahnung tritt genau die Figur auf, die ich bin und als die ich eingeschätzt werde. Sogar gegen meinen Willen, einfach kraft ihrer symbolischen Dimension.

Wie soll ich die mir zugeteilte Rolle genauer umschreiben? Nach so vielen Jahren der Praxis darf ich es vielleicht wagen, meine Rolle mit derjenigen eines »Fährmanns« oder sogar auch einer »Hebamme« zu vergleichen. Zuweilen habe ich deutlich das Gefühl, mit der Schwierigkeit, aber auch der intensiven Freude zu leben, aus dem Schoß des Todes Leben hervorzuholen. Es geht immer wieder um Wehen des Sterbens und um Geburtsfreuden. Das alles geschieht durch das Wort und in dem Wort, das mir auf die Lippen kommt, oft unwillkürlich und gar nicht von mir aus und in Folge meiner Funktion als Priester und Seelsorger. Ich soll, ich kann gemeinsam mit denen, die sich ihm nähern, den Tod zähmen: sie begleiten, ihn ihnen zeigen, sie ihn anfassen lassen und vor allem sie von ihm sprechen lassen.

Meine Rolle als »Fährmann«: Madame Griz

Ich erinnere mich an Madame Griz, an ihre Traurigkeit und Hoffnungslosigkeit, an der schließlich alle die noch so liebenswürdigen Aufmerksamkeiten ihrer Stationsschwestern eine um die andere scheiterten. Diese hatten mich gebeten, es doch an ihrer Stelle zu versuchen, sie wieder etwas aufzumuntern. Sie war Mitte vierzig, allein erziehend, vom Krebs hingestreckt und doch noch für das Studium von zwei Kindern verantwortlich. Nach Jahren, in denen Gott sei Dank ihr Krebs geruht hatte, war er wieder ausgebrochen. Ich sehe es deutlich: Ihr magerer Hals ist von der Bestrahlung, die sie bekommen hat, gerötet, und an der Stelle ihres entfernten Schlüsselbeins ist eine Vertiefung. Diese noch relativ junge Frau ist schon völlig erschöpft und in ihren schönen schwarzen Augen, die vor Kummer verschleiert sind, ist abzulesen, dass sie gegen die Versuchung zur völligen Verzweiflung ankämpft. Wir fangen an, miteinander zu reden ...

Wir sprechen ... über sie selbst, über ihren Mann, der sie verlassen hat, über ihre Kinder; wir sprechen ausführlich über ihre Krankheit, über ihre Mutlosigkeit und ihre Versuchung, völlig aufzugeben. Wozu sollte es auch noch gut sein weiterzukämpfen, wo sie doch spürt, dass die Partie längst verloren ist, auch wenn ihr das niemand bestätigen will. Um sie herrscht Schweigen; von niemand kann sie etwas erfahren. Und doch hätte sie noch so viel zu tun, vor allem auch zu sagen, ja sogar zu entscheiden. Ihr Sohn ist auf dem Gymnasium, im Internat, er ist erst sechzehn; ihre Tochter ist zwar schon größer, aber sie macht ihr große Sorgen, denn ihr Verhältnis zueinander ist nicht besonders gut.

Ich besuche sie immer wieder, spreche mit ihr, und allmählich erkennen wir gemeinsam, wie sich auf dem Hintergrund ihres Lebens etwas abzeichnet, was noch kommen muss. Selbst wenn es verloren ist, ist ihr Leben noch nicht vollendet. Sie muss die Fackel noch weitergeben, für ein solides Auskommen ihres Sohnes sorgen, sich um ihre Tochter kümmern. Wer könnte das besser als der Mensch, den sie selbst noch dazu bestimmt, bevor sie geht? So sieht sie langsam immer deutlicher die Aufgabe vor sich, die sie sogar jetzt noch, schon im Sterben, unbedingt anpacken muss. Aber dazu muss sie eindeutig wissen, wie es um sie steht. Sie muss unbedingt diese Ungewissheit zerstreuen, dieses einschläfernde und zugleich bohrende Dunkel der Unklarheit über ihren Zustand. Sie braucht ein Wort über ihre Zukunft, an dem sie sich aufrichten kann.

Ich bin mir sicher, dass der Stationsarzt ihr die volle Wahrheit sagen wird, wenn sie darum bittet. So übernehme ich die Aufgabe, ihn als ihr Vermittler anzusprechen und mit meiner Person ihren Wunsch, diese Wahrheit zu erfahren, zu bekräftigen. Der Arzt ist einverstanden. Er begleitet mich zu ihr. »Madame Griz, es geht Ihnen nicht gut, ich weiß es. Ich sage Ihnen nichts Neues, wenn ich sage, dass es bei Ihnen schlecht aussieht. Wir müssen uns darauf gefasst machen, dass es nicht mehr allzu lange geht. Vielleicht noch zwei

Monate ... oder auch weniger ... womöglich nur noch vierzehn Tage ... so genau kann man das nie sagen!«

Sie schaffte es noch vierzehn Tage ... Aber es waren erfüllte vierzehn Tage, Tage voller guter Gespräche, voller Frieden und Zärtlichkeit, voller Tatkraft. Ihr Sohn kam aus Straßburg, sie zu besuchen; auch ihr eigener Bruder wurde verständigt, reiste an und erklärte sich bereit, sich um ihre Kinder zu kümmern. Von diesem Tag an war auch ihre Tochter öfter bei ihr und ging viel zärtlicher auf ihre Mutter ein. Ich selbst erklärte mich auf ihren ausdrücklichen Wunsch und den ihrer Angehörigen bereit, in ihrer Heimatpfarrei den Begräbnisgottesdienst zu halten. Das war mir ein kostbares Geschenk für einen Frieden, den auch ich nur gemeinsam mit ihr hatte entgegennehmen können. Weil wir ihre Lage ins Wort gebracht hatten, war das Wunder an der Schwelle des Lebens geschehen, der Friede bei Madame Griz und allen den Ihrigen eingekehrt.

Monsieur Clère und sein Enkelkind

Ich erinnere mich auch an Monsieur Clère. Wir stehen beide allein im Zimmer, in dem gerade seine Frau ihr Leben ausgehaucht hat. Vor ihrem leblos daliegenden Körper fragt er mich, was jetzt alles zu tun sei und wie er es machen solle: die Aufbahrung, die Überführung, mögliche Besuche im Leichenschauhaus, die Benachrichtigung aller Freunde; wie man die Kinder einbeziehe. Ich erfahre, dass bei ihm daheim ein vierjähriger Enkel ist. Wie soll er sich diesem Kind gegenüber verhalten? Er weiß es nicht recht. Zahllose Fragen gehen ihm durch den Kopf. Wie soll er es ihm beibringen, dass die Oma gestorben ist? Soll er es ihm überhaupt sagen? Und wohin mit ihm während der Trauerfeier? Ich schlage vor, wenn das Kind es wünsche, solle es seine tote Großmutter sehen können, und dabei solle er, sein Großvater, es begleiten. Er meldet dagegen höchste Bedenken an, ja ist sogar ganz und gar gegen meinen Vorschlag. Zudem sei der Vater des Kindes Arzt und werde ganz bestimmt nicht damit einverstanden sein. Ich bin mir schnell darüber im Klaren, dass es nutzlos und unangebracht ist, darauf zu bestehen. Der Widerstand ist unüberwindlich; ich kann ihn nicht davon überzeugen und mich nicht einmal verständlich machen.

Madame Clère wurde aufgebahrt und überführt. Ich staunte nicht schlecht, als ich wenig später erfuhr, der kleine Enkel habe ganz von sich aus, ohne dass es ihm jemand vorgeschlagen habe, den lebhaften Wunsch geäußert, seine Großmutter noch einmal zu sehen, und sein Großvater habe ihn daraufhin tatsächlich ins Leichenschauhaus begleitet. Mich bewegte es sehr, mir vorzustellen, wie dieser Großvater sich mit seinem vierjährigen Enkel auf dem Arm an den Sarg seiner toten Frau begab und der Enkel seiner Omi Lebwohl sagte, die für immer in den Himmel gegangen war ... Ich konnte deutlich die Freude vom Gesicht von Monsieur Clère ablesen, als er mir davon später erzählte und mir im Nachhinein Recht gab. Vielen Dank, Monsieur Clère!

Die Begegnung mit dem Menschen, der bald sterben muss

Zwischen dem Tod und dem Sterben

ES IST AN DER ZEIT, zwei Begriffe, die man in der Alltagssprache kaum voneinander unterscheidet, genauer zu klären und ihr Verhältnis zueinander zu bestimmen: den des »Todes« und den des »Sterbens«. Eindeutig am meisten wird das Wort »Tod« verwendet. Es ist das Wort, mit dem die endgültige Realität des Totseins in ihrem vollen Umfang umschrieben wird. Etwas anderes bezeichnet genau genommen das »Sterben«: nämlich das, was beim Eintreten in die Realität des Todes im Menschen als bewusstem und freiem Wesen geschieht. Man kann zwar in gewisser Hinsicht sagen, dass auch ein Tier oder eine Pflanze »stirbt«; aber andererseits muss man einräumen, dass der Mensch anders stirbt als das Tier und die Pflanze. Bei ihm als Wesen, das über ein Bewusstsein seiner selbst und über Freiheit verfügt, nimmt der Tod einen zeitlich weiteren Raum ein als nur jenen kurzen Augenblick, in dem er »eintritt«. Der Begriff »Tod« vermag diesem weiteren Raum nicht gerecht zu werden, und so ist es ganz normal, dass dafür um der größeren Klarheit willen ein von ihm verschiedener Begriff verwendet wird, eben der des »Sterbens«. Wenn man vom »Sterben« spricht, umschreibt man damit jenen weiteren Raum und längeren Prozess, der sich im Menschen abspielt, bis der Tod Wirklichkeit ist.

In Lexika wird der Tod als »vollständiges und endgültiges Aufhören des Lebens« definiert. Er bezeichnet den präzisen Augenblick dieses Aufhörens, des »nicht mehr Lebens«, diesen genau festlegbaren Endpunkt des Daseins und zugleich auch das Nichts, das auf diesen letzten Moment folgt und das Dasein verschlingt: dieses »Nichts«, das nach »allem« kommt, den punktuellen Augenblick jenes geheimnisvollen »Hinübergangs« – des »Hinscheidens« – dessen Eintreten man zeitlich genau feststellen kann. Wenn ein Mensch durch einen schrecklichen Unfall auf der Stelle tot ist, erschöpft sich die Beschreibung seines Hinscheidens in diesem Begriff »Tod«. Streng genommen »ist ihm zum Sterben gar keine Zeit geblieben«, wie man sagt.

Im Leben der Menschen ist der Tod – dieses Ende, dieses endgültige Aufhören – nicht immer ein brutales und unvorhergesehenes Ereignis, das gegen seinen Willen über ihn kommt. Meist verfügt der Mensch über die Möglichkeit, sich dieses endgültige Ereignis seines Lebens vorzustellen, Angst vor ihm zu haben, sich darauf vorzubereiten, es zu erwarten oder sich gegen es zu sperren. Dieses »Vorspiel« des Todes – die »Propädeutik«, das Vorauswissen um das eigene Ende – bleibt unberücksichtigt, wenn man nur vom »Tod« spricht. Der Begriff »Tod« erfasst also nur einen Teil dessen, was für ein Menschenwesen das unwiderrufliche Ereignis des Zugehens auf den Tod bedeutet.

Reduziert man den Begriff »Tod« auf den strikten Punkt des Hinscheidens, wird dabei sowohl das Davor als auch das Danach vernachlässigt. Dann kommen auch nicht die Vorbereitungen darauf ins Blickfeld und nicht der Weg, der bis ans Ufer und dann zum Übersetzen führt; der langsame Verfall und das Nahen des Abschieds bleiben außer Betracht und ebenso die Erregungszustände und Hoffnungen, die Gelassenheit und die Verzweiflung. Bei der Rede vom »Tod« werden der Friede und die Herzensnot unterschlagen sowie der Mut, das Kämpfen oder die Verzichte. Auch der Prozess als solcher wird nicht thematisiert, die Kühnheit der Zustimmung oder die Verweigerung, die sich noch einmal aufbäumt, wenn der Moment kommt, den Anker zu lichten; auch nicht das, was dazu führt, dass die Seele es schließlich wagt und sich dem Zug des Weiteren überlässt und großzügig den Zurückbleibenden Platz macht. Auch von dieser Zukunft ist nicht die Rede, von diesem Jenseits des Horizonts, auf das sich die Erwartungen ausrichten oder die Befürchtungen beziehen; auch nicht von den Träumen, die sie umkreisen, diese unbekannte Zukunft. Kurz: Überhaupt nicht kommt dabei dieses Geheimnis des Menschen zur Sprache, das der Tod sein kann, oder jedenfalls nicht die intensive Wirkung des bevorstehenden Ereignisses auf den Menschen, der spürt, dass es bevorsteht und er die Schwelle überschreiten muss.

Im Wort vom »Sterben« dagegen – das aktive Verb als Substantiv genommen – wird dagegen die gesamte Abfolge innerlichster Tätigkeiten versammelt, die in der Zeit kurz vor dem Tod die Aussicht auf das eigene Ende auslösen. »Sterben« enthält das Gesamt all dessen, was diese Aussicht in der Zeit, im Körper, im Herzen und im Denken des Menschen bewirkt, um ihn auf dieses Geschehen vorzubereiten. Das Wort »Sterben« bezeichnet also das organische Ganze dieser zutiefst persönlichen Akte, mittels derer der Mensch sich mühsam an die Möglichkeit herantastet, sich diese Wirklichkeit anzueignen, die er nicht von sich aus gewählt hat, ihn aber in allerhöchstem Maß betrifft: seinen eigenen Tod.

Mag er es wollen oder nicht: Sein Menschsein wird in dieser Vorbereitungszeit von Trauer umfasst, die ihm sein Unglück zumutet. Dass er diese auch weithin verdrängen kann, tut nichts wirklich zur Sache. Entscheidend ist, dass er dieses Anbrechen einer unbekannten Zukunft in Freiheit annehmen und sich darauf vorbereiten kann. Mit dieser Freiheit kann er die gänzlich unbekannte kommende Realität bejahen, und indem er es tut, vermag er die Kraft und den Wunsch zu spüren, alles abschließend zu ordnen, damit die Summe seines Lebens in diesem Ende mit einem letzten Sinn gekrönt werde.

Kraft der Gnade dieses zustimmenden »Ja« vermag er dann noch einmal alles zu umfassen, was er je gelebt hat, und es mit einem Akt der Offenheit in die Vollendung in einer unbekannten Zukunft hineinzugeben. Falls er ungläubig ist und für ihn kein »Danach« existiert, überlässt er sich zwar dem »Nichts mehr«, jedoch ebenfalls mit Frieden im Herzen. Wenn er »an den Himmel glaubt«, legt er sich in die Hände dessen, der ihn erwartet. Im einen wie im anderen Fall ist jedenfalls im Höchstmaß sein Innerstes engagiert.

Aus dem fernen Tod wird jäh das eigene Sterben

Jeder weiß es, dass eines Tages der Tod kommt. Wir alle wissen, dass wir eines Tages sterben werden. Aber das ist vorerst nur ein theoretisches Wissen, die Vorstellung von etwas Fernem, eine flüchtige Idee, ein hier und da einmal aufblitzender Gedanke, wie eine noch schwerelos umherschwirrende Libelle im Raum unseres Denkens, noch ohne Verwurzelung in unserem Wesen. Der Tod hat noch nichts an sich, das uns – unser Lebenwollen – schaudern oder fiebern lässt. Er weckt noch keine starken Gefühle, keine Angst. Wir wissen rein sachlich, kühl, gedanklich um ihn. Aber dann, eines Tages, plötzlich, fällt ein einziger Satz ... Der Arzt betastet dich, an der Stelle, wo du seit einigen Wochen eine leichte Verdickung gespürt hast. »Ich fürchte, das könnte Krebs sein ... ein Tumor ... Nein, ich denke gutartig! Aber herausschneiden müssen wir ihn auf jeden Fall. Lassen Sie sich gleich einen Termin geben, das ist eine Frage der Vorsicht!«

Zuweilen bedarf es nur einiger weniger Worte, damit das Gewitter über der seither heiteren Landschaft losbricht. Der Tod kann im Bruchteil einer Sekunde Ihren Himmel zerreißen. Ihr Herz schlägt wie rasend. Sie sind wie vom Blitzschlag getroffen. Da ist es plötzlich sinnlos, nur so vom Tod zu sprechen. Das, was man bislang damit meinte, war er gar nicht. Das war bis jetzt nur ein oberflächlicher, inhaltsleerer Begriff. Aber jetzt ist der Tod nicht mehr »der Tod« irgendwo weit fort. Nein: »Das bin ich ... ich, der sterben muss!«, wie es ein Held von Malraux hinausschreit. Blitzartig kommt alles ins Wanken. Das Leben, das einen bisher im Galopp getragen hat, zieht sich plötzlich zurück, weiter, immer weiter zurück, wie sich bei Ebbe das Meer zurückzieht. Alles sieht jäh ganz anders aus, und das Leben schickt sich an, dem Sterben Platz zu machen.

Die Medizinersprache formuliert das alles noch optimistisch. Sie bietet sich als Zuflucht an, als Versicherung, als Treibinsel, an die sich die Hoffnung des Ertrinkenden klammert ... oder seine Verzweiflung. Man möchte ihr ja nur allzu gern glauben. Man lässt sich etwas einreden. Aber auf dem Grund seines Wesen spürt man die inneren Dämonen toben: Aufbegehren, Ablehnen, Leugnen, Trotz. Nach außen legt man sich eine Maske an, um den Tod zu kaschieren. Familienangehörige machen das Spiel mit, bestärken im Leugnen und wollen »Mut machen«. Ein Schwall von Verharmlosungen setzt ein. Das Gespräch über den Tod wird unmöglich.

In dieser aufgewühlten Situation tritt der Klinikseelsorger auf den Plan. Er ist dank seiner Tätigkeit mit ihr vertraut und empfindet spontan Verständnis für dieses gewalttätige Sich-Wehren in einem chaotischen Universum, über dem noch kein Licht aufgegangen ist; instinktiv empfindet er für diesen neuen Kranken tiefe Sympathie und fühlt sich ihm ganz nah. Aber oft ist es so, dass sich diese Gefährtenschaft nicht unverzüglich erschließt und der Anblick des Geistlichen zunächst einmal aggressive Abwehr auslöst. Noch vermag der Kranke nicht, ja zu sagen. Für ihn ist das die Zeit der Ablehnung und Verweigerung; für den Seelsorger die Zeit der Prüfung, in der alles umsonst ist außer das Schweigen und das wohlwollende und beharrliche Zuhören. Keinerlei vernünftiges Argumentieren hilft; jede Rechtfertigung verkehrt sich unverzüglich in ihr Gegenteil. Manchmal muss man die Rolle des Sündenbocks ertragen.

Auf welchen geheimnisvollen Wegen der Kommunikation verfügt dieses aggressive Sich-Entladen, das man tapfer über sich ergehen lässt, über die Kraft, dem Herzen des Kranken zur Klärung zu verhelfen und ihm schließlich eine neue Form des Sprechens zu erschließen? Ich weiß es nicht. Aber genau wie sich zwei Gegner, die sich im gewalttätigen Kampf aneinander gemessen haben, nach dem Ende der Runde anerkennend die Hand geben, kehrt schließlich auch nach dem Gewitter zwischen dem Kranken und dem Seelsorger ein

Vertrauensverhältnis ein: Sprache wird wieder möglich. Alle aggressive Angst des Kranken hat sich erschöpft; der Seelsorger wird zum Freund, zum Bruder, zu dem, in dessen Begleitung sich das gefesselte Wort lösen darf und man, hat man erst einmal das Ja-Sagen geschafft, den Übergang ins Licht vollziehen kann.

»Sie sind sympathisch!«

Ich betrete das Zimmer einer Frau, die mir auf der Stelle sagt: »Lieber Herr Pfarrer, damit Sie es gleich wissen: Mit Religion habe ich nichts am Hut. Auch nicht mit Gott ... nach allem, was ich durchgemacht habe ...!« Ihr Sohn ist da, steht vor dem geöffneten Wandschrank, erstarrt in seiner Bewegung. Zweifellos wollte er gerade etwas herausholen. Überrascht vom Begrüßungsspruch seiner Mutter für mich schaut er mich an, staunt ebenfalls, dass ich plötzlich da bin. Das Schweigen dieser mageren Gestalt trifft mich fast physisch und verstärkt die Sätze der Mutter. Angesichts der aggressiven Ablehnung dieser Frau und ihres sprachlosen Sohnes bleibt mir nichts anderes, als es auszuhalten.

Ich erfahre dann später, dass sie gerade zum vierten Mal operiert worden ist. Aber im Augenblick muss sie erst dringend etwas loswerden. Das Gewitter bricht los, entlädt sich. Und was kommt da alles heraus: Todesfälle, Selbstmorde, Krebsfälle in der Familie ... – blitzartig werden vor mir die Lebensdramen aufgerissen. Ich halte das alles aus, halte es sogar ganz gut aus, denke dabei, dass Gewitter sein müssen, bis der Himmel wieder ganz klar werden kann. Zum Schluss sagt sie: »Herr Pfarrer, Sie besuchen mich aber wieder, ja?« ... »Hören Sie, Sie kommen doch wieder?« Zweimal spricht sie diese Einladung aus, und der Sohn steht dabei. Dann fügt sie hinzu: »Sie sind sympathisch!«

Ja, bestimmt werde ich wieder vorbeikommen, und dann können wir sicher noch einmal gemeinsam ihren ganzen Kreuzweg durchsprechen. Aber bei dieser armen Frau mit einer derart schweren Last musste ich warten können, bis sie das freizusetzen vermochte, was hinter ihrem ganzen Aufbegehren darauf wartete, ans Licht zu kommen und menschliches Verständnis zu finden. Kurz: Ich hatte geduldig warten müssen, bis der Augenblick reif war, selbst das Wort zu ergreifen.

Ich sprach zu ihr nicht von Gott; das wollte ich von mir aus nicht tun. Sie war es, die als Erste das Wort in den Mund nahm. Hätte ich gleich zu Anfang von ihm gesprochen, wäre es sicher zu früh gewesen, ja zweifellos unpassend angesichts des Bildes, das sie im Lauf der Zeit mit der Tinte ihres Lebens von ihm gezeichnet hatte. Zu ihr von Gott zu sprechen, zu wagen, vom Annehmen zu reden, ohne zu wissen, welche Erniedrigungen und Leiden anzunehmen dies für sie heißen würde – das hätte bedeutet, die Verweigerung zu verhärten, die Abwehr zu betonieren, die Ablehnung zu riskieren. So war für mich erst einmal die Zeit der Geduld angesagt und für sie die Zeit des entfesselten Sprechens und überhaupt des »sich Entfesselns«. Für uns beide war es die Zeit, in der es einander zu entdecken galt und dann zu erkennen, dass man im tiefsten Herzen übereinstimmte. Es war die Zeit, einfach Vertrauen zu haben.

»Herr Pfarrer, ich habe so auf Sie gewartet!«

Es ist achtzehn Uhr, Zeit, für heute das IGR zu verlassen. Ich mache einen kleinen Umweg über die Kapelle, um dort im Tabernakel die Kapsel zu verwahren, mit der ich tagsüber die Hostien bei mir trage. Hinten in der Bank im Halbdunkel kniet betend eine Frau in den Fünfzigern. Sie scheint mit den Tränen zu kämpfen, und ich spüre, dass sie von einem tiefen Kummer gepeinigt wird. Ich spreche sie an. Ihrem Lebensgefährten geht es sehr schlecht; er ist gerade auf die Intensivstation eingeliefert worden. Während man sich dort um ihn kümmert, sucht sie im Schweigen und Frieden dieses Gottesdienstraums Zuflucht.

Ich bleibe bei ihr. Sie redet und redet: Bald wird sie ganz allein sein. Mit nichts. Denn er hinterlässt ihr nichts, obwohl sie bereits zwölf Jahre zusammenleben und sie ihn jetzt, seit er krank ist, versorgt und unterstützt. Sie ist selbst krank, hat eine Tochter. Mit ihrer kleinen Invalidenrente, die sie bekommt, konnte sie noch nie richtig sich selbst und ihr Kind über Wasser halten. Und er wird sterben, ohne irgendetwas zu ihren Gunsten geregelt zu haben. Alles wird an diese andere Familie fallen, »die er auf dem Hals hat«. Hätte sie doch wenigstens vor einigen Jahren ja gesagt! Dann wären sie verheiratet. Aber sie hatte das damals nicht gewollt. Und jetzt will er es nicht mehr.

Auf der Liste, die ich bei mir habe, überfliege ich rasch die drei oder vier Namen, die bei der Intensivstation vermerkt sind. Ein Einziger ist gelb markiert; so merke ich mir die Kranken vor, die ich mir als vorrangig zu besuchen vornehme. Der Name M. Marcel, des Lebensgefährten dieser Frau, sagt mir als solcher nichts. Aber davor steht ein *W*, was bedeutet, dass wir bei einem früheren Besuch schon einmal intensiver ins Gespräch gekommen sind. Ich könnte also sofort bei ihm anklopfen und eintreten und wüsste sicher, aufgrund unserer gemeinsamen Vorgeschichte willkommen zu sein. »Aber, Herr Pfarrer, haben Sie ihn tatsächlich schon früher besucht ... öfter besucht?«, fragt mich beunruhigt diese Frau. »Es geht ihm sehr schlecht. Gehen Sie nicht zu ihm! Wenn er sie sieht, meint er sicher, er müsse bald sterben!«

Am nächsten Tag treffe ich diesen Mann in dem Zimmer an, in das man ihn seit dem Abend verlegt hat. Er sitzt auf dem Bettrand, lässt die Beine baumeln, wirkt erschöpft. Unverzüglich schaut er mich an; er erkennt mich gleich wieder; und dann, mit einem frohen Aufstrahlen: »Herr Pfarrer, ich habe so auf Sie gewartet! Wie gut, dass Sie kommen!« Mit größter Ruhe teilt er mir mit, er bereite sich auf das Sterben vor und wünsche, dass ich ihm beistehe.

Im Orkan des Todes

Wie alle anderen Mitglieder des Seelsorgeteams teile auch ich voll und ganz die Sorgen und Mühen des Pflegepersonals. Jedoch muss ich auch, und ganz speziell ich, in die etwas düstere Rolle schlüpfen, in der der Geistliche einer Klinik immer ein Stück weit befangen bleibt, muss etwas deutlicher den Gegensatz zwischen dem hervorheben, was wir Menschen tatsächlich sind, und dem, was wir gern sein möchten. Allzu oft wird auch heute noch, in einer Welt, die sich verzweifelt abmüht, den Tod zu leugnen und zu besiegen, der Geistliche spöttisch als der angesehen, der vorwiegend für den Tod zuständig ist.

Woher kommt diese falsche Vorstellung? Hat die Religion etwa allzu lange, zu ihrem eigenen Vorteil, das Bild aufrechterhalten, sie stehe auf eigenartige Weise mit dem Tod im Bund? Hat sie womöglich dem sterbenden Menschen nicht mehr geboten als einen oberflächlichen Trost, der nicht wirklich von tiefer menschlicher Sorge begleitet war? Hat sie womöglich das Sakrament der »Letzten Ölung« zum Zeichen der Resignation und des Absegnens für das ewige Leben verkommen lassen? Hat sie es womöglich zugelassen, dass ihre Sprache den wirklich menschlichen Zuspruch verdrängt hat? Diese Sprache, die doch so reich und dicht sein könnte für die, welche ihren eigentlichen Sinn zu erfassen vermögen, aber den meisten heute formalistisch und stereotyp vorkommt?

Es ist ein schwer lastendes Erbe, aus dem es sich zu befreien gilt, damit wieder eine Sprache über den Tod möglich wird, die der Mensch von heute zu akzeptieren vermag. Nach etlichen Jahren der diesbezüglichen Mühe als Seelsorger wäre es für mich ein reicher Lohn, wenn ich auch nur ein wenig dazu hätte beitragen können, dem Menschen wieder zu seinem Recht zu verhelfen, sein Sterben als Mensch bewusst zu durchleben.

Es ist keine Frage, dass ich ein gutes Stück weit auf Sympathie setzen kann, die es ermöglicht, mich als Priester zu akzeptieren, und dass ich nichts weiter bin als der »sympathische Priester«. Aber dieses Ausbeuten des Sympathie-Bonus bringt wiederum die Gefahr mit sich, die Zwiespältigkeit zu verstärken und den Priester in einen Bereich abseits der tiefsten Fragen des Menschen zu verweisen, in ziemlichen Abstand zum Herzen des heutigen Menschen. Natürlich darf, soll er sympathisch sein, aber vor allem muss er Priester sein. Wenn er nämlich das Risiko nicht eingeht, in seiner Eigenschaft als Priester abgelehnt zu werden, läuft er Gefahr, auch nicht an die grundlegenden Werte des Menschseins zu rühren. Er muss also mehr sein als »ein sympathischer Kerl«, muss wirklich »Mensch« sein, und zwar so sehr, dass jedes Wort, das aus seinem Mund kommt, und vor allem jedes religiöse Wort auch als ein zutiefst menschliches Wort erfahren wird.

Damit das Wort ein von Gott erfülltes Wort werden kann, muss es zum radikal menschlichen Wort werden; nur dann kann es den Menschen als ganzen ansprechen, in der konkreten Situation, in die er sich hineingestellt findet. Nur unter dieser Bedingung kann es alles, was der Mensch lebt und erlebt, umfassen und in eine neue Dimension heben.

So stellt sich der Seelsorger jedes Mal, wenn er ein Krankenzimmer betritt, der Bewährungsprobe, ob es ihm gelingt, in diesem Sinn zu radikal menschlichen Worten zu finden. Überschreitet er jedoch die Schwelle und tritt in den vom Bett und vom Leiden des Kranken umschriebenen Raum, wird es für den Kranken und die ihn Umgebenden ein besonderes Ereignis, weil damit ein ihnen physisch und seiner Identität nach Fremder vor ihnen steht, wobei vor allem dessen Identität, die des »Pfarrers«, eine vielsagende Klischeevorstellung auslöst. In dieser für den Kranken wie den Seelsorger überraschenden und dichten Situation ist für Letzteren die Versuchung groß, dem Hang zum überstürzten Handeln zu erliegen. Würde er ihm nachgeben, vergäße er, dass er durch das Betreten dieses Raumes unwillkürlich im Geist oder im Herzen der anwesenden Menschen etwas auslöst, dem er Zeit lassen muss, damit es wirken, ausreifen und sich »setzen« kann. Erst nach dieser Inkubationszeit können das Lächeln, das Schweigen oder der Vorschlag, gemeinsam das »Vaterunser« zu beten, als angemessenes Wort oder richtige Geste wirken.

Ich persönlich hoffe immer, an diesen Punkt der inneren Kommunikation mit den Menschen, denen ich begegne, zu gelangen, und glaube deshalb, dass ich sehr genau darauf zu achten habe, diesem inneren Prozess seine Zeit zu lassen. Natürlich ist mir meine Zeit genauso kostbar, wie sie es den Menschen ist, mit denen ich zu tun habe. Aber diese Anfangszeit, in der ich nichts von Belang sage, ermöglicht es mir, in mir wieder jene innere Stille zu finden, die durch die erste Kontaktaufnahme womöglich erschüttert war. Wenn ich sie wieder gefunden habe – und erst dann –, kann ich dem Kranken und seinen Angehörigen auch die Zeit lassen, sich ohne Überstürzung mit dem unbekannten Besucher, der ich bin, vertraut zu machen.

Ich habe entdeckt, dass bei diesem geduldigen Vorgang der Annäherung auch der Körper seine ganz eigene wichtige Rolle zu spielen hat. Mittels seiner ist etwas sozusagen »Sakramentales« am Werk, denn auch er verfügt auf seine ihm eigene Art über eine Sprache. Es wäre ein Irrtum, wollte man nur mit Worten sprechen; der Körper trägt auf seine Weise zum Sprechen bei, ja mehr noch: zur Wahrheit des Sprechens. Mittels all dessen, was er unter diesen kritischen Umständen spürt, was in ihm vorgeht und auf ihn einwirkt, ist er der Mittler zwischen dem Wort und dem, bei dem es im gegenwärtigen Augenblick auf fruchtbaren Boden fallen soll.

Über diese elementare Behutsamkeit hinaus verlangt die Annäherung an den Sterbenden vom Seelsorger eine ganz besondere Wachsamkeit: Er darf nicht der Versuchung nachgeben, vorschnell eine Antwort auf die Fragen zu suchen: »Was soll ich sagen? Was soll ich tun?« In solchen Augenblicken großer Anspannung schießen einem derartige Fragen unwillkürlich durch den Kopf. Bei der ersten Kontaktaufnahme mit dem Kranken darf man sich von ihnen nicht von der echten Begegnung mit ihm und seiner unmittelbaren Umgebung ablenken lassen. Wenn man in derartig schmerzlichen und oft tragischen Augenblicken Worte des Glaubens sprechen will, setzt das zunächst einmal Achtung vor dem anderen, Schweigen und genaues Zuhören voraus: Wir müssen die Menschen sozusagen mit den Handschuhen des Leidens und der Fühlungnahme von Herz zu Herz anfassen. Nur dann werden die Worte, die uns über die Lippen kommen, jenes Geheimnis anzudeuten vermögen, das uns zusammenführt und in dieser urmenschlichen Erfahrung weit übersteigt. Das, was darauf wartet, sich als Leben zu offenbaren, findet dann im angemessenen Wort die Kraft und die Freiheit, ans Licht zu kommen. Dann vermag dieses Wort, das aus der innersten Mitte des Menschseins kommt, eine Ahnung vom ewigen Leben zu erschließen.

Welche Gebetsworte verwenden?

Eines Tages habe ich mich unglücklicherweise am Bett eines gerade verstorbenen Familienvaters zu den klassischen und allzu leichten Sprüchen von der Hoffnung hinreißen lassen und ohne große Einführung der Familie vorgeschlagen, mit mir gemeinsam zu beten. Als ich das Zimmer wieder verlassen wollte, gab ich auch dem zweiundzwanzigjährigen Sohn die Hand, von dem ich gar nicht bemerkt hatte, dass er in angespanntem Schweigen verharrt hatte. Mir ist noch regelrecht physisch in Erinnerung, wie distanziert er meine Hand ergriff und wie düster sein höflicher, aber energisch ablehnender Blick war. Noch nie war mir so stark wie an diesem Tag klar geworden, dass es eine Zeit zum Sprechen und eine Zeit zum Schweigen gibt.

Durch meine unbedachten Worte als Glaubender hatte ich zweifellos das trauernde Gemüt eines Menschen überfahren und verletzt. Es war, als wollte er mich mit seiner steif dargereichten Hand den steif daliegenden Körper seines toten Vaters spüren lassen und mir leise und diskret zuflüstern: »Herr Pfarrer, wie kann man angesichts dieses Todes unbedarft an eine Hoffnung glauben?« Zumindest müsste man doch stärker betroffen sein ...

Aus einigem zeitlichen Abstand wage ich trotzdem zu hoffen, dass in Folge dieses mir als dem Vertreter Gottes schroff geäußerten Protests eines Tages vielleicht doch in diesem vom Schmerz zerrissenen Herzen der Weg für ein besseres Wort frei wurde. Jedenfalls war dieser Vorfall insofern fruchtbar, als ich deutlich auf meinen Irrtum aufmerksam gemacht wurde.

Ich leide noch unter etwas anderem, und zwar seitens jener besonders frommer Katholiken, die das sich abzeichnende Unheil vollends in eine übersteigerte Frömmigkeit getrieben hat. Sie haben so viel – zu viel? – gebetet und sind so oft zur Kommunion gegangen, dass sie meinen, dem Himmel die Gesundheit eines Angehörigen abtrotzen zu können. Sie hoffen schließlich derart auf ein Wunder, dass sie auf andere Weise gar nicht mehr zu sprechen vermögen. Wenn der Kranke schließlich stirbt, haben sie es unterlassen, mit ihm über irgendetwas Wesentliches aus ihrer gemeinsamen Vergangenheit oder bezüglich ihrer Zukunft zu sprechen. Sie haben sich derart in das Gebet und die Hoffnung auf ein Wunder hineingeflüchtet, dass sie es sich ersparten, im Glauben die irdische Prüfung des Getrenntwerdens als Riss durch das menschliche Leben und als Anspruch an die Hoffnungskraft auf sich zu nehmen. Es war, als seien sie am Rand des Geschehens stehen geblieben, hätten das Ereignis sich in einiger Entfernung abspielen lassen und sich derweil darauf verlegt, den Himmel zu bestürmen. Und schließlich war dann der Tod stärker gewesen als alle ihre Gebete.

Angesichts eines solchen Verhaltens plagt mich ein merkwürdiges Empfinden: eine Mischung aus Schmerz und Trauer. Schmerz wegen meiner Ohnmacht; Trauer wegen des abgründigen Sumpfs, in dem der Kranke und seine Familie versunken sind. Ich empfinde dann ganz tief und schmerzlich in mir ein Versagen, weil ich es nicht fertig gebracht habe, sie authentisch auf ihr Menschsein anzusprechen und sie anzuleiten, sich auf die intensive Wirklichkeit der Krankheit und des Todes einzulassen, mit dem Sterbenden intensiv ins Gespräch zu kommen und sich dadurch gemeinsam für die Kraft eines anderen Wortes zu öffnen: für die Kraft des Glaubenswortes. Weil das menschliche Wort ausgefallen ist, hat auch das Wort des Glaubens nicht vermittelnd eingreifen und seinen natürlichen Weg nehmen können.

Ich muss zugeben, es schmerzt mich immer sehr, wenn ich miterlebe, wie jemand geht, nachdem ich ein langes Wegstück mit ihm gegangen bin, und vor mir sehe, welchen Weg ihm seine Herzensweite, sein reifes Menschsein und sein Glaube noch ermöglicht hätten, wenn er nicht – aus welchem inneren Widerstand, welcher Angst heraus? – im Lauf innegehalten hätte, bevor er den Gipfel erreichte. Dieser Mangel an menschlicher Vollendung macht mich immer sehr traurig und tut mir weh. Ich bin dann versucht, mir Vorwürfe zu machen: Hätte ich nicht etwas ungeduldiger seinen Weg beschleunigen sollen? Aber ich weiß – das ist mir ganz klar –, dass ich ganz und gar nicht das Recht habe, jemanden ins Abenteuer des Lebens hineinzudrängen. Die Weisheit und die Ehrfurcht vor dem anderen legen mir nahe, mich damit zu begnügen, der jeweiligen Schwester oder dem Bruder im Menschsein nur die Hilfe zukommen zu lassen, die sie tatsächlich von mir wollen. Ich muss mich ganz damit zufrieden geben, wenn sie schlicht sie selbst geworden sind und schließlich auch dank meines wohlwollenden und taktvollen Zuhörens auf dem Weg zu dem blieben, was sie selbst suchten und es dann auch erreichten. Diese Zurückhaltung erfordert von mir, darüber bin ich mir im Klaren, eine allzeit wache Verfügbarkeit und Offenheit. Würde ich nicht mit dieser grundsätzlichen inneren Einstellung jedes Krankenzimmer betreten, was würde mir dann überhaupt das Recht geben, den Kranken aufzusuchen? Im Namen wessen wollte ich mich dem Menschen nahen, den ich besuche?

Wenn man in das Chaos eines ins Schlingern geratenen Lebens eintritt, will man dem Betreffenden seine Gegenwart und sein Zuhören anbieten. Dabei nimmt man das Risiko in Kauf, abgelehnt zu werden. Man muss einem Blick standhalten, der einem mit seiner Ruhelosigkeit oder seinem Misstrauen weh tut. Schafft man es dann Schritt für Schritt, im Körper und im Herzen Frieden zu finden, dann bedeutet das, dass man, ohne etwas zu erzwingen, Vertrauen gewinnt, sich ein Menschenwesen vertraut macht, ihm Freundschaft anbietet, solche von ihm empfängt und sich schließlich mit ihm im Menschsein verbrüdert. Dann kann man auch den Frieden miteinander teilen, der aus dem Ja zum Leben wie zum Sterben erfließt.

»Werde ich da noch einmal herauskommen?«

WENN DER SEELSORGER PLÖTZLICH zum ersten Mal ans Bett des Kranken tritt, empfindet der Kranke angesichts dieses ihm Unbekannten nicht als Erstes, dass er jetzt auf religiösem Gebiet, also auf seinen Glauben angesprochen wird. Es steht nicht jäh die Frage im Raum, ob er etwas glaube oder nicht. Der Umstand, dass ein Vertreter der Religion zu ihm kommt, löst vielmehr zunächst im Kranken die lebhaftere Begegnung mit dem aus, was ihn infolge seiner inneren Unruhe im Tiefsten bewegt, und bringt das stärker ans Licht. Da überstürzen sich Fragen wie: »Bin ich schon am Ende, dass er jetzt kommt? Lohnt es sich überhaupt noch, dass ich weiterkämpfe? Sollte ich nicht lieber die Waffen strecken? Warum sollte ich mich überhaupt noch der Hoffnung hingeben, wo doch wahrscheinlich der Zeitpunkt da ist, mich ins Unvermeidliche zu fügen und zum Sterben ja zu sagen?«

Von solchen Fragen gepeinigt und hin- und hergerissen gerät der Kranke oft insgeheim in einen geradezu schizophrenen inneren Zwiespalt. Einerseits klammert er sich an die Worte und Möglichkeiten, die man ihm seitens der Klinik bietet, und fühlt sich durch sie zum Weiterkämpfen ermutigt; andererseits aber ist er zutiefst zermürbt von der Angst des »Ich werde sterben« und ist versucht, aufzugeben und alles laufen zu lassen.

Zwischen Hoffnung und Vertrauen

Angesichts dieser verwirrenden, unangenehmen Situation ergibt sich für den Seelsorger die heikle Aufgabe, bei allem Respekt, mit dem er den Kranken seinen Weg gehen lassen muss, diesem nahe zu bringen, wie er in sich das Unvereinbare und offensichtlich Widersprüchliche verbinden kann. Kurz, er leitet ihn an, auf »zwei Füßen« zu gehen: Einerseits soll er lernen, sich auf die Hoffnung, geheilt zu werden, zu stützen und energisch das Seine zum Bemühen um Heilung beizutragen; andererseits soll er sich aber auch bemühen, sich für die Wirklichkeit zu öffnen, das heißt, zu dem, was ist, ja zu sagen und sich, falls er gläubig ist, voller Vertrauen in die Hände Gottes zu legen. Auch Christus hat am Ölberg zuerst um seine »Heilung« gebetet: »Vater, mein Vater, lass diesen Kelch an mir vorübergehen«, dann aber sich vorbehaltlos dem unergründlichen Willen seines Vaters anvertraut: »Aber nicht mein Wille geschehe, sondern der deine!«

Wenn die Anwesenheit des Seelsorgers am Bett des in einer kritischen Phase befindlichen Kranken an Bedeutung zugenommen hat, kann er allmählich behutsam die Mauer der Angst, die sie noch trennt, übersteigen und den Kranken in seiner vollen Wahrheit begleiten, bis er schließlich sein letztes Ja dazu sagen kann. Mittels des geteilten Wortes können sie dann zu einem neuen Lebenssinn vorstoßen, aus dem der Sterbende die Kraft beziehen kann, mit einem neu gewonnenen Frieden die letzte Etappe seines Lebens aktiv zu meistern.

Die Kranken wissen: Mit dem Seelsorger können sie das so schwierige Thema ihres Todes ansprechen. Er wird zuhören und vor ihm können sie dieses so schwer zu tragende Gepäck ablegen, vielleicht unter Tränen, Schreien des Aufbegehrens oder von Schluchzen geschüttelt. Etwas in diesem Menschen gibt ein Zeichen, das nach diesem Sich-Eröffnen verlangt: Zweifellos ist es jenes radikale Ja, das er irgendwann schon einmal seinem Gott gegeben hat. Vielleicht ahnt man dann, dass in ihm dieses Sich-Fügen dem Tod seinen Schrecken genommen und ihn seiner unheilvollen Macht beraubt hat. Ist vielleicht sogar zu spüren, dass dieser Friede, der ihn jetzt erfüllt, nunmehr auch auf die ihn Umgebenden überzugreifen und auch sie zu erfüllen vermag? In der Gegenwart eines solchen Menschen greift eine merkwürdige Freiheit gegenüber dem Tod um sich. Kommt dies daher, dass die Angst überwunden ist?

»Das war so ein guter Junge, mein Gérald!«

Madame Joubert kommt in mein Zimmer, in Begleitung ihrer Schwiegertochter und einer Krankenschwester. Seit einer Stunde weiß sie, dass ihr Sohn Gérald in den letzten Zügen liegt und es bald »zu Ende« geht. Bis jetzt hat man es vor ihr geheim gehalten. Aber schließlich konnte man ihr die schlimme Krankheit ihres Sohnes nicht länger verschweigen und auch nicht diese ungemein schmerzliche Begegnung ersparen. Es ist furchtbar. Wo sie sich doch so viel Mühe gegeben hat, ihn mit seinen jetzt neunzehn Jahren ganz allein aufzuziehen! Heute ist sie also gekommen, um ihren »Jungen«, Gérald, noch einmal zu sehen. Das muss sein. Ein letztes Mal, um sich von ihm zu verabschieden. Er liegt zwar in einem tiefen Schlaf, aber vielleicht hat er doch noch zwischendurch kurze lichte Momente und kann sie erkennen. Auf jeden Fall wird er spüren, dass seine Mutter mit ihrer Zärtlichkeit ganz nahe bei ihm ist. Schlimm für sie aber ist es, dass er zu geschwächt ist, um noch mit ihr sprechen oder wenigstens die Augen aufschlagen zu können.

Ihre Schwiegertochter hat sie zu diesem letzten Besuch in dieser ihr bislang unbekannten Festung der Schmerzen begleitet. Vor dem Aufzug fühlt sie sich von einem unüberwindlichen Widerstand gelähmt: Nein, sie kann nicht in diesen siebten Stock hinauffahren, wo ihr Sohn im Sterben liegt! Und so sitzen sie da auf den Stühlen im Flur, mitten zwischen den vielen Vorbeigehenden, die beklagenswerte Schmerzensmutter und ihre Begleiterin. Die Mutter weint leise, den Kopf auf die Knie gesenkt. Die Schwiegertochter ist stumm vor Schmerz.

Ich kenne die Schwiegertochter und Gérald recht gut; es verbindet mich mit ihnen eine tiefe Freundschaft, ich war schon oft bei ihnen.

Die Verzweiflung dieser Mutter ist grenzenlos; ich muss daran denken, wie fürchterlich erst die bevorstehende Begegnung werden muss. Da wird sie dann vor ihrem Sohn stehen, von dessen Krankheit sie überhaupt nichts wusste und den sie seit Monaten nicht mehr gesehen hat! Wie soll sie den Anblick ihres Sohnes ertragen können, dem überhaupt nicht mehr zu helfen ist? Er ist das einzige Kind, das ihr beschieden ist und sie allein groß gezogen hat; und da soll sie ihn heute wieder sehen, reduziert auf die Gestalt eines reglosen Leichnams? Es ist unbedingt notwendig, sie darauf vorzubereiten. Sie muss zuerst einmal sprechen können, jemand muss da sein, der ihr zuhört, vor dem sie die Schleusen ihres Schmerzes öffnen kann.

Und so sind die beiden jetzt da, bei mir im Sprechzimmer. Wir schweigen. Die Tränen fließen, strömen, gehen in Schluchzen über. Wie lange wird es brauchen, bis die Ruhe eintritt, die immer auf den Sturm folgt? Ich weiß es nicht. Nach und nach, ganz langsam, löst der Friede das Weinen ab, ein seltsamer Friede. Und schließlich wird es möglich, etwas über Gérald zu erzählen, wie er war, amüsante Episoden auch. Es gibt ja so viele Geschichten aus dem Leben dieses außergewöhnlichen Gérald. Seine Eskapaden als Jugendlicher, seine grobe Zärtlichkeit gegenüber seiner Mutter, seine halsbrecherischen Motorradfahrten ... Schließlich lachen wir sogar miteinander. »Das war so ein guter Junge, mein Gérald! Ja, so ein prächtiger Junge!« Nach diesem entspannenden Gespräch hat die Mutter wieder zur Ruhe gefunden. Der Augenblick ist gekommen: Wir können hinaufgehen.

Ich hielt es für gut, sie bis ans Krankenbett zu begleiten. Nachdem friedvolles Schweigen eingekehrt war, hielt ich mich völlig zurück. Diese Frau saß bis zum Abend ganz nah bei ihrem Jungen, Gérald, hatte ihre kleine Hand auf die riesige, jetzt schlaffe Hand ihres Sohnes gelegt. Sie durchlebte dabei die ganze vergangene Zeit noch einmal, diese schwierige Zeit, als der Vater des Jungen sie verlassen hatte, die langen, mühsamen Jahre, bis das Kind groß war, die sie hatte ganz allein bewältigen müssen. Sie brachte ihm noch einmal all ihre Liebe zum Ausdruck, die raue und schlichte Zärtlichkeit, wie sie armen Menschen eigen ist. Endlos konnte sie ihr Adieu murmeln. Gérald konnte schließlich in Frieden gehen: Die Mutter in ihr hatte heute ihren Sohn wieder gefunden.

Gefährte beim Drama

Es kommt vor, dass ich dringend zu einem Sterbenden gerufen werde, den ich noch überhaupt nicht kenne. Im Zimmer, in dem mich der Unbekannte erwartet, umgibt eine Atmosphäre dichter Angst das Bett. Was anderes soll man tun oder sagen, als auszuhalten und zu schweigen? Sich Zeit zu lassen, um einfach die Angst der Menschen wahrzunehmen? Sie anzuschauen und zu spüren, ihren Schmerz zu ermessen und zu erfühlen, was sie wohl von mir erwarten? Mitten in dieser ganz von Schweigen und Angst erfüllten Welt muss auch ich meine Gefühle klären und mir die Zeit nehmen, bis ich mich wirklich darauf einlassen kann, zum Gefährten in diesem Drama zu werden, in das ich einbezogen bin; also für die Menschen um das Bett, auf dem ein Leben erlischt, einer der ihren zu werden. Erst wenn ich innerlich so weit bin, kann sich in mir die Sprache regen. Und dann kann ich etwas so sagen, wie es mir angemessen erscheint.

Mit diesem ersten Wort, zu dem mich die innere Zuversicht ermächtigt, stellt sich dann zwischen uns eine echte Vertrautheit ein, die alle Möglichkeiten in sich birgt. Mich lähmt dann nicht die Furcht, die Menschen vor den Kopf zu stoßen, ihnen Ärgernis zu geben oder zu spüren, dass sich plötzlich Widerstände gegen mich aufbauen, sondern in mir regt sich eine ganz ruhige Kühnheit, die mich antreibt, offen zu sprechen, mit dem Sterbenden selbst und vor seiner Umgebung, und ich spreche mit ihm über seinen bevorstehenden Tod.

Jetzt kommt der Tod zur Sprache, und wird er zur Sprache gebracht, hat es für alle Anwesenden etwas Befreiendes. Wenn ich dann gehe, kann die Familie endlich über dieses von mir eröffnete Thema, das sie zunächst gelähmt hatte, in aller Freiheit weitersprechen. Kraft einiger einfacher Worte ist damit das ungemein von Angst besetzte Schweigen, das die letzten Augenblicke eines Lebens umgibt, durchbrochen. Das, was ebenfalls zum Leben gehört, kann kommen und gesagt werden.

Den Angehörigen zu helfen, wieder die verloren gegangene Vertrautheit mit diesem so in kalte Ferne gleitenden Sterbenden zu finden, ist für mich eine Aufgabe, der ich allerhöchste Bedeutung beimesse. Dass am Schluss diese Vertrautheit siegt, ist in meinen Augen Bedingung dafür, dass der Abschied wahrhaft menschlich sein kann. Ich kann mich nicht damit abfinden, dass die Worte und Gesten, die früher lebendig waren, in diesem einzigartigen Augenblick des Lebens versagen sollen. Daher gehe ich das Risiko ein, in dieser schwierigen und stummen Atmosphäre die Zungen zu lösen und Gesten freizusetzen. Mitten im Kreis der gelähmt dastehenden Familie wage ich es, die Hand des Kindes zu ergreifen und sie in die Hand seines Vaters zu legen; ich wage es, die Umstehenden einzuladen, den sterbenden Menschen zu streicheln und zu küssen; ihm vertraulich etwas ins Ohr zu flüstern, auch wenn man meint, er sei bereits nicht mehr da; sie anzuregen, das zu sagen und zu tun, wovon man möchte, dass der oder die Sterbende es als letzte Gabe mit ins Grab nehme: etwa dem Vater noch ein zärtliches Wort zu sagen, das zu sagen, man sich zu seinen Lebzeiten nie getraut hatte; ihm übers Gesicht zu streichen, was man seit undenklichen Zeiten nicht mehr gewagt hatte; ihm Dankesworte oder Bitten um Verzeihung zuzusprechen; und schließlich sogar ganz kühn den scheidenden Menschen auf den Weg zu schicken: »Mama, du kannst gehen; du hast uns unendlich viel geschenkt. Geh jetzt in Frieden. Wir vergessen dich nie. Wir denken immer an dich.«

Man braucht viel Zeit und Mut, bis am Rand zur Ewigkeit solche vertraulichen Worte über die Lippen kommen können und man sich solche Zärtlichkeiten zu schenken vermag. Man braucht vor allem eine große Freiheit. Unter den tragischen Umständen, wie sie sich angesichts eines Sterbenden einstellen, ergibt sich diese Freiheit nicht von allein. Vor allem Kindern fehlt sie oft auf grausame Weise. Sie können sie sich im Kreis der versammelten Verwandten und Angehörigen kaum abringen, es sei denn mit Hilfe Dritter. Wenn es mir notwendig und möglich erscheint, lade ich das Kind ein, die anderen zu bitten, das Zimmer zu verlassen und es für einen Augenblick mit seinem sterbenden Vater allein zu lassen. Sodann rege ich es an, ihm sein letztes Geheimnis anzuvertrauen: »Ich muss Papa noch etwas sagen: Könnt ihr mich für einen Augenblick mit ihm allein lassen?«

Trotz aller Schwierigkeiten, die mich dabei immer erwarten, betrachte ich meine Anwesenheit mitten in dieser um einen Sterbenden versammelten Menschengruppe als Chance und Gnade meines Priesterseins. Es ist für mich ein Trost, ja ein Glück, Zeuge dessen zu sein, was alles angesichts eines Menschen, der sich auf eine unbekannte Daseinsweise zubewegt, aufbrechen kann, und beitragen zu können zu diesem langsamen Sieg des Friedens und des Stillwerdens, nachdem zuerst das Schweigen großen Schmerz und tiefe Angst ausgelöst hatte. Standen anfangs alle stumm und angstvoll um den Sterbenden, so eröffnete sich langsam der Weg zu friedvoller Sammlung, bei der jeder sich verabschieden und sein Adieu sprechen konnte.

Wie man sieht, ist das, was ich tue, zumindest in der Anfangszeit jeder Begegnung nicht spezifisch religiöser Natur. Damit das Religiöse seinen Sinn bekommen und für den Menschen, dem es angeboten wird und der es annimmt, fruchtbar werden kann, muss meiner Überzeugung nach zunächst einmal im Menschlichen der Boden bereitet werden, damit er es wie ein Samenkorn aufzunehmen vermag. Wie Charles Péguy gesagt hat, ist das Spirituelle auch zugleich das zutiefst Fleischliche. Wird ihm nicht diese Verwurzelung ermöglicht, streift es Sein und Herz nur an der Oberfläche und vermag es nicht wirklich anzurühren.

Ein missbrauchtes Sakrament

Das gilt vor allem für das Sakrament der Krankensalbung. Soll dieses Sakrament dem Kranken die ganze Frucht geben, die es in sich enthält, so ist es unverzichtbar, dass es seiner bewussten, freien und klaren Erwartung entspricht. Aber meist werde ich darum erst gebeten, wie gesagt, wenn die Katastrophe bereits eingetreten ist; die verzweifelte Familie bittet mich darum, nicht der Kranke selbst. Der Kranke kennt den Seelsorger gar nicht, oft hat er bereits das Bewusstsein verloren; er kann meine Worte und Gesten gar nicht mehr mit vollziehen, auch wenn sie seinem Wunsch und Glauben durchaus entsprechen mögen. Dem, was da geschieht, ist er bereits fern, und was bleibt, ist nur noch ein Körper, an dem man den Ritus des Sakraments vollzieht. Wenn es vorkommt, dass ich auf Druck und dringenden Wunsch der Familie dieser Bitte nachkomme, dann immer widerwillig und mit dem Unbehagen, mich im Grunde zu einer Handlung wider die Natur herzugeben.

Wird es so von der Familie »erzwungen«, wird das Sakrament missbraucht. Die widersprüchliche Situation, in die hinein es dabei gespendet wird, kommt sogar in der Art zum Ausdruck, wie der Wunsch mir gegenüber formuliert wird, denn er ist voller Bedingungen und Vorbehalte. Unzählige Male habe ich das schon so hören müssen: »Herr Pfarrer, können Sie nicht kommen und meiner Frau die Krankensalbung spenden? Sie weiß nichts; sie weiß nicht, dass sie sterben muss. Achten Sie unbedingt darauf, dass sie es nicht mitbekommt! Sie soll auch nicht wissen, dass ich es bin, der Sie gerufen hat. Bitte, machen Sie es so, dass sie nichts merkt!«

In dem Zimmer, in dem sich die Angehörigen ums Bett versammelt haben, liegt die Frau und schläft, in ein tiefes Koma gefallen. Die Familie hat gewartet, bis sie nichts mehr sehen, nichts mehr hören und nichts mehr begreifen konnte; erst dann hat sie mich gerufen. Ich aber komme, um ihr mit Worten, die dazu da sind, gehört zu werden, und mit Gesten, die dazu da sind, gesehen zu werden, von ihrem Glauben her Hilfe zu bringen!

Was für eine Art Hilfe erwarten sie sich von diesen Riten? Fragen sie sich angesichts dieser Gesten und Worte ohne Ansprechpartner überhaupt, was sie bei der Kranken bewirken können? Kommen sie überhaupt auf den Gedanken, dass sie als die Einzigen, die diese Gesten und Worte, die sie von mir verlangt haben, hören, sehen und spüren können, nicht nur die ausschließlichen Ansprechpartner dieser Zeichen des Glaubens sind, sondern auch die einzigen Nutznießer? Haben sie gar keine Zweifel, ob diese Gesten und Worte, die sie unbedingt haben wollen, überhaupt noch etwas bewirken? Wird ihnen eigentlich klar, welche Rolle sie mir als dem Spender dieses Ritus zuweisen? In Wirklichkeit und ohne dass sie das wollen, bin ich einzig für sie da, stehe vor ihnen, bestärke ihre Gewissheiten, beruhige ihr Gewissen, besänftige ihre Ängste, beschwichtige sie durch meine bloße physische Anwesenheit, dass sie ja alles getan haben, was man tun musste! Zweifellos wird ihnen auch weiterhin verborgen bleiben, wie sehr dieses Sakrament der Krankensalbung dazu angetan sein könnte, in einem noch bewusst anwesenden Menschen, der weiß, dass er dieses Leben verlassen wird, neue Dimensionen des Lebens zu erschließen.

Gründe für diese verfehlten Bitten gibt es viele und sie sind eng miteinander verquickt; es ist gar nicht einfach, ihre einzelnen Aspekte genau herauszulösen. Da gibt es zunächst sicher die Angst, dem Kranken die Schwere seiner Krankheit und sein bevorstehendes Ende zu eröffnen. Das entspricht ganz der zeitgenössischen Angst vor dem Tod und seiner Verdrängung, was unverkennbar eine große Rolle spielt. Aber es gibt noch schwerer wiegende und betrüblichere Gründe: Sie rühren von einem viel zu oberflächlichen Glauben. Viele Menschen haben eine ganz falsche Vorstellung vom Sinn der Gesten und Worte des Sakraments sowie auch von ihrer Heilswirksamkeit, die sie erwarten. Erstaunlicherweise werden die Bitten und der Anspruch, dass dieses Sakrament gespendet werden, auch umso hartnäckiger, je falscher die Vorstellungen darüber sind: Je hohler der Glaube und je stärker die Überzeugung von der magischen Kraft dieses Sakraments sind, umso energischer wird vom Seelsorger erwartet, er habe schließlich als Spender dieses Sakraments verfügbar zu sein. Unter diesen Bedingungen versetzt der fragwürdige Anspruch der Angehörigen den Seelsorger in die unangenehme Rolle einer Art von Konsulatsbeamtem, der mittels dieser merkwürdigen Formalität des Krankensakraments das armselige Visum für die Ewigkeit ausstellt. Ich weiß, die Not steigert sich gewaltig und sie brauchen alle nur erdenkliche Hilfe, wenn ihnen am Krankenbett eines nahen Angehörigen, der sich zur großen endgültigen Reise anschickt, der Schrecken und die Ratlosigkeit tief ins Mark fahren; aber zuweilen nehmen ihre Bitten betrübliche Formen an!

Im Geist derer, die mich unter diesen Voraussetzungen um sie bitten, scheint die Krankensalbung wie eine Art rettender Insel in einem tobenden Meer zu sein. Man weiß, dass es sie gibt, und das beruhigt; es genügt, zu ihr zu schwimmen, wenn das Schiff am Untergehen ist. Allerdings ist sie von einer steilen Felsküste umgeben. Steil sind auch die Ansprüche des Priesters, der zögert und sich womöglich weigert, einem bereits bewusstlosen Kranken noch das Sakrament der Krankensalbung zu spenden. Er möchte nicht den Glauben nähren, das Heil des Kranken hänge von einem magischen Ritus ab und es genüge, den bereits bewusstlosen Ertrunkenen auf die Insel zu schleppen, um ihn zu retten. Der Fels ist schneidend, mit den Händen kann man ihn nicht anfassen, man rutscht ab; die Familienangehörigen begehren auf und kapitulieren schließlich vor den Bedingungen, die der Priester stellt. Das Sakrament ist ihnen zu rau; es ist schneidend wie dieser Fels, weil es den Tod thematisiert, der kommt, diesen Tod, den es um jeden Preis zu kaschieren gilt. Man erwartet das Heil von einem einfachen, äußerlichen, magischen Ritus, wo man doch, um dem Sterbenden wirklich zum Entkommen vor dem Schiffbruch zu helfen, mit nackten Händen den harten Fels umfassen muss, den Fels, der mit seinen Worten und sakramentalen Gesten schneidend scharf ist. Zum Sakrament gehört für den Menschen unverzichtbar das Wort.

In der Vorstellung allzu vieler Gläubiger ist auch heute noch das Sakrament der Krankensalbung diese magische Insel mitten im tobenden Meer. Wenn das Schiff gekentert, wenn der Tod da ist, wendet man sich ihr endlich als allerletzter Möglichkeit zu. Aber ja aufgepasst, dass der Ertrunkene sie nicht spürt! Dass er nicht merkt, dass er auf sie transportiert wird! Vorsicht, ihr Fels ist voller scharfer Kanten! Es genügt, ihn in ihre Nähe zu bringen: In ihren Augen hat schon das die magische, wunderbare Kraft, ihm das Heil zu gewährleisten. Und so sollen also die Worte des Sakraments entschärft, geglättet, unhörbar gemurmelt werden! Nichts von diesen Worten des Glaubens und der Hoffnung des Sakraments soll ins Bewusstsein des Kranken dringen und ihn verstören! Er soll es gar nicht mitbekommen, soll nichts hören. Seine Familie will sich nicht mit der Schuld beladen, ihm offenbart zu haben, sein Leben sei zu Ende!

Das ist ein grundlegender Irrtum über die Natur der Insel und die Hoffnung, zu der sie inspiriert, ein Irrtum über das Wesen des Sakraments und die Art, wie es im Glauben Heil zu erschließen vermag. Die Bitte um seine Spendung wird unter diesen Umständen fragwürdig, weil mit falschen Erwartungen befrachtet. Wenn die Krankensalbung so gespendet werden soll, wie sie gedacht ist, begleitet von ihren klaren, prägnanten Worten, tun sich die Familienangehörigen schwer, sie zu akzeptieren. Von daher wird verständlich, worin ihr Anspruch besteht und warum man sie verweigern kann: Zum Sakrament gehört unbedingt das Wort, und darum kann man es nicht ins Sakrament des Schweigens umfunktionieren.

»Ich glaube, jetzt ist es so weit. Kommen Sie schnell, er hat das Bewusstsein verloren!«

Eines Morgens bittet mich eine Frau, ihren Mann zu besuchen. Er wurde gerade in die Klinik eingeliefert, ein schon älterer Mann, ein kranker Mann. »Meinem Mann geht es sehr schlecht; aber er weiß es nicht. Ich möchte, dass Sie Kontakt mit ihm aufnehmen, damit er, wenn es so weit ist, die ›Sterbesakramente‹ empfängt.« Drei Tage danach kommt sie wieder: »Ich glaube, jetzt ist es so weit. Herr Pfarrer, kommen Sie, er hat das Bewusstsein verloren!« Als diese Frau mich zum ersten Mal ansprach, hatte ich eigentlich etwas anderes von ihr erwartet. Heute überrascht mich ihr »Er hat das Bewusstsein verloren«.

Ich begebe mich an sein Bett. »Herr P., ich bin der Krankenhauspfarrer. Ich bin jetzt hier bei Ihnen. Hören Sie mich?« Er schlägt die Augen auf! Seine Frau ist verblüfft. »Ihre Frau hat mir gesagt, dass Sie ein gläubiger Mensch sind und vielleicht gern die Krankensalbung empfangen möchten. Fühlen Sie sich dazu bereit? Wollen Sie sie?« Er nickt. Ja, er ist dazu bereit. Seine Frau ist sprachlos. Ich fordere den Sterbenden auf, sein Leben zu überdenken und Gott um Vergebung für alles zu bitten, was vielleicht falsch war. Seine Frau greift ein, fällt mir ins Wort: »Aber nein, nein! Herr Pfarrer, er hat doch nie etwas Schlechtes getan! Nein, wie können Sie nur ...?« Es entsteht eine kurze Pause. Dann sagt sie zärtlich: »Das stimmt doch, oder, mein Lieber? Sag's mir. Sag's mir, dass das stimmt. Nicht wahr, du hast doch nie etwas Schlechtes getan!« Ich komme aus dem Konzept, glaube aber schließlich doch, meine Aufforderung wiederholen zu sollen. Wieder fällt sie mir ins Wort. Dieser Mann kann nichts mehr sagen. Sein Wort wird ihm abgeschnitten. Schließlich begnüge ich mich damit, diesem in sein geheimnisvolles Schweigen zurückgetauchten Menschen die Worte des Rituals zuzusprechen.

Was mich am Verhalten dieser Frau am meisten gestört hat, war der Umstand, dass sie sich hinter der Fassade eines festen und klaren Glaubens hartnäckig auf die Magie des Sakraments versteifte, die nichts Tieferes verlangen sollte. Sie vermochte der Versuchung nicht zu widerstehen, alle ihr »gefährlich« vorkommenden Worte des Rituals, das ich feiern wollte, der Reihe nach zu neutralisieren. Glaubte sie eigentlich wirklich an das Sakrament, das sie für ihren Mann erbeten hatte? Jedenfalls konnte sie es nicht anders sehen – für ihn wie für sich selbst – als »ohne Worte«, als stummen Ritus.

Ein wunderbares Sakrament

In Wirklichkeit kann dieses Sakrament der Krankensalbung ein wunderbares, vorzügliches Instrument dafür sein, dem Kranken und seinen Familienangehörigen einen Sinn ihrer Prüfung zu erschließen und die bevorstehende Trennung von einer gemeinsamen Hoffnung her zu erleben. Mir scheint, es entspricht auch der Notwendigkeit, dass der Kranke selbst sich gemeinsam mit seiner Umgebung darüber im Klaren ist, dass es um seinen eigenen Tod geht. Wenn ich daher aufgrund bestimmter Anzeichen spüre, dass er über seinen Abschied sprechen möchte und sich bei ihm die Zustimmung dazu anbahnt, erläutere ich ihm die Möglichkeit, das Sakrament zu empfangen. Ist es dann etwas später so weit, so rate ich ihm, von sich aus seine Angehörigen anzuweisen, für ihn die Krankensalbung zu erbitten und ihnen vorzuschlagen, sich bei dieser Feier um ihn zu versammeln.

Wenn er begreift, welch große Hilfe dieses Sakrament für ihn und seine Umgebung sein kann, äußert er den Wunsch, seinen Sinn und seine Tragweite noch tiefer zu erfassen. Er gibt dann seiner Familie und seiner Umgebung in der Klinik klar und deutlich zu verstehen, dass es dabei um seine Krankheit und seine Zukunft gehe. Von diesem Augenblick an gewinnt sein Verhältnis zum Pflegepersonal und zu seinen Angehörigen eine ganz neue Qualität; es wird offener, transparenter. »Erzählt mir keine Geschichten mehr! Ich weiß, was los ist ...!«

Jetzt werden Handlungen und Worte, die bislang das verlogene Verschweigen verboten hatte, möglich und ganz natürlich. Er bringt es fertig, von sich aus letzte Wünsche zu äußern und zu verwirklichen. Er bittet einen Freund, eine Freundin zu sich oder Vater oder Mutter, sagt ihnen, wie sehr er sie mag, anerkennt, was sie ihm bedeutet haben, bedankt sich bei ihnen, bittet sie um Verzeihung. Die geheim gehaltene Angst ist verschwunden; sie hat einer neuen Freiheit Platz gemacht, einer neuen Art von Lebenswillen und Kraft zur Gestaltung und Vollendung.

Wenn der Kranke auf diese Weise das Sakrament der Krankensalbung entschieden annimmt und bewusst bejaht, kann es zuweilen sogar im Rahmen des Klinikalltags zu einer Art subversiver Tat werden. Weil es dem Kranken und seinen Angehörigen derart große Klarheit, Stärke und Frieden verschaffen kann, mutet der Kranke seiner Umgebung seinen eigenen Tod als menschliche und natürliche Realität zu. So trägt er dazu bei, dass alle Beteiligten dieses unerträgliche Ereignis zu akzeptieren vermögen, und zwar gelassen und im Frieden.

Heute, wo die Trauerarbeit so mühsam und schmerzlich ist, wäre es umso wichtiger, dass man wieder besser schätzen lernt, welche heilsame Wirkung dieses zutiefst dem Menschen gemäße und »praktikable« Sakrament dank des Glaubens erzielen kann, dessen Instrument es ist. Die Vorstellung, es sei eine wirksame magische Praxis, ist grundfalsch, weil sie im Menschen nichts bewirkt; tatsächlich handelt es sich um einen Schatz des christlichen Glaubens, der sträflich brachliegt und unbedingt genutzt werden sollte, um die Menschen, die ihrem Ende zugehen, hilfreich zu begleiten.

Ein fragwürdiger Umgang mit der Krankensalbung

Will man eine ganze Reihe von Missverständnissen vermeiden, muss man dieses Sakrament den Menschen in richtiger Weise erschließen. Manche praktizierende Gläubige bringen es durch die Art, wie sie mit ihm umgehen, bei den Ungläubigen in Misskredit oder bestätigen bei denen, die es falsch auffassen, nur deren falsche Vorstellung. Das folgende Beispiel scheint mir dies gut zu veranschaulichen.

Ich hatte zwei Frauen längere Zeit während ihrer wiederholten Aufenthalte in der Klinik begleitet. Eines Tages machte mich die Art hellhörig, wie sie sich gegenseitig beglückwünschten, ja geradezu rühmten, »schon« die Krankensalbung empfangen zu haben. Die eine hatte sie in ihrer Pfarrei erhalten, die andere im Rahmen eines feierlichen Gottesdienstes bei ihrer Wallfahrt nach Lourdes, die sie unlängst unternommen hatte. Seit sie beide dieses Sakrament empfangen hatten, waren sie voller Freude darüber; sie sprachen oft davon zu mir; sie kamen in ihren Gesprächen miteinander immer wieder darauf zurück. Sie waren richtig stolz darauf.

War dieser Empfang für sie beide zu früh? War seine Wirkung zwiespältig? Ich weiß es nicht. Aber irgendetwas klang falsch in der überdrehten Art, wie sie ständig allen davon erzählten. Mir schien, keine von beiden hatte beim Empfang dieses Sakraments die Eventualität – ja Wahrscheinlichkeit – mit einbezogen, dass sie auch bald sterben könnten. Sie sagten: »Heute ist das ja nicht mehr die ›Letzte Ölung‹! Dieses Sakrament ist ein Sakrament für die Kranken, ein Sakrament zum Leben. Also seht: Es führt nicht zum Sterben, es hilft besser leben!« Ich hatte die traurige Gelegenheit, ihnen nach einiger Zeit wieder zu begegnen, aber dieses Mal kurz vor ihrem Ende. Mir steht ihre Erregung noch deutlich vor Augen.

Mit der Frau, die in Lourdes war, gab es eines Tages eine überraschende Episode auf unserer Außenstation La Grange. Ihr Zustand hatte sich sehr verschlechtert, und es war bereits in ihren letzten Tagen, als ich nachmittags zu ihr kam. Sie lag auf ihrer Tragbahre gleich neben dem Aufzug im Erdgeschoss; man hatte sie gerade von einer Scanner-Untersuchung in Villejuif zurückgebracht. Ich begrüßte sie auf meine übliche Art mit einem Winken und versprach ihr, gleich nachher bei ihr zu einem kurzen Gespräch vorbeizukommen; ich könne auch die Kommunion mitbringen. Aber was löste ich da mit meinem unschuldigen Ansinnen aus! Sie hob heftig den Kopf, fuchtelte abwehrend mit den Händen und gab mir lebhafte Zeichen der Abwehr: »Nein! Nein! Herr Pfarrer, bemühen Sie sich nicht, Sie brauchen nicht zu kommen! Ich bin zu müde! Bin viel zu müde!« Angesichts unseres bislang recht guten und vertrauensvollen Verhältnisses wunderte mich das sehr. Ich verstand es nicht. Immerhin hatten wir ja schon wiederholt auch ziemlich gelassen über ihr eventuelles Sterben gesprochen. Oft hatte sogar sie damit angefangen. Und jetzt plötzlich, wenige Tage davor, wollte sie mich auf Abstand halten!

Ich glaube, ich kenne inzwischen die Erklärung ihres ungewöhnlichen Verhaltens. Zweifellos hatte sie jetzt zum ersten Mal mit dem Tod, dem wirklichen und diesmal dem ihrigen, allen Ernstes zu tun; nicht mehr mit dem Tod ganz allgemein, dem Tod, den man aus der Ferne in Augenschein nimmt, weit fort am Horizont des Lebens. Dieses Mal war es der Ihrige, der wirkliche. Ich sah sie nicht wieder. Aber bis heute habe ich ihr Gesicht vor mir, und es verbindet sich für mich unwillkürlich mit dem Gedanken an das Sakrament, das sie schon so weit vorher, so früh, vielleicht zu früh, empfangen hatte, zu weit fort noch von ihrem Tod, der dann unerwartet ganz nah gekommen war.

Das Verhältnis zwischen der Krankensalbung und der Art, wie der Kranke seinem kommenden Tod entgegenblickt, kennt verschiedene Grade der Intensität oder Nähe; jedoch scheint es mir von der Sache her angemessen, dass das Sakrament im Geist des Kranken eng mit der letzten Prüfung verknüpft sein sollte, sich klar dem Tod zu stellen und sich daran zu machen, ihn zu akzeptieren. Wenn das Sakrament unter diesen Bedingungen empfangen wird, kommt seiner Wirksamkeit der enge Kontakt zunutze, den der Seelsorger und der Kranke bereits geknüpft haben und in dessen Rahmen sie bereits miteinander über den bevorstehenden Tod gesprochen haben. Wenn dann das Sakrament gespendet wird, ist das Geheimnis des Todes, zu dem der Kranke bereits innerlich ja gesagt hat, ohne Vorbehalt und Einschränkung präsent und kann das Wort des Priesters begleiten.

Der Klinikseelsorger hat bei seiner Tätigkeit sicher immer wieder mit abrupten, harten, tragischen Fällen zu tun. Aber er kennt auch Fälle, wo er mit bestimmten Kranken eine behutsame Gefährtenschaft knüpfen und sie im milden Abendlicht bis in ihre letzte Stunde begleiten darf.

»Bernard, du siehst ja recht gut aus!«

Bernard war fünfundfünfzig. Er hatte mit Glauben im ausdrücklichen Sinne nicht viel am Hut, oder sagen wir, er hatte einfach ein Grundvertrauen. Er hatte eine Leidenschaft, die uns bei meinen Besuchen oft den Gesprächsstoff lieferte: die Pferde. Er war sogar Experte für den richtigen Tipp beim Wetten geworden. Ich begleitete ihn bei seiner Krankheit längere Zeit, in dieser etwas lockeren Form, bei der schlecht zu unterscheiden war, was einfach Freundschaft zwischen uns und was ein Stück gemeinsamer Glaube an Gott war. Aber eines war sicher: Wir hatten ein ausgezeichnetes Verhältnis zueinander. Die Pferde spielten dabei durchaus ihre Rolle, denn ich hatte mich selbst aufs Wetten eingelassen und interessierte mich für diese mir noch ungewohnte Wissenschaft der treffenden Tipps.

Bei jedem seiner Klinikaufenthalte – und derer gab es viele – nahmen wir den Faden unserer Beziehung wieder auf derselben Wellenlänge des Vertrauens zueinander auf. Schließlich kam der Tag, an dem ihm seine besonders aufgedunsenen Beine ein deutliches Zeichen gaben. Das hatte zur Folge, dass ihn plötzlich eine starke Beunruhigung erfasste; er dachte dieses Mal ernsthaft an sein Ende. »Herr Pfarrer, schlecht sieht's aus!«, sagte er mir tiefernst, was einen völlig neuen Zug in unsere bisherigen Begegnungen brachte. Ich entdeckte, dass ihn seine Krankheit mehr »ausgehöhlt« hatte, als ich dachte; und jetzt wollte er mit mir über sein Ende sprechen.

Schon seit einiger Zeit hatte ich ihm auf seinen ausdrücklichen Wunsch hin regelmäßig die Kommunion gebracht. Jetzt bereitete sich in ihm offensichtlich etwas vor. Er wusste noch aus dem Katechismusunterricht in seiner Jugend, dass es da eine Zeremonie geben müsse, die der Priester den Kranken vorschlug, die sich anschickten, die Welt der Lebenden zu verlassen. Er spürte, dass für ihn der Zeitpunkt dafür gekommen war. So wollte er »das« empfangen.

Also vereinbarten wir dafür einen Zeitpunkt, zu dem auch seine Frau würde bei ihm sein können. Am festgesetzten Tag bereiteten wir uns zu dritt auf die Zeremonie vor. Ich hatte den Sinn der damit verbundenen Gesten erläutert: des Öls auf die Stirn und in die Handflächen und hatte ihnen erklärt, auf welche Weise das Sakrament wirke. So bewegten wir uns alle drei in diesem neuen gemeinsamen Licht, empfanden eine zärtliche, frohe Herzensgemeinschaft und staunten darüber, dass uns alle drei dieses gleiche merkwürdige Glück erfüllte, den einfachen, schmerzlichen und doch so erfüllten Abschied eines Menschen zu erleben. Wir rührten an das Geheimnis, das es darstellt, wenn jemand sein ganzes Leben in die Hände des ganz anderen zurücklegt, den wir als den Urheber unseres Lebens erkennen.

Ich hatte ihn ganz natürlich gefragt, ob ihm eine Bibelstelle einfalle, die ihm besonders wichtig sei und die er seinem Gebet während der Zeremonie zugrunde legen wolle. Daraufhin bat er mich, seine Nachttischschublade zu öffnen und daraus diesen Text hervorzuholen. Er musste, so meinte er, unter den Stapel gebrauchten Papiers geraten sein, von dem er sich während seiner Klinikaufenthalte nie trennte. So zeigte ich ihm eines ums andere der vergilbten Blätter, damit er die besagte »Bibelstelle« wieder erkennen und auswählen konnte. Schließlich fiel sein Blick in freudigem Wiederfinden auf ein Bild der Muttergottes von Lourdes, eines dieser süßlichen, vergilbten, durch ständigen Gebrauch abgegriffenen und speckigen Heiligenbildchen, an dem er zweifellos sein geheimes Glaubensleben festgemacht hatte. So hielt ich also damit das Schatzkästlein seines Glaubens in der Hand. Der darauf abgedruckte schlichte Gebetstext, eine Bitte an Maria, war der ihm kostbare »Bibeltext«, auf den er auf meine Nachfrage hin gekommen war.

Die Zeremonie hatte gerade begonnen und ich war dabei, dieses Gebet an Maria vorzulesen, mein Ritualbuch in der einen Hand, in der anderen das Heiligenbildchen, als es an der Tür klopfte. Vettern kamen zu Besuch! Wir wussten, dass sie am Nachmittag bei Bernard vorbeikommen wollten. Sie waren es. Sie traten ins Zimmer.

In diesem Augenblick erlebte ich die komischste Situation meines ganzen Lebens als Klinikseelsorger. Mir kommt hier wirklich das Wort »komisch«, trotz des Ernstes der Lage und der Verlegenheit, in die sie mich brachte. Komisch auch deshalb, weil wir alle drei derart gelassen und ruhig mit unserer Einstimmung auf die Krankensalbung beschäftigt waren, dass wir fast in schallendes Gelächter ausgebrochen wären.

Der Vetter und die Kusine hatten noch gar nicht richtig das Zimmer betreten, waren noch ein ganzes Stück weit vom Bett entfernt und hatten noch überhaupt nicht gemerkt, was wir gerade taten, als sie Bernard anschauten, wie er auf Kissen gepackt aufrecht im Bett saß, und mit einer Lautstärke, die in schreiendem Gegensatz zur intimen Atmosphäre unserer Feier stand, ausriefen: »Bernard, du siehst ja recht gut aus!« Mein Gott! Plötzlich war es bleischwer still. Dieser Ausruf wirkte auf uns wie eine Bombe. Bernard saß da, wie zu Stein erstarrt. Ich sehe ihn immer noch vor mir, mit großen runden Augen, verblüfft, mit seinem kristallblauen Blick.

Was tun? Wie aus dieser Sackgasse herauskommen? Ich ließ einige Sekunden verstreichen, um zu mir zu kommen, die Lage abzuschätzen, eine Lösung zu finden. Jetzt war ich an der Reihe, etwas zu sagen, den Knoten durchzuhauen und die Spannung zu lösen, die sich durch diesen plötzlichen Auftritt aufgebaut hatte.

Ich gab mir Mühe, meine Verwunderung zurückzuhalten, aus Sorge, den Vetter und die Kusine zu beschämen, wandte mich an sie und sagte so normal wie möglich: »Wir bereiten gerade die Feier der Krankensalbung für Bernard vor. Er meint, es gehe mit ihm zu Ende, und er hat den Wunsch geäußert, wir sollten das gemeinsam tun. Wollen Sie an der Feier teilnehmen? Das wäre sehr schön.«

Hatten sie nach ihrem »Begrüßungsspruch« das Herz zu bleiben und mit uns zu feiern? Ich weiß es nicht mehr. Aber die Szene als solche verdient es, festgehalten zu werden. Sie zeigt, bis in welche komischen Dimensionen man meint, das Schweigen und die Lüge vorantreiben zu müssen, wenn man einen Schwerkranken besucht und weiß, dass es ihm sehr schlecht geht oder dass sein Ende bevorsteht. Im vorliegenden Fall blieb es bei der bloßen Komik. Unter anderen Umständen kann es ungemein belastend werden.

Achtung! Diskretion

Meine Aufgabe als Seelsorger besteht oft darin, dem einzelnen Menschen, wer er auch sei, dabei zu helfen, seinen Tod aus der Fülle seines Menschseins und seiner menschlichen und spirituellen Erwartungen heraus zu bestehen und ihm bei seinem Hin- und Hergerissensein zwischen Verweigerung und Ja-Sagen zu helfen. In keinem Fall maße ich mir das Recht an, auf ihn irgendwelchen Druck auszuüben, um ihn zu irgendeiner religiösen Geste zu bewegen, die ihm das ewige Glück gewährleisten soll. Erst recht muss ich mich nicht mit ihm auf lange Rechtfertigungen und theologische Argumente einlassen, um etwa auf seine Äußerungen wie »Das ist ungerecht!«

oder »Warum gerade ich?« zu parieren. Meine Präsenz beim Kranken und seinen Familienangehörigen muss meiner Überzeugung nach eher die Funktion einer Art von Katalysator haben, der dazu beiträgt, dass deren wesentliche und unerhellte Strebungen deutlich ans Licht kommen. Die »Religion« des betreffenden Menschen muss in seinen ureigenen Worten zutage treten, sich entfalten und ihre innere Stimmigkeit finden, statt von außen her übergestülpt zu werden, und sei es von einem amtlichen Vertreter der Religion.

Grundsätzlich bin ich immer skeptisch, ob es anhalten und wirklich tragen wird, wenn jemand angesichts eines bevorstehenden Todes allzu unbedacht und verfrüht von der Hoffnung und vom ewigen Leben spricht. Eine gespielte Heiterkeit, ja Danksagung für alles, die künstlich die Prüfung verschleiern würde, welche das Sterben darstellt, weist in meinen Augen eher auf eine bedenkliche Ahnungslosigkeit und Leichtfertigkeit hin, ja zuweilen sogar auf eine Missachtung der Schwere und der ungeheuren Bedeutung, die für einen Menschen darin liegt, sich ganz bewusst auf seinen Tod einzulassen, auch wenn das sehr schmerzlich werden und sogar mit heftigem Aufbegehren verbunden sein kann. Der Mensch kann das Leben nicht loslassen, ohne dabei schmerzlich erschüttert zu werden; er stirbt nicht »einfach so«! Das Leben ist zu kostbar, als dass man es »einfach so« loslassen könnte. Folglich wäre es unziemlich, in diesen ausgedörrten Boden der Verweigerung und des Aufbegehrens allzu früh unbedingt den Samen der Hoffnung einbringen zu wollen. Man muss es respektieren, dass der Mensch für das Aufbegehren und die Verweigerung seine Zeit braucht, für dieses verzweifelte Zusteuern auf die Hoffnung ...

Daher geziemt es sich, dem Scheidenden die notwendige Zeit dafür zu lassen, vom »Ich muss das um jeden Preis noch einmal schaffen« bis zum »Doch, ich werde bald sterben« überzugehen. Seine Hände klammern sich zunächst noch krampfhaft an jeden Strohhalm der Hoffnung; aber nach und nach lösen sie sich dann, bis sie schließlich ganz »loslassen« können. Wie der Läufer erst nach anfänglicher Anstrengung zu einem neuen steten Atemrhythmus findet, so erwirbt sich auch der Sterbende nur allmählich für sein Sein eine neue Atemweise. Wenn dann das Alltagsleben immer mehr verebbt, finden seine Füße auf dem Strand der Zärtlichkeit und Brüderlichkeit Halt.

Die Begegnung zwischen dem Priester-Seelsorger und dem Menschen, der bald sterben wird, hat ihre ganz eigene Qualität: Zwei sterbliche Menschen befassen sich gemeinsam mit ihrem Sterben. Der eine hat den Kern seines Lebens bereits einem Größeren geschenkt, um seinen Menschenbrüdern selbstloser dienen zu können, und sein Leben gehört nicht mehr nur ihm selbst; der andere tritt angesichts seines bevorstehenden Endes in die Prüfung ein, dass ihm restlos alles genommen wird. Es verbindet sie also in dieser Hinsicht eine gewisse Gemeinsamkeit.

Unabhängig davon, was ein Sterbender glaubt oder ob er ungläubig ist, ergibt sich bei der Begegnung zwischen ihm und dem Priester fast immer ein ganz grundsätzliches Einander-Verstehen. Sie finden sich im Menschsein, vielleicht sogar in einer Art Brüderlichkeit und womöglich sogar Freude der Gemeinsamkeit: Gemeinsam begeben sie sich an etwas, das mit Ewigkeit zu tun hat, vielleicht ohne sich das ausdrücklich zu sagen. Was ist der Dienst des Klinikseelsorgers doch für ein einzigartiger »Beruf«! Er hat die Aufgabe, Menschen in jene schwierigen Augenblicke hinein zu begleiten, in denen sie sich selbst loslassen und ihr Leben jenem Jenseits oder jenem Jemand überlassen müssen, von dem es stammt. Ist es eine Übertreibung, wenn man sagt, das sei, als leiste man eine Geburtshilfe und bekomme dabei auch alle damit verbundenen Geburtswehen mit? In den Büchern der lateinischen Liturgie wurde dieser Tag des Durchgangs durch den Tod als *Dies natalis*, als »Geburtstag« bezeichnet.

Tatsächlich handelt es sich um das Dabeisein bei einer Geburt, wenn es einem vergönnt ist mitzuhelfen, dass ein Mensch zu seiner letzten Größe durchbricht. Doch es ist ein mühsamer und heikler Prozess, bis es gelingt, sich zu dieser gemeinsamen Aufgabe zu verschwören. Zugleich ist es für den Seelsorger ein bewegendes Erlebnis, mit dem Dahinscheidenden zu spüren, dass ein neues Leben aufbricht, eine Auferstehung ansteht und dass der Tod für den Menschen ein atemberaubendes Geheimnis ist. Geschieht da überhaupt etwas, was der Mensch vollbringt? Nein, eher erlebt man staunend, was für Wunderbares der Geist Gottes wirkt.

»Ach, mit Mut hat das gar nichts zu tun.
Das ist mir einfach so gekommen!«

Vor meinem inneren Auge taucht das Gesicht von Madame Durieux auf. Ihre Familie ist vom Arzt verständigt worden, sie werde die Nacht nicht mehr überleben, und sie haben mich gebeten, gleich zu ihr zu kommen. Sie wisse, dass sie den nächsten Tag wahrscheinlich nicht mehr erleben werde, und bitte um die Krankensalbung. Es ist zweiundzwanzig Uhr. Ich bin bei ihr. Ihre blanken Augen in ihrem kahlen Schädel strahlen von einem transparenten Glanz. Sie weiß, was es geschlagen hat ... Sie bereitet sich darauf vor ... In dem Blick, der mich trifft, spiegelt sich bereits eine andere Welt. Was mich an diesem Abend aber besonders ergreift, ist ihr Friede. Ein unermesslicher Friede schwingt zwischen uns, vereint uns. Jetzt ist auch die Familie eingetroffen, ist gekommen, ihr Adieu zu sagen. Wir stellen uns alle im Kreis um ihr Bett, vor einer bereits anwesenden jenseitigen Wirklichkeit. In diesem Zustand friedvoller Gelassenheit bleibt sie dann noch zwölf Tage lang.

Einige Tage danach spricht sie mit ihrer Schwiegertochter Françoise über ihre Beisetzung und darüber, in welchem Kleid man sie in den Sarg betten solle, und diese bringt ihr Erstaunen darüber zum

Ausdruck, welchen an ihr noch nie erlebten Frieden und welche verblüffende Kraft sie ausstrahle: »Welchen Mut du hast, Mama!« Doch sie gibt ihr zur Antwort: »Ach, Françoise, mit Mut hat das gar nichts zu tun. Weißt du, das ist mir einfach so gekommen! Es ist mir geschenkt worden!«

Die Art, wie sie jetzt auf ihr Leben und ihren Tod, den sie nahe weiß, blicken kann, ist von verblüffender Einfachheit. Es ist, als sehe sie alles mit ganz neuen Augen, lebe in einer neuen Dimension, die ihr einen völlig neuen Bezug zum Leben eröffne. Diese Gelassenheit ist gewiss nicht das Ergebnis »trostvollen Zuspruchs«. Solche »Trost- und Hoffnungsworte«, die man aus frommen Büchern lernt, könnten von sich aus nie und nimmer ein derartiges Glück und einen solchen Frieden bewirken ...

Vielleicht stehen wir hier an jenem wesentlichen Punkt des Lebens, der nur selten erreicht wird: am Punkt jenseits von glauben und nicht glauben. Wir haben hier einen Menschen vor uns, der in eine neue Dimension hineingewachsen ist, vor einem Menschen, der es wirklich geschafft hat; kurz: vor einem Menschen, der erwacht ist, weil er von einem geheimnisvollen Wort oder wie von Feenhänden verzaubert worden ist. Und der Seelsorger darf an diesem großen Glück teilhaben, dass sich der Vorhang der verborgenen Wunder des Lebens ein klein wenig lüftet. Er kann nur noch danken, dass er seinen bescheidenen Beitrag dazu leisten durfte, dass dies geschah. Aber was für etwas Gewaltiges vollzieht sich da am Menschen ohne sein Zutun!

»Herr Pfarrer, jetzt weiß ich, was Zärtlichkeit ist!«

Ich erinnere mich an den jungen dreißigjährigen Mann. Bei ihm kam das Krankensakrament gar nicht ins Spiel; ich komme auf ihn, um zu zeigen, welchen Glaubensweg ihn seine Prüfung durchwandern ließ, außerhalb des verfassten Glaubens, ohne andere Stütze als die in seinem Menschsein steckende Gnade. Er war Vater von vier Kindern, schon geschieden, wieder verheiratet, mit zwei weiteren Kindern aus dieser zweiten Ehe. Ich hatte ihn schon oft auf der Wachstation von Villejuif besucht, wo er bereits viele Wochen verbracht hatte. Nie hatten wir das Thema Religion angeschnitten, und ich kannte seine Überzeugung nicht.

An einem Donnerstag lief ich ihm durch reinen Zufall bei meinem Besuch in der Außenstation La Grange im zu seinem Zimmer führenden Flur über den Weg. Ich wusste nicht, dass er hierher verlegt worden war; aber er weilte hier bereits einige Zeit, um hier die letzte Etappe seines Lebens zu bewältigen. Er war sehr freudig überrascht, mich zu treffen, und schloss mich lange und fest in seine abgemagerten Arme. Dabei sagte er zu mir: »Herr Pfarrer, jetzt weiß ich, was Zärtlichkeit ist!« Ich gab mich vor Staunen über diese plötzliche, zwischen uns ungewöhnliche Äußerung der Zärtlichkeit einfach bewegt in seine Freude hinein, ließ mich überrollen von einer Gefühlsäußerung, wie ich sie von ihm noch gar nicht kannte.

Dieser Mensch hatte, als er auf sein Ende zuging, gerade das entdeckt, was er »Zärtlichkeit« nannte. Vermutlich war die Suche nach ihr ein wesentlicher Zug seines ganzen Lebens gewesen. Das erklärte seinen ungeheuren Jubel und seinen Ausbruch jäher überwältigender Freundschaft mir gegenüber.

Man sagt das so leicht: Zärtlichkeit! Er schleudert mir dieses feurige Wort entgegen. Was verbarg sich dahinter? Seine große Begeisterung spürte ich deutlich; ich ahnte, dass dahinter für ihn etwas ungemein Reiches und Gehaltvolles stecken musste. Eine ganz neue innere Welt musste für ihn aufgebrochen sein, tausend Wunder schienen für ihn in diesem eigentlich geläufigen Wort enthalten zu sein, das er mir begeistert zurief, als er mich umarmte. Ich erkannte, dass es für ihn eine Art neuer Freiheit darstellte, ein bis an den Grund reichendes Glück, das er noch nie so erreicht, aber jetzt endlich gefunden hatte. Merkwürdigerweise war es jenes »Ja«, das er jetzt zu seinem bald bevorstehenden Abschied sprechen konnte. Es war gewiss auch jene ganz neue staunende Liebe, die er jetzt für seine Kinder empfand und für die Frauen, an die er sich gebunden hatte, und weiter noch für das gesamte Universum der Menschen und der Dinge.

Er will unbedingt mit mir sprechen, zieht mich in sein Zimmer. Will mir auf tausend Weisen von seiner Freude erzählen, vor mir die ganze Landkarte seiner Neuentdeckung aufrollen. Er redet und redet ... glücklich wie nie, unglaublich erfüllt von dieser unerhörten Zärtlichkeit. Mit einer ungeheuren Freiheit lebt er, so scheint es mir, ganz aus seinem Staunen, und das alles, ohne noch benennen zu können, was das ist, ohne das Geheimnis der christlichen Hoffnung zu kennen. Das ist es, weshalb er jetzt zum großen Sprung bereit ist. Weshalb er seinen Tod annimmt. Mit einer Art vager Gewissheit rechnet er mit der Existenz eines Lebens nach dem Tod, eines Lebens, bei dem das, was er auf dieser Erde anfanghaft erfahren hat und was ihn so erfüllt, in die Ewigkeit umgesetzt wird. Wir sprechen ausführlich miteinander.

Zunächst reichte keine Viertelstunde dafür, dass er in ununterbrochenem Redefluss den gesamten unerhörten Schatz »seiner« Zärtlichkeit vor mir ausbreitete, eine um die andere, all die Erleuchtungen, die ihm gerade erst zuteil geworden waren. Mit seinen ihm eigenen Worten benannte er die Wunder dieser neuen Erde, auf die er zum ersten Mal seinen Fuß gesetzt hatte. Und voller Glück erwartete er von mir, ich würde freudig erregt sein angesichts all dessen, was er entdeckt hatte. Beim Zuhören erkannte ich tatsächlich mit ungeheurer Freude, dass er von sich aus, mit seinen eigenen Füßen, genau das Land betreten hatte, das mir aus meinem christlichen Glauben bekannt ist. Zudem kannte ich die Namen, die ihm unbekannt waren: alle die Glaubensworte, die er verloren oder deren Sinn er noch nie erfasst hatte. Je weiter er in seiner Sprache redete, fielen auch mir meine Worte ein – und mit welcher Klarheit! – und erschlossen sich wie Offenbarungen. Sie pflanzten sich in diese neuen Landschaften ein, ähnlich wie es die Fahnen der ersten Astronauten auf dem Mond getan hatten. Ich musste also nur seine neu entdeckten Straßen mit den Wegmarken meines eigenen Glaubens versehen und ihm die Namen der Ebenen und Täler nennen, die er gefunden hatte: Diesem hingerissenen Astronauten setzte ich die Leuchtfeuer meines Glaubens und benannte für ihn auf seinem neuen Stern die Räume, die er mit seinen ersten Schritten als neuer Mensch durchmessen hatte. Was für eine wunderbare Katechese!

Alle wesentlichen Wirklichkeiten des Lebens waren ihm gerade mit einem Schlag offenbart worden, auf diesem Weg, den er erst unlängst in Richtung der Begegnung mit seinem Tod durchlaufen hatte. Ihm fehlten lediglich die Worte, sie auszudrücken. Im Gespräch mit mir ging ihm plötzlich auf, was Wichtiges, ungemein Wichtiges ihm da bislang gefehlt hatte: »Wie schade!«, sagte er, als er mich zur Tür begleitete, »wie schade, dass ich das nicht alles schon viel früher gewusst habe! Dass ich nicht schon früher die Worte Ihres Glaubens gekannt habe; die Worte dieses Glaubens, den ich nie gehabt habe. Wie schade!« Sein Leben wäre zweifellos ganz anders verlaufen.

Einige Tage danach starb er. Zu meinem großen Bedauern konnte ich der Bitte seiner Familie, die Trauerfeier für ihn zu halten, nicht entsprechen. Dagegen war ich gern bereit, auf die Fragen, die sie umtrieben, Rede und Antwort zu stehen. Sie wollten wissen, welches Wunder geschehen war, dass ihr Bruder und Sohn am Ende seines Lebens derart verklärt gewirkt hatte, derart von Frieden und Glück erfüllt. Als ich an einer Tischecke vor ihnen saß, bedrängt von der Wissbegier dieser mich umringenden staunenden Gesichter, kam ich mir vor wie jemand, der ein Geheimnis verbirgt und es endlich herauslassen soll. So gut ich konnte, teilte ich mit ihnen meine Freude, damit sie ihrerseits aus ihr leben und sich mit ihr an diesen Menschen zärtlich und dankbar erinnern konnten.

Vielleicht kann man inzwischen ahnen, dass mein »Beruf« gerade wegen dieser starken Momente ein sehr einsamer ist. Tatsächlich – bei wem soll man denn jeden Tag dieses kostbare Gepäck, diese Schätze des Menschseins abstellen? Man muss einen langen einsamen Weg zurücklegen, bis einem die Worte kommen, die getreu wiedergeben, was man in solchen Begegnungen erlebt. Hier formuliere ich sie, in der Absicht, den Menschen zu helfen, sich mit dem Tod zu versöhnen.

Die Prüfung, dem Blick des Kranken standzuhalten

Wenn nicht das Leben auf dem Spiel steht, die Zukunft nicht aus einem bestimmten Grund beunruhigend wirkt oder irgendeine schwerwiegende Beeinträchtigung zu erwarten ist, macht der Besuch bei einem Kranken keine besonderen Schwierigkeiten. Im Übrigen bedarf es keinen großen Aufwands, dass dieser Kranke seine Situation erträgt und auch wieder Freude am Leben findet. Was es braucht, ist, ihn Freundschaft, Zuneigung oder Mitgefühl spüren zu lassen. Lebhaft bleibt mir die ausgelassene Freude Jacques' an dem Tag in Erinnerung, an dem ihn seine behinderten Kameraden der Einrichtung, in der sie alle arbeiteten, in der Klinik besuchen kamen. Außerdem gibt es die vielen Lichtzeichen wie Postkarten, Kinderzeichnungen, Fotos und Briefe, die dem Kranken das Gefühl geben, dass im Geist viele liebe Menschen bei ihm sind. Im Allgemeinen sorgt man sich um jemanden; man möchte Vater, Mutter oder einen Freund nicht enttäuschen oder tut alles für die Gesundung eines Kindes. Der Kranke weiß umgekehrt, dass die anderen mit seinem Mut rechnen. Oder was kann allein der Blick eines Kindes bewirken! Wie geheimnisvoll ist das! Da »hält« ein alter Mensch »durch«, weil irgendwo in ihm das Gesicht eines Kindes schlummert, das er unbedingt wiedersehen möchte. Oder zuweilen ist es auch das Gesicht eines Kindes, das erst noch kommen wird: ein Enkel, der bald zur Welt kommt und den man noch kennen lernen möchte.

Ganz anders ist die Situation, wenn es sich um einen von schwerem Leid befallenen Kranken handelt. Die größte Prüfung, die den fremden Besucher erwartet, sobald er die Schwelle des Zimmers überschreitet, ist die, seinem Blick standzuhalten. Man muss ihn aushalten, diesen Blick des schwer gefährdeten oder schon mit dem Tod ringenden Kranken! Man muss seinen eigenen Blick und sein Entsetzen angesichts des entstellten Gesichts des anderen bezwingen!

Die Flamme des Herzens

Der Blick ist eine Strahlung des ganzen Körpers: Er ist wie der Schlussstein eines Gewölbes. Der Blick ist die Flamme des Herzens. Er vermag nicht zu schwindeln: Während das Wort weit fort vom Herzen sein und abseits führen kann, vermag der Blick nicht abzugleiten. Seine Wurzeln sitzen im Herzen und es sind die Früchte des Herzens, was er ans Licht bringt. Keine Kraft im Menschen bringt es fertig, den Blick völlig zu verfälschen: Immer verrät er sich selbst, wenn er seine Absicht verhehlt. Am ehrlichen Blick dagegen ist alles ganz einfach.

Mit einem ehrlichen Blick kann ich mich ans Bett eines Kranken setzen. Dann gestaltet sich das Gespräch ruhig; es stellen sich ehrliche, angemessene Worte ein, ein Herz spricht zum Herzen. Es können sich die natürlichsten Gesten ergeben und ungemein viel bedeuten: dass man die Hand des andern ergreift, sie lange hält, seine Hand auf das Bett legt, auf den Schenkel oder mit dem Mienenspiel Wichtiges ausdrückt. Ja, sogar die düsterste Wahrheit lässt sich mitteilen und annehmen: »Ich werde sterben!« – »Wer weiß.« Und das Gespräch, der Austausch, geht weiter.

Monsieur Rivet war durch einen eiternden Rachenkrebs im Gesicht bös entstellt. Er hatte bereits mehrere Eingriffe über sich ergehen und etliche Chemotherapien mitmachen müssen. Unlängst traten wieder offene Fisteln auf. Ungemein schwer zu ertragen! Eines Tages beschließe ich, mit ihm über seine Würde zu sprechen. Aber wie intensiv musste ich mein Herz vorbereiten, um ihm jene Art Blick zuwenden zu können, der ihm in aller Schlichtheit den Frieden zu vermitteln vermochte!

Es macht wenig Sinn, im Sturmschritt das Zimmer eines Kranken zu betreten oder schnell im Vorübergehen einen Gruß da zu lassen. Wenn man zu einem Kranken kommt, sollte man ihn mit dem Blick besuchen, ihm schutzlos seinen Blick schenken und auf ihm ruhen lassen, in echter Gegenwart, und ihm damit sagen: Das ist jetzt für dich, ich bin da für dich.

Simone stöhnt, wälzt sich im Bett, gewährt einem nicht ihren Blick. Sie verbirgt sich hinter einem Halbschlaf und lässt einen stehen, aus dem Spiel, draußen. Ihr Blick tanzt umher und lässt sich nicht einfangen ... Der Blick eines Menschen, der noch zögert, noch vor Beginn eines gesprochenen Wortes: »Kann ich mich diesem Fremden wirklich anvertrauen? Kann ich bei ihm mein schweres Gepäck ein wenig abstellen?« Das Auge hebt sich, senkt sich wieder. Der Fremde vernimmt: Ihr/sein Herz zaudert noch. Aber plötzlich ist der Durchbruch da, die Eindeutigkeit; das Vertrauen bricht sich Bahn: Der Blick wird offen und ruhig. Endlich! Wunder des Blicks eines Kindes. Morgenröten-Blick, Sonnenaufgangs-Blick, Entdeckung ausgespannter Arme in der Wüste.

Befangener Blick.
Blick, der dich übergeht.
Er ist da drüben,
weit fort, da drüben ...
auf dem Fernsehschirm.
Du stehst am Krankenbett; du sprichst.
Aber du redest ins Leere, zu niemandem.
Starrer Blick.
Tief verschlossen, in die Ferne gerichtet.
Hochmütiger Blick.
Misstrauisches Flackern darin.
Blick von oben herab.
Verstohlener Blick.

Misstrauischer Blick.
Wie riskant ist es, den andern anzublicken!

Anblicken –
das heißt, den Vorhang vor dem eigenen Herzen aufreißen.
Das heißt, sich der Angst vor einer Niederlage stellen,
der Angst, durch Ablehnung verletzt zu werden.

Dieser Art Blick bin ich schon oft begegnet, aber den einen vergesse ich nicht: Antoine ist tot. Die Krankenschwester fragt die Mutter: »Soll der Pfarrer kommen?« – »Nein, auf keinen Fall!« Ich hatte es schon vorher gewusst: Ihr Blick hatte es mir gesagt!

Düsterer Blick – klarer Blick.
Zärtlicher Blick – schneidender Blick.
Verschlossener Blick ...

Verschworener Blick.
Entscheidender erster Blick – ausschlaggebender Blick.
Kräftemessen mit Blicken ...

Ratloser Blick, umtanzt vom wilden Reigen hohler Phrasen.
Blick, der den Körper sich winden lässt, sinnlose Gesten auslöst.

Eiserner Blick, der lähmt und wehrlos werden lässt.
Offener Blick, mit einem Lächeln um den Mund.

Aus seinem eigenen Blick die Angst nehmen.
Friedvoll beherrschter Blick,
der dem andern Vertrauen anbietet wie eine Ruhestätte.
Wie vieles lässt sich über Blicke sagen!

Ein Blick bezieht seine »Atmosphäre« von innen heraus. Er bereitet sich vor, reift heran. Man entwirft ihn nicht einfach, stellt ihn nicht her. Er bricht auf, erblüht, nach langer Vorbereitung; er braucht seine Zeit, bis er zur Welt kommen kann. Achten wir sorgfältig auf unseren Blick!

Erfassen, was er ist, wissen, was er sagt!
Und dieses lange Bemühen, ihn zu verstehen!
Der Preis seiner Gefügigkeit.

Es klingt verrückt, aber man muss genügend ausgeschlafen sein, um die Tür zum Kranken öffnen und überrascht seinen Blick »aushalten« zu können.

Es ist wichtig, die Dinge und Wesen genau anzublicken. Nichts ist schwerer, als wirklich hinzublicken.

Etwa diese Frau, deren Kind im Sterben lag, ihr Sohn. Sie brachte es nicht fertig, ihre Augen auf ihm ruhen zu lassen und ihn in der Wiege ihres Blickes zu bergen. In solchen Fällen müssen wir diesen Blick zähmen, der sich schwer tut hinzuschauen; wir müssen ihn stützen, ihn zum Hinschauen einladen, damit das Herz zur Ruhe kommt und in unserer Anwesenheit der Schritt über die Schwelle der Angst möglich wird.

»War er denn so entstellt?«

In der Klinik ist oft davon die Rede, dass man jemanden »in guter Erinnerung behalten« möchte, das heißt, ihn nicht zum letzten Mal in entstellter Form sehen. Da sagt man dann vom verwaisten Kind, es sei besser, dass es seinen Vater in guter Erinnerung behalte und darum nicht mehr im Sarg liegen sehe. Bei Kindern meint man, sie seien noch zu jung, noch zu schutzlos dem schweren Anblick ausgesetzt, den ihnen ein toter Vater oder eine tote Mutter bieten könnte.

Aber ist man sich eigentlich darüber im Klaren, dass das »schöne Bild« im Herzen des Kindes dann womöglich von einem anderen überlagert werden kann, nicht dem wirklichen, sondern einem noch schlimmeren: demjenigen, das seine Phantasie entwickelt? Immer wieder wird das Kind die Frage beschäftigen: »War er denn so entstellt, mein Vater, sah er so entsetzlich aus, dass man mir seinen Anblick unbedingt ersparen wollte? Hätte mich das so überfordert? Hat man mir so wenig zugetraut, mich so wenig geachtet? Warum hat man nicht gespürt, dass es in mir den Urwunsch gab, auch dabei zu sein und meinen Anteil am Leiden zu tragen, als das Schlimme eintrat und es den Baum fällte, von dem ich stamme? ›Dabei sein‹ und wachen und mittragen, bei einem Vater, der verscheidet: Das ist hart, ich weiß es, aber es entspricht der Natur, dass ich, wenn auch noch Kind, diese erste und schmerzliche Begegnung mit der Trauer auszuhalten begehre.«

Der Dienst, den der Erwachsene einem mit dem Tod konfrontierten Kind erweisen kann, besteht nicht darin, es unter dem Vorwand, es schützen zu wollen, auf Distanz von der Dichte einer Realität zu halten, um die es weiß. Viel, viel mehr, glaube ich, besteht er darin, ihm zu helfen, in seinem Herzen auf die ihm eigenen Quellen des Friedens, der Liebe und des Lebens zurückgreifen zu können, damit es, von ihnen gestärkt und vom Erwachsenen begleitet, das Schwere auf sich nehmen kann, sich über das geliebte Antlitz zu beugen, das jetzt in seinem Schlaf der Ewigkeit ruht.

Anwesend sein: eine Bewährungsprobe

Hat man die Bewährungsprobe des Blickes bestanden, so kommt die des Anwesendseins. Das Anwesend-, das Präsentsein ist seiner Natur nach wie die Wärme, der Schatten, der Duft. Wie eine Welle, die von dem Wesen ausgeht, das da ist. Es vermag den Raum, das Herz zu öffnen und zu weiten, es kann aber auch erstickend wirken.

Das Anwesendsein ist eine Strahlung des Da-Seins oder ganz einfach seine Ausweitung. Es kommt vor dem Wort. Zuweilen ist nichts als das Anwesendsein möglich.

Madame Adda ist vom Kehlkopfkrebs befallen. Im Augenblick bricht für sie alles zusammen. Sie versteht sich nicht mehr mit ihrer Mutter und ihrem Mann. »Es ist nicht mehr auszuhalten«, sagt sie verzweifelt zu den Schwestern auf der Station, die ihre angstvoll bohrenden Fragen und ihre Ungeduld, mit der sie genau wissen will, wie es mit ihrer Krankheit steht, nur mit Mühe ertragen können. Sie haben vor ihrer Ruhelosigkeit kapituliert und gestehen ihr Unvermögen ein, ihr noch helfen zu können.

Im Lauf der Besuche, zu denen mich die Krankenschwestern immer wieder gebeten hatten, war zwischen dieser Frau und mir ein freundschaftliches Band entstanden. Eines Tages sagte sie mir, immer, wenn ich mich an ihr Bett setze, verschwinde ihre Angst. So reifte sie in meiner Anwesenheit langsam dem Herannahen ihres Todes entgegen und rüstete sich, noch wichtige Entscheidungen zu treffen.

Die Kranken erinnern mich zuweilen an jene Kinder, von denen ihre Eltern sagen, sie würden nicht mit ihnen fertig. Tatsächlich sind sie oft wie diese. Das liegt daran, dass sie nie die echte Anwesenheit eines Vaters oder einer Mutter erleben durften, diese Anwesenheit, die Sicherheit schenkt und es ermöglicht, ohne Angst im Leben und in seinem Körper zu weilen. So spüren die Kranken mit ungemeiner Sensibilität die positiven oder negativen Wellen, die von ihren anwesenden Angehörigen ausgehen.

Mein allererstes Anliegen ist es, den Kontakt und die Gemeinsamkeit herzustellen. Nicht jede Sprache bedarf der gesprochenen Worte, um sich ausdrücken zu können; es gibt neben dem ausdrücklichen Wort noch recht viele andere Zeichen. Ja, es genügen oft ein Blick, eine Geste mit der Hand, ein Zwinkern mit den Augen, um viele Gedanken auszutauschen. Aber die echte innere Beziehung reicht sehr viel weiter und tiefer als der Austausch: Sie verändert die Beziehung zum anderen in seiner Wurzel. Dank ihrer kann dieses Verhältnis, das bislang vielleicht beunruhigend war – feindselig oder einfach unbehaglich –, zur erfüllten, ruhigen Anwesenheit werden, die Sicherheit und Trost schenkt. Sie ist da, warm und dicht; sie erfüllt den Raum, schenkt Gemeinsamkeit, verbannt das Einsamsein. Sie bewohnt das Haus oder das Zimmer. Sie ist nie indiskret und wird zum willkommenen Gefährten im Elend, in der Krankheit; sie stößt sich nicht am Übel noch am Leiden; sie kommt sogar mit der Verzweiflung zurecht. Sie wird zur liebenden, hilfreichen Kraft.

Allerdings bringt das ausgesprochene Wort die Botschaft klarer zum Ausdruck. Nur dieses kann hinter die Nebel schauen. Es ist ein Unterschied, ob man weiß, dass der andere weiß, dass er bald sterben wird, oder ob er es mir ausdrücklich sagt. Und es ist anders, wenn jemand sanft lächelt und so zeigt, dass er annimmt, was man ihm sagt; das gibt den eigenen Worten eine neue Qualität. Andererseits ist derjenige, der spricht, nie sicher, ob das, was er im Vertrauen eröffnet, um es los zu werden, auch gehört und angenommen wird.

Diese Begegnung ist stets ein Abenteuer. Sie ist wie jedes Abenteuer unberechenbar und hält immer Neues parat. Ist sie echt, bereichert sie, ist aber auch gefährlich und voller Risiken. Glücklich wird sie, wenn sie zur schlichten Präsenz führt und beide wissen: Wir sind beieinander und füreinander da. Doch bis zwei Menschenwesen diesen Einklang finden, müssen geduldig und langsam viele Hindernisse überwunden werden. Nur wenn dieser Einklang da ist, kann eine Weggemeinschaft entstehen, die schließlich auch im Frieden einer klaren Freundschaft damit leben kann, dass die Trennung voneinander bevorsteht, die der Tod auferlegt. Diese Freundschaft erleichtert dem Kranken das Sich-Loslassen in das hinein, was kommt. Er kann leichter zur allen Lebewesen gemeinsamen Sterblichkeit ja sagen, weil die seinige auch die unsrige ist. Die echte Begegnung ist der Ausgangspunkt jeder Begleitung und darf daher nie fehlen.

Soll man es sagen oder nicht sagen? Dieser Frage können sich die Ärzte nicht entziehen. Jeder findet mit mehr oder weniger Glück eine Lösung. Wir haben bereits gesehen, wie stark das offene Sprechen in der Klinik von der Angst vor dem Tod beherrscht sein kann. In Frankreich sieht ein Gesetzestext (die *Loi Huriet* vom 20. Dezember 1988) für den Arzt die Möglichkeit vor, ausnahmsweise und wenn es im Interesse des Kranken ist, diesem bestimmte Informationen bezüglich der Diagnose, die er ihm bislang noch nicht eröffnen konnte, zurückzuhalten. Manche stürzen sich geradezu auf diese angelehnte Tür und reißen sie weit auf.

Ich stelle mir den inneren Monolog vor, der unausgesprochen mehr als einen Kranken bewegt. »Herr Doktor, belügen Sie mich? Ich vertraue Ihnen sehr, aber manchmal stelle ich mir diese Frage. Ich habe allerdings so Angst vor dem Tod, dass ich Ihrem Schwindeln stumm zustimme. Ich lasse mich gehen, ich verzichte auf die Beherrschung meines Körpers und überlasse Ihnen die Verfügungsgewalt über ihn. Aber tief in mir spüre ich oft eine Art leichtes Zupfen, einen Zweifel: Vielleicht mache ich es falsch. Haben Sie eigentlich das Recht, mich zu täuschen? Verletzt das nicht meine Würde? Steht da nicht Ihre Ehrlichkeit in Frage? Ich weiß, Sie meinen, das alles sei ja nur zu meinem Besten. Ich überrasche mich dabei, dass ich es ja selbst trotz allem zu glauben geneigt bin. Aber dann belüge ich auch mich selbst. Ich habe resigniert. Auf eigenartige Weise sind wir beide über die Krankheit miteinander verbunden. Ihre Rücksicht auf mich rührt mich, aber ich verzichte auf Rechte, die man eigentlich nicht aufgeben sollte.«

Diese unnormale, ja im buchstäblichen Sinne des Wortes unmenschliche Beziehung führt zu infantilen Verhaltensweisen: Die Patienten lassen sich bemuttern und geben ihre ureigene Verantwortung ab. Aus diesem Grund wird jede Kommunikation getrübt, weil sie von Angst befangen ist. Es bedarf dann einer ungeheuren inneren Arbeit, damit sich das Sprechen des Kranken aus dieser Umklammerung lösen kann und sich abschätzen lässt, »wann« er so weit ist, dass er die Wahrheit hören kann.

»Herr Doktor, ich kann doch am Montag entlassen werden?«

Die Angst vernebelt tatsächlich die Kommunikation seitens des Senders genauso wie seitens des Empfängers. Das führt ins radikale Aneinander-Vorbeireden.

Besonders beispielhaft scheint mir dafür der Fall eines jungen Italieners zu sein. Elio ist bereits einige Wochen zu einer Chemotherapie in der Klinik, als er erfährt, seine Frau habe ihrer beider erstes Kind zur Welt gebracht. Die Ungeduld dieses Mannes fern seiner Heimat Sizilien kann man sich leicht vorstellen. Er möchte so bald wie möglich herauskommen, nach Hause, seine Frau und seinen Erstgeborenen sehen. So versteift er sich darauf, man müsse seine Behandlung absetzen und ihn entlassen. Am Montag! Um jeden Preis möchte er, dass dieser »Montag« wahr wird. Er besteht darauf, wiederholt es ständig, bittet und fleht: »Herr Doktor, ich kann doch am Montag entlassen werden?« Mit seiner Hartnäckigkeit hat er den Geduldsfaden der Ärzte und des Pflegepersonals bis zum Zerreißen strapaziert: »Schon hundertmal haben wir ihm immer und immer wieder das Gleiche gesagt, aber er will einfach nicht hören. Er kapiert überhaupt nichts!«

Heute ist Dienstag; die Untersuchungen sind im Gang; ihre Ergebnisse müssen abgewartet werden, bevor man ihm das Gehen erlauben kann; und sie kommen erst am Freitag. »Monsieur Elio, wir können Ihnen heute die Antwort noch nicht geben. Am Freitag werden Sie es erfahren, ob Sie nächsten Montag gehen können.« – »Ja, Herr Doktor, aber am Montag kann ich doch auf jeden Fall gehen?« Wie oft sind die gleiche Antwort und die gleiche Frage schon hin und her geflogen? Ich weiß es nicht. Die Antwort ist zwar jedes Mal klar und logisch, aber Elio lässt sich von ihr nicht überzeugen; sie kann ihn überhaupt nicht beruhigen.

Da ich Italienisch spreche, halte ich es für gut, einen dazu bereiten Stationsarzt zu holen, damit er aus dem Mund eines Arztes noch einmal genau den Grund erfährt, weshalb erst am Freitag darüber entschieden werden kann, ob er gehen darf oder nicht. Ich mache also den Dolmetscher. Elf Mal ... elf Mal muss ich das Hin und Her ein und derselben Frage und Antwort übersetzen: »Ja, Herr Doktor, aber am Montag kann ich doch auf jeden Fall gehen?« – »Monsieur Elio, Sie wissen doch, erst am Freitag ... weil doch ...« Und er darauf wieder: »Ja, Herr Doktor, aber am Montag kann ich doch auf jeden Fall gehen?« Der junge Arzt steht neben mir an seinem Bett; ich bewundere seine Freundlichkeit und Geduld. Er erklärt es noch einmal, gibt stoisch die Antwort, und ich greife beim Übersetzen seine Geduld auf, reiche sie weiter; meine Anwesenheit hilft ihm sichtlich, sie zu wahren. Elf Mal ...!

Es war nicht die sprachliche Barriere, die im Weg stand: Die Worte begriff Elio sehr wohl. Es waren auch nicht seine Sturheit oder sein abweisender Wille. Es war ganz sicher etwas anderes: die Angst. Seine Angst machte ihn völlig taub. Seine unüberwindliche Taubheit konnte nur von tief innen heraus bewirkt sein. Während alles um ihn herum ihn nicht zu verstehen scheint, rumort in ihm der Vulkan und betäubt ihn. Ist es die Angst? Oder der unbändige Wunsch, zum ersten Mal – und vielleicht auch zum letzten Mal! – dieses Kind seines kranken Blutes in die Arme nehmen zu können? Oder seine Freude? Wer könnte das wirklich wissen? In ihm tobt es nur noch; die Hunde der Nacht heulen den Tod an, und niemand hört es. Er ist allein.

Er hatte also diese ganze Zeit gebraucht, bis sich mit seinem endlosen, besessenen Gefrage die Angst vor dem erschöpfte, was er hinter dem vordergründigen Problem um seinen Abreisetermin fürchtete. Seine eigentliche Frage war: »Werde ich mein Kind und meine Frau noch sehen können, wird es mir gelingen, mich noch einmal von diesem Sterbebett aufzuraffen und in Richtung Leben zu gehen, auf meine Zukunft in diesem meinem Kind zu?«

Bei der elften Runde gelang es. Elio »begriff« endlich. Unter den Strahlen der menschlichen Güte, die ihm unsere Geduld geschenkt hatte, und auch dank des Umstands, dass wir uns ihm unermüdlich gewidmet hatten, konnten sich nach und nach die Nebel seiner Angst lichten, und es kehrte wieder Friede bei ihm ein: Er konnte von da an diesen wichtigen Freitag abwarten. Mit einem Mal hatte sich auch in ihm seine Geduld durchgesetzt: Vor dem, was wir ihm gesagt hatten, war seine Angst gewichen. – Es ist ein Unterschied zwischen bloßem »Reden« und geduldigem »Sagen«, bei dem etwas einsichtig wird. Und wie weit kann der Weg sein, bis man vom »Reden« zum »Sagen« gelangt!

Wie das Ohr in Taubheit versinken kann, so kann sich auch das von der Angst vor dem Tod befangene Wort verdüstern oder durch das Leiden entstellt und aufgebläht werden. Es wird zum Opfer der gleichen Gewalttätigkeit und Schläge. So oft sagen mir die Kranken: »Man muss Haltung bewahren.« Mir kommen diese Worte düster vor, diese Schlussworte über eine ausgelaufene Vitalität. Mir tun sie weh. Wo ist der Mut, den man »bewahren muss«, worin besteht er? Wovon reden diese Kranken am Rand des Abgrunds, wenn sie flüstern, was »man muss«? Aus diesen verbissenen Worten höre ich nur das Elend und die Pein heraus, die sie zu kaschieren versuchen. Die Sterbenden klammern sich an sie und hoffen, dadurch der Unruhe zu entkommen, die an ihnen nagt, und dem Tod, der sich ankündigt. In Wirklichkeit versuchen sie, mit dem Rücken zur Wand in einem schlimmen Schweigen »standzuhalten«. Es braucht viel Zeit, zuweilen unendlich viel, bis sich diese Verteidigungslinie auflöst, bis sie von allein zerfällt, die Mauer einstürzt und wahrhaftige Worte möglich werden.

»Sie war so tapfer! Nie hat sie uns gesagt, dass sie sterben wird!«

»Sie hat sich nie etwas anmerken lassen«, sagen bewundernd Schwestern und Eltern, als sie bei mir im Büro sind, damit wir die kleine Zeremonie der Überführung des Leichnams dieser jungen dreißigjährigen Frau besprechen. »Sie hat uns nie etwas gesagt oder zu verstehen gegeben, dass sie wusste, sie werde sterben. Wie tapfer sie war!«

Mich machen ein solcher Missbrauch des Schweigens und das Lob, das man ihm noch zollt, betroffen. Die Zurückbleibenden brauchen den Zuspruch derer, die gehen. Was hier gelobt wird, entspricht jener Art von stoischer Haltung, die Alfred de Vigny in »La mort du loup« (»Der Tod des Wolfs«) feiert. Wenn man das Leiden verbirgt, kommt die menschliche Qualität des Sterbens überhaupt nicht zur Sprache; die Erwartung derer, die anschließend die Trauerarbeit leisten müssen, bleibt unerfüllt. Wenn man das Wort knebelt und die Realität leugnet, entsteht nicht mehr als der Schein der Härte und Stärke.

»Dieses Kind sprüht vor Vitalität!«

Eine der Aufgaben, die ich gern wahrnehme, besteht darin, bestimmte Situationen fehlender Kommunikation zu beheben. Seit Monaten lässt sich eine junge Frau mit einem schrecklichen Kieferkrebs behandeln, ohne jede Aussicht auf Heilung. Ihr Freund afrikanischer Abstammung kümmert sich um ihren kleinen fünfjährigen Jungen. Jeden Mittwochnachmittag bringt er das Kind mit in die Klinik zu seiner Mutter. Sie liebt ihr Kind, ist glücklich, es zu sehen. Aber diese Besuche strengen sie an. Sie verlangen ihr mehr ab, als was ihre überstrapazierten Nerven und ihre innere Ratlosigkeit zu ertragen vermögen. Zudem laufen sie immer ganz von allein darauf hinaus, dass der Besuch mit Ärger und Spannung endet. Am Anfang setzt sich das Kind immer brav für kurze Zeit auf den Hocker vor dem Bett seiner Mutter, aber dann wird es ihm schnell langweilig, es fängt zu zappeln an, wird geschimpft, und schließlich verlässt der Vater mit ihm den Raum, um es mit irgendetwas in der Cafeteria abzulenken. Die Mutter sagt: »Es sprüht eben vor Vitalität« und ist stolz auf ihr Kind. »Wie sollte es auch still sitzen bleiben können, in diesem Krankenhauszimmer ... Das können Sie nicht von ihm verlangen! Dafür steckt doch viel zu viel Leben in ihm!«

In Wirklichkeit macht sich diese Frau Sorgen um ihr Kind. Sie weiß, dass sie sterben muss. Sie wird es bald verlassen müssen, muss es also den Händen anderer anvertrauen. Aber sie weiß, dass ihr Lebensgefährte die Verantwortung für ihr Kind auf keinen Fall übernehmen kann. Hinter der »Vitalität«, von der sie spricht, steckt die ungewisse Zukunft ihres Söhnchens, die sie verletzlich und empfindsam für den Trubel dieser wöchentlichen Besuche macht.

Als sie eines Tages mit mir über die Zukunft und ihren Tod spricht, vertraut sie mir an, ihr Entschluss stehe fest: Sie wolle das Kind diesem »unfähigen Vater« entziehen, es ihrer eigenen Familie anvertrauen, in der Bretagne, woher sie stamme. »Er kann es nie und nimmer erziehen«, sagt sie zu mir, »er ist ja selbst noch wie ein Kind.«

Ich hatte wiederholt Gelegenheit, diesen schmerzlichen Begegnungsszenen und dann der Verweisung des Kindes aus dem Zimmer beizuwohnen. Nach dem kalten und distanzierten Begrüßungskuss trat gewöhnlich Schweigen ein, dieses traurige, ferne Schweigen von Wesen mit leeren Augen. Dann begann das Kind auf dem Boden zu spielen, in etwas Abstand vom Bett, beim Fenster. Sich selbst und der leeren Atmosphäre dieses Zimmers überlassen, in dem sich seine Eltern anschweigen, begann es zu zappeln und gelangweilt zu nörgeln. Seine Mutter, ganz in ihrer Krankheit und ihrem Elend befangen, lag hingestreckt auf ihrem Bett und ließ von ihrem Kopfkissen aus ihren unglaublich traurigen Blick auf ihm ruhen. Kein Wort, kein Zeichen der Zärtlichkeit beseelten ihr nur zur Hälfte sichtbares Gesicht, wegen des dicken Verbands, in den es gewickelt war. Ein unerträglicher Zustand!

Warum dieses Kind »vor Vitalität sprühte«, war mir nur allzu sehr klar. Es lag an diesem grausamen Schauspiel. Nein, dieser Knabe war nicht »mühsam zu ertragen« und erst recht nicht nur »voller Leben«, wie man sie gern glauben lassen wollte. Er litt ganz einfach, litt schrecklich unter dieser Atmosphäre. Was dieses Kind so schmerzte, war diese Leere, dieser Ausfall des Vertrauens und der Liebe zwischen seinem Vater und seiner Mutter; war der Umstand, dass aus ihrer verödeten Zuneigung zueinander keinerlei Liebe mehr aufzubrechen vermochte. Zwischen diesen beiden stummen Menschenwesen erlebte dieses Kind das Drama seiner Einsamkeit und nahm trotz seines Alters bereits den Schrecken seines künftigen Daseins als Waise voraus. Ganz offensichtlich versuchte es auf seine hilflose Weise in diesem Krankenhauszimmer vor dieser erdrückenden Atmosphäre zu fliehen, in der die zärtliche Zuneigung zueinander, die es als Kind für sein Überleben so dringend brauchte, erstorben war.

So beschloss ich, dieses Gefängnis mit Sprechen und zartem Einfühlungsvermögen aufzubrechen. Dazu verfiel ich auf die Idee, es mit Spielen zu versuchen. So besorgte ich mir auf der Kinderstation einen Sack voller Spielsachen und brachte diesen eines Mittwochnachmittags, als sie wieder zu Besuch kamen, mit. Alle miteinander holten wir vor den verblüfften Augen des Kindes aus meinem reichen Füllhorn begeistert Bagger, Autos, Lastwagen und Lego-Bausteine hervor und breiteten sie auf dem Bett seiner Mutter aus. Ums Bett herum war unversehens wieder Leben da; ich konnte mich zurückziehen und sie ihrer Begeisterung überlassen. Ich versprach, später wieder vorbeizukommen.

Als ich gegen Ende des Nachmittags wieder die Tür ins Zimmer öffnete, erwartete mich ein ungewohntes Schauspiel: Das Kind saß mitten auf dem Bett zwischen den gespreizten Beinen seiner Mutter, und vor ihren leuchtenden Augen spielte es zufrieden und glücklich Drei Stunden waren vergangen, und es war immer noch da!

Mir wird für immer das Lächeln dieser Frau vor Augen bleiben, mit dem sie dem herrlichen Durcheinander auf ihrem Bett zusah und selbst immer wieder beim Spielen mit eingriff, um etwas anders hinzulegen. Das Kind spürte die Wärme ihres Körpers, war still und hatte die zärtliche Atmosphäre wieder gefunden, die es früher daheim erlebt hatte, das Glück seiner ersten Kinderjahre ... Es war das Bild einer eigenartigen, einer ergreifenden Pietà!

Ich frage mich angesichts dieses bewegenden Bildes: Welches »Andenken« an seine Mutter wird im Herzen dieses Kindes haften bleiben? Wird es sich vor allem an das schrecklich entstellte Gesicht erinnern oder an die mühsamen Nachmittage bei ihr im Krankenzimmer, als es allein dem schlimmen Schweigen ausgesetzt war? Oder an diesen von Zärtlichkeit und Wärme erfüllten Nachmittag auf dem Schoß seiner Mutter? Ich ahne es: Es wird die Begebenheit sein, bei der es die Zärtlichkeit wieder fand. Das war wohl von allem sein stärkster, nachhaltigster Eindruck.

»Ich hatte so Angst zu sterben, ohne noch etwas gesagt zu haben!«

Das Schweigen und die bewusst auf sich genommene Mühe des Zuhörens hängen eng mit dem Anliegen zusammen, dem Kranken dabei zu helfen, hilfreiche Worte zu finden, das heißt, ans Licht kommen zu lassen, was er noch nicht sagen kann oder will, und sogar noch das, was in ihm steckt, ohne sich in Worte fassen zu lassen. Wenn man zu diesem Befreiungsprozess beiträgt, bedeutet das, dass man dem Kranken hilft, unsichtbare Fesseln in sich zu sprengen und auf dem Grund seines Wesens vergrabene Worte freizulegen, sie zu ergreifen und dann nach außen zu tragen, sie anderen zu sagen und sie dem Risiko auszusetzen, dass sie sich auf unvorhersehbare Weise auswirken. Denn auch wenn es sie längst geben mag, wenn sie schon lange in den Tiefen anwesend sind, so sind sie doch mit unsichtbaren Banden gefesselt und warten auf das Licht und die Freiheit. Werden sie endlich gehoben, so steigen mit ihnen zusammen bislang stumme Leiden auf, deren Ketten diese Worte sprengen können, indem sie sie endlich aussprechen.

»Herr Pfarrer, ich habe eine schreckliche Nacht hinter mir!«, vertraut mir eines Tages Joel an, als ich ihn im Reanimationszimmer besuche. In der Annahme, er wolle mit mir über seinen Tod und seine Angst vor dem Sterben sprechen, sagte ich: »Hast du Angst vor dem Sterben?« – »Nein, das ist es nicht: Nicht vor dem Sterben habe ich Angst, sondern davor zu sterben, ohne noch etwas gesagt zu haben!« Er hatte einen jüngeren Bruder und dann noch seine Eltern. Aber vor allem um den Bruder ging es ihm in dieser notvollen Lage. »Ich habe ihm nie gesagt, dass ich ihm, weil ich so krank war, die Liebe unserer Eltern gestohlen habe.«

Dieses geheime, schwere Schuldgefühl plagte ihn. Bisher hatte er dieser Not noch nie Worte zu verleihen vermocht, so schmerzlich und beschämend war sie für ihn. Heute spürte er deutlich, dass er nicht gehen konnte, ohne dass ihm das verziehen worden wäre. Daher musste er, bevor er für immer ging, unbedingt mit seinem Bruder sprechen und es wagen, ihm dieses in seinen Augen unaussprechliche Vergehen einzugestehen. So ließ er ihn also zusammen mit seinen Eltern kommen. Und er redete mit ihnen darüber ... Alles redete er sich von der Seele ... das ganze Gewicht, das ihm allzu schwer auf dem Herzen gelastet hatte; und er sprach auch über seinen Tod mit ihnen, über diese ungeheure Wirklichkeit, über die man kaum zu sprechen wagt. So wollte er mit ihnen zusammen seinen Abschied vorbereiten.

Unter der Wirkung dieser von ihren Fesseln befreiten Worte, die, solange nicht ausgesprochen, für ihn ein schweres Leidensgepäck dargestellt hatten, wurde alles wie durch ein Wunder anders, für ihn und auch für die Seinen. Seine eigene Traurigkeit darüber, gehen und sie verlassen zu müssen, legte sich, und auch für sie wurden seine Worte zu Vermittlern neuen Lebens: Auch ihre Traurigkeit verlor ihre Schwere.

Am nächsten Tag fiel Joel ins Koma. Seine Mutter saß bei ihm am Bett. Nachdem sie mir alles erzählt hatte, was sich am Vortag ereignet hatte, als er sie um sein Krankenbett versammelt hatte, vertraute sie mir zum Schluss vor dem Körper ihres sterbenden Sohnes diese unglaublichen Worte an: »Sehen Sie, Herr Pfarrer, nach all dem ... kann auch ich gar nicht mehr richtig traurig sein!« Angesichts dieser gelassenen Frau, die ich da vor mir sah, rührte ich leibhaftig an das, was Worte bewirken können, die ihre Freiheit gefunden haben.

Wenn ich dann das Wort wage

Wenn ich in ein Krankenzimmer getreten bin und sich in mir die Unruhe legt, die jedes Mal aufbricht, wenn ich erlebe, wie im Kranken angesichts des Seelsorgers, der ich bin, Angst aufsteigt, kommt schließlich der Zeitpunkt, an dem auch ich die Sperre vor dem Sprechen überwinde. Ich muss dazu jenen Zustand des Friedens und der inneren Festigkeit erlangen, der es mir gestattet, dem Kranken gegenüber mein eigenes Wort zu wagen. Wie lange überlege ich mir hin und her, was ich sage, während ich dem Kranken ausführlich zuhöre und ihn sprechen lasse, um dann auch selbst etwas zu sagen!

Mir bleibt für immer lebhaft vor Augen, wie sich die Stirn von Hélène in steile Falten legte, als ich an ihrem Bett nach ihren endlosen Monologen das Wort ergriff. Wie stark fixierten ihre blauen Augen meine Lippen, prüften meinen Blick und jedes meiner Worte! Was für ein Skalpell, das unerträgliche Skalpell der Angst!

Aber wenn es so weit ist – wenn ich es wage, mein Wort zu sagen, in diesen Augenblicken der Begegnung, des aufeinander Hörens –, was sage ich dann eigentlich? Überhaupt nichts Besonderes! Nichts anderes, so scheint mir, als das, was mir der Kranke bereits gesagt hat, in der Formulierung, die er mir schon vorgab. Es wird ein einfaches Echo! Der überängstlichen Hélène gegenüber äußerte ich nichts anderes als das, was bereits in ihren Aussagen enthalten war; ich spiegelte es ihr zurück.

Und genauso war es bei Joel: Was meine Worte noch einmal sagten, nachdem er bereits gesprochen hatte, war nichts anderes, als noch einmal an die Angst zu erinnern, von der er mir nach seiner »schrecklichen Nacht« erzählt hatte. Worin also bestehen meine Worte? Im einen wie im anderen Fall waren sie nur der Schatten ihrer eigenen: eine Umschreibung dessen, was sie mir fast gegen ihren Willen anvertraut hatten. Und doch – welche Kraft steckt in diesem »Schatten ihrer eigenen Worte«! Wurden sie ihnen noch einmal zugesprochen, so erschloss sich ihnen erst ihr bislang noch unklarer Sinn.

Ist das Wort auf diese Weise zum Wirken gebracht, hat es seinen unerkannten Sinn zutage gefördert, dann hat es eine ganz wesentliche Schranke im Bereich der Kommunikation überschritten; man könnte sagen, es hat seine Natur verändert. Dadurch hat es eine neue Fähigkeit erlangt: die, ans Herz zu rühren, beim Kranken wie beim Seelsorger. Dann müssen beide »am Ball bleiben«, müssen in der Begegnung weiter vor und tiefer dringen, gemeinsam möglichst weit in die Tiefe gehen; sie müssen eine ganz neue Beziehung finden, die es ihnen schließlich ermöglicht, den Schmerzensfaden des Kranken zu entwirren. In diesen Augenblicken großer Intensität würde es einen unerträglichen Verrat darstellen, wenn man sich auf irgendwelche Mitleidsgesten oder armselige Trostworte zurückziehen und den Kranken seiner Not allein überlassen würde. Der Faden des Leidens muss ganz ans Licht gezogen werden, damit sich mit ihm der Abszess erschöpft, der so weh tat. Aber damit diese glückliche brüderliche Kommunikation in der Tiefe wirksam werden kann und der Kranke Worte zu finden vermag, muss das Wort des Begleiters aus jenen gleichen Tiefen in ihm selbst kommen, in denen das Raunen der ihnen gemeinsamen Sterblichkeit zu vernehmen ist.

Annehmen, was ich bin

Der von einer schweren Krankheit befallene Mensch ist verletzt, nicht nur an seinem Körper, sondern auch in seinem Herzen. Zudem offenbart ihm seine Krankheit unerbittlich seine Schwachpunkte. Manche kennen sie schon, andere sehen sich zum ersten Mal mit ihnen konfrontiert. Wenn sie in innerer Freiheit leben wollen, müssen sie den mühsamen Weg der Annahme dieser Verfassung beschreiten.

»Ich bin eine Behinderte!«

Ich entsinne mich einer jungen Frau, die Gymnastiklehrerin war, Meisterin im Schwimmen, dynamische Bürgermeisterin ihres Dorfes. Sie kam ins Krankenhaus wegen Krebs am Dickdarm. Nach einem schweren Eingriff ist sie so weit, dass sie die Klinik verlassen kann, und ich besuche sie noch einmal, um mich von ihr zu verabschieden und sie zu beglückwünschen, dass sie wieder gehen kann. Ihr Gepäck steht schon drüben unter dem Fenster bereit. Der Eingriff verlief ohne Komplikationen; gleich wird sie uns verlassen, und ich komme in der Erwartung, sie froh und erleichtert vorzufinden, dass das überstanden ist. Sie liegt in ihrem Sessel zwischen dem Bett und der Wand der Nasszelle und ist niedergeschlagen wie immer, genau wie während der kritischsten Tage ihrer Operation. Was ist passiert? Sie, die immer so kämpferisch und so positiv eingestellt war! Am Boden zerstört, wo sie doch jetzt heimgehen kann! Ich setze mich ihr gegenüber, bereit, ihr zu helfen, sofern sie das will. Lange Minuten vergehen, bevor sich langsam, ganz langsam die Worte ihres Kummers lösen …

Dass sie jetzt geht, genau das beschwert sie. Ein solches Heimkommen! ... Sie weist mich darauf hin, dass sie jetzt diesen künstlichen Ausgang hat, mit diesem hässlichen Beutel am Leib, für immer. Damit soll sie wieder ihr früheres Leben aufnehmen. Ich spüre, wie hinter ihren Worten der Film ihres bisherigen Lebens vor ihren Augen abspult: Sie sieht ihr Dorf, ihre Mitarbeiter, ihre Freunde ... ihre jungen Leute vor allem, die vom Schwimmbad und Sportplatz, vor denen sie bis jetzt als brillante Trainerin im Badeanzug aufgetreten ist. Sie hat sie trainiert. Wie soll sie ihnen morgen wieder vor die Augen treten können, so weitermachen wie bisher? Sie muss es ihnen ja sagen! Aber wie es ihnen eröffnen, dass sie jetzt dieses beschämende Ding an ihrer Seite tragen muss? Denn in ihrem Dorf weiß noch niemand, dass sie Krebs hat und jetzt diesen Schmutzbeutel tragen muss. Kann sie es ihnen überhaupt sagen? Nein! Das kann sie nicht. Sie wird also nichts sagen; niemand soll es wissen ... Aber wie soll sie denn dieses Geheimnis für sich behalten können? ... Unablässig kreisen ihre Fragen immer um das Gleiche, machen sie ganz benommen. Da sitzt sie vor mir, und ich spüre: Ihr ganzes weiteres Leben ist angeschlagen. Wie mit gebrochenen Flügeln kauert sie in ihrem Sessel und findet nicht den Mut, sich daraus zu erheben. Mit ihrem Leben ist es aus!

Nachdem das gesagt ist, wird sie ruhiger, spricht langsamer, leiser; ihr Blick ist nach innen gerichtet, auf einen unsichtbaren Punkt. Es ist, als werde sie von einem geheimnisvollen inneren Schauspiel gefangen genommen; sie rührt an den Kern des Dramas, und da taucht ein winziger Lichtpunkt auf. Schließlich kehrt ein langes, friedvolles Schweigen ein. Dann murmelt sie leise etwas. Und als sei es ihr wie Schuppen von den Augen gefallen, strömen diese unglaublichen Worte aus ihrem Mund: »Ich habe Behinderte nie gemocht. Jetzt bin ich selbst eine Behinderte. Ich ... ich bin ... eine Behinderte! Und das, das kann ich nicht akzeptieren!«

Ich sage nichts, schweige einfach. Ich begnüge mich damit, die Augen zu schließen, um schweigend dem Echo ihrer Entdeckung nachzuhören. Was könnte ich dem auch hinzufügen? Sie hatte gerade den springenden Punkt erfasst, wirklich begriffen. Was für eine Entdeckung! Eine ungeheure Lektion in Demut für sie, die so begeistert in Schwimmbädern und auf Sportplätzen geglänzt hatte, wo der Körper verherrlicht wird.

Ein anderer Fall: Anlässlich des Wiederausbruchs seines Kehlkopfkrebses erfahre ich, dass ein Anwalt, dem man bei einem ersten Eingriff den Kehlkopf entfernt hatte, seit einem Jahr keinen einzigen seiner Freunde mehr zu sich ins Haus gelassen hatte. Er hatte alle seine Beziehungen abgebrochen. Als bislang kultivierter, mondäner Mensch wollte er nicht einmal seine besten Freunde sehen lassen, wie verstümmelt er jetzt war.

Oder ich kenne einen weiteren Mann reifen Alters in der gleichen Lage, auch er ohne Kehlkopf, aber den Umständen entsprechend wieder einigermaßen zum Sprechen fähig. Er meidet alle Gruppen, wo mehrere Menschen auf einmal seine merkwürdige Stimme, die er selbst verabscheut und über die er sich schämt, hören könnten. So begnügt er sich damit, traurig und schweigsam – wie ein treuer, stummer Hund – seine Frau bei ihren täglichen Einkaufsgängen zu begleiten.

»Ich falle dir nur zur Last!«

Die schmerzliche Frage, wie sie mit ihrer Verstümmelung vor die Öffentlichkeit treten sollen, belastet die Kranken derart, dass sie das von der Gesellschaft abtrennt, ihnen das Herz verhärtet und sie in der Verweigerung abkapselt. Es ist dann ganz wichtig, dass man ihnen dabei hilft, wieder ihren Platz im sozialen Leben einzunehmen, oder sie sogar dazu drängt. Die Gesellschaft hat die Pflicht, sie so aufzunehmen, wie sie sind. Aber es liegt an ihnen, dazu die ersten Schritte zu tun. Tatsächlich können nur sie selbst ihrer Umgebung beibringen, die Last mitzutragen, die ihnen ihre Pflege und die sich aus ihrer Krankheit ergebenden Unannehmlichkeiten und Verletzungen auferlegen. Dadurch können sie sich dessen bewusst werden, was dieses Unternehmen der Rückeroberung und Erziehung ihrer Umgebung ihnen selbst an Geduld und Hartnäckigkeit gegenüber ihrem eigenen Leiden einbringt. Paradoxerweise ergibt sich aus dieser Anstrengung eine recht positive Rückwirkung auf sie selbst: Sie trägt dazu bei, sie von dem Gewicht zu befreien, das sie unter dem Blick der anderen auf sich lasten spüren, und hilft ihnen, mitten in der Gesellschaft wieder ihren Platz als Menschen mit einer ureigenen Würde zu finden.

Es liegt auf der Hand, dass ein derartiger Wille, sich mit seiner Krankheit voll ins soziale Leben einzubringen, beträchtlicher persönlicher Mühe bedarf. Ja, es gehört eine gewisse Kühnheit dazu, ein sich Aufraffen; man muss aus sich herausgehen, ja über sich selbst hinauswachsen. Merkwürdigerweise besteht beim Kranken die natürliche Neigung, sich sein Gebrechen als exklusiven Eigenbesitz anzueignen, unübertragbar und unveräußerlich, und sich mit diesem Besitz in sich selbst abzukapseln. Oft betrachtet er seine Krankheit als eine grundsätzliche Schuld, von der er sich nicht reinwaschen kann, weil sie die Strafe für einen ebenfalls ganz »grundsätzlichen« Fehler ist, den er wohl selbst begangen hat, auch wenn er fast immer nicht weiß, worin er bestand und unter welchen Umständen er ihn beging. »Was habe ich nur falsch gemacht?«, hören wir Menschen tagtäglich fragen. »Warum nur? Warum ausgerechnet ich?« Man muss aus diesen ständig wiederkehrenden Fragen heraushören, wie sehr sie vom Gefühl genährt sind, für etwas verantwortlich zu sein, das man gar nicht kennt. Wie sollte also der Kranke unter diesen Umständen ohne eine abrupte Einsicht, eine regelrechte »Konversion«, akzeptieren können, dass die Krankheit als »Gemeinbesitz« geteilt werden sollte, dass sie zwar die seine ist, aber zugleich auch diejenige der anderen?

Dieses Gefühl, Alleinbesitzer seiner Krankheit zu sein, erklärt, weshalb sich der Kranke weigert, die Verstörungen und Belästigungen, die seine Verstümmelung, seine Pflege oder seine Behinderung seiner Umgebung und der Gesellschaft zumuten, bereitwillig anzunehmen, und dass er so sehr darunter leidet, den Seinen ständig zur Last zu fallen: »Ich falle euch ja nur zur Last ... ›Ich vergifte‹ die anderen mit meiner Krankheit!«

Würde er dagegen zu seiner Krankheit ja sagen, nähme er sie in ihrer physischen unerbittlichen Tatsächlichkeit an, würde er darauf verzichten, ihren Ursprung in den Schicksalssternen von Schuld und Strafe zu suchen, könnte er sein Verhalten gelassen aus einer innerlich klaren und starken Haltung beziehen wie etwa: »Es stimmt, ich bin krank. Aber was kann ich dafür? Ist das denn meine Schuld? Meine Krankheit ist nicht nur mein Problem. Es ist auch das eure! Ja, ihr alle seid daran beteiligt, ihr, meine Eltern, und ihr, meine Freunde!« Statt dass sich der Kranke in seiner Versehrtheit eingräbt, könnte dann ganz natürlich zwischen ihm und seiner Umgebung menschliche Solidarität einziehen: eine tiefe, einfühlsame Gemeinsamkeit.

Brächte man es fertig, innerlich im Frieden sein Geprüftsein mit den anderen zu teilen, könnte man still bei sich ungefähr so sprechen: »Liebe Eltern und Freunde, ich weiß: Das, worunter ich leide, ist für euch schwer zu ertragen. Mir setzt das sehr zu! Aber ... noch schwerer ist es für mich! Das wisst ihr. Was bin ich damit? Trage ich genau genommen nicht das Leiden, das zu uns allen als Menschen gehört? Jetzt wird mir zugemutet, was uns als Menschen allen verhängt ist. Ich verwirkliche ein Stück weit das Leiden, das auch das eure ist. Ja, ich trage ›euren‹ Anteil dabei mit ... Seht es doch bitte so: Ich übernehme ein Stück Leiden von euch. Danke, dass ihr mich so sehen könnt: als Träger eines Stücks eures eigenen Leidens! Danke, dass ihr mich damit ertragt ... und mich sogar liebt! Danke, dass ihr mich trotz allem liebt!«

Wäre ein Kranker von solch einer Sicht und solchen Empfindungen erfüllt, würde er zweifellos in seiner Umgebung und in der Gesellschaft ein ganz entscheidendes Stück weit zur Humanisierung unseres Miteinanders beitragen. Denn wenn aus der Tiefe seines Herzens solche Gedanken aufstiegen, mit Einsicht und Mut – und mit Demut –, dann würde ein Stück weit der Sinn des menschlichen Leidens erhellt. Zudem würde das einen bewegenden Appell an die Solidarität im Leiden darstellen, die eigentlich zwischen Menschen ganz natürlich sein sollte. Er selbst aber würde sich dank seiner inneren Freiheit und der Würde, die er sich damit erworben hätte, über die Prüfung erheben, die seine Versehrung für ihn darstellt, und in das Format einer Art von Prophet der Solidarität unter seinen Zeitgenossen hineinwachsen.

Wenn man sich dagegen weigert, sein Leiden zu teilen, und es nicht akzeptiert, seiner Familie und der Gesellschaft zur Last zu fallen, so mag das aussehen, als stecke dahinter Rücksichtnahme und Nächstenliebe; es mag sogar manche Bitten um Euthanasie rechtfertigen. Doch dieser Schritt ist in Wirklichkeit ein Unglück und stellt eine ungeheure Verarmung dar. Denn wenn im Umfeld des Kranken nicht mehr an die Solidarität derer, denen es besser geht, appelliert wird, so bleibt auf sozialem Gebiet ein elementarer Wesenszug des Menschen brachliegen, der unbedingt zum Menschsein und auch zur Gesellschaft gehört. Damit besteht die Gefahr, dass die einzelnen Menschen und auch die Gesellschaft bei sich ein zentrales Organ verkümmern lassen: genau das Organ, das die Gemeinschaft zwischen den Menschen stiftet und sie zur Solidarität inspiriert.

»Ich arbeite ja nicht mehr und verdiene für meine Familie kein Geld mehr!«

Monsieur Rapin ist heute völlig niedergeschlagen. Ich besuche ihn auf seinem Zimmer, in dem er ganz allein liegt. Er weint, aber nicht etwa aus Angst vor dem Sterben. Es geht um seine zwei Kinder, vor allem seine sechzehnjährige Tochter. Zwischen ihm und ihr hat sich eine Wand aufgebaut. Darunter leidet er ungeheuer. »Sie lässt es mich auf alle nur erdenklichen Weisen spüren! Dass ich Krebs habe, das kann sie nur schrecklich verachten.« Unterbrochen von Schluchzern stammelt er seine ganze Verzweiflung als Vater heraus. Ich versuche, das unsägliche Verhalten seiner Tochter zu begreifen. Welch ungeheures Leiden muss sie umtreiben? Welcher Hilfeschrei überlagert eine derartige Undankbarkeit gegen ihren vom Krebs befallenen Vater? Ist ihre schrille Verachtung der Schutz vor einer tiefen Verzweiflung?

Ich höre zu und schweige. Nach längerer Zeit kommt mir ein Licht angesichts der folgenden unglaublichen Äußerung: »Herr Pfarrer, wie soll sie auch noch auf mich hören? Soll ich ihr noch etwas vorschreiben können? Ich habe das Gefühl, gar kein Recht mehr darauf zu haben! Worauf sollte ich denn auch meine Autorität noch stützen können, wo ich ja nicht mehr arbeite!« War er sich dessen bewusst, was er da sagte? Dieser Mann bezog allen Ernstes seine Autorität als Vater von dem Geld, das er verdiente; davon hingen sein Selbstwertgefühl und seine Würde als Mensch ab. In seinen Augen war er nur dann ein vollwertiger Mensch, wenn er arbeiten und Geld verdienen konnte. Als Kranker, ohne Arbeit und Geld, fühlte er sich schlichtweg als Null.

Wie hätte unter diesen Umständen seine Tochter in einem Alter, wo Jugendliche, um wachsen und reifen zu können, Vorbilder brauchen, feste Worte und Konfrontationen, angesichts dieses Mannes, der sich selbst zur Null erklärte, Respekt haben und ihn als »Mann« schätzen und als »Vater« anerkennen können? Mit ihrer Unverschämtheit setzte sie aufs Ganze. Sie provozierte ihn, suchte ihren Vater. Die Mittel waren ihr dabei egal! Hauptsache, irgendwann würde doch ein wahres Wort durchbrechen. Er musste sich endlich energisch auf seine Füße stellen, durfte sich nicht länger hängen lassen – das wäre für sie endlich eine Geste, ein Wort eines Vaters gewesen! Der Teenager versuchte also am Rand der Verzweiflung, diesen Menschen zu seinem eigentlichen Format aufzurütteln, damit umgekehrt sie endlich das Glück empfände, die würdige Tochter eines wirklichen Vaters zu sein.

»Schauen Sie mich doch an, mich so genannte Kranke!«

Als noch viel tragischer erwies sich das Verhalten von Martine gegenüber ihrem Mann und Sohn. Von Natur aus ein energischer Mensch, schwer von einem Knochenkrebs befallen, hatte sie beschlossen, ihr Leiden zu missachten und »zu tun, als ob ...« Völlig erschöpft von einer Folge von Chemotherapien, kletterte sie noch mit letzter Kraft auf die Leiter, um in ihrer Wohnung die Vorhänge abzunehmen und zu waschen. Sie versteifte sich darauf und machte es zur Ehrenfrage, nicht die Männer des Haushalts um irgendwelche Hilfe zu bitten. Welch ungeheuren Stich ins Herz musste es ihr da versetzen, als sie bei einem Familienfest vom Tisch weiter unten mitbekam, wie einige Verwandte sich über sie lustig machten.

Sie, die Schwerkranke, die all ihren Mut und ihre Willenskraft aufbot und einsam und völlig erschöpft war, musste von ihren nächsten Angehörigen einen derartigen Spott erfahren, wie ihn nur enge Verwandte in einem derart unerträglichen Maß aufzubringen vermögen. Die Scham, am Krebs krank zu sein, nagte an ihrem Herzen und führte zu hilflosen Ausbrüchen der Abwehr. Wie konnte man es da noch wagen, von ihr als »so genannter Kranker« zu reden!

Wie aber ging sie selber mit ihrer schweren Krankheit um? So wie sie sich verhielt, gab sie weder ihrem Mann noch ihrem Sohn die Möglichkeit, über den Verlust der aktiven Frau, die sie einmal war und jetzt nicht mehr war, zu trauern. Sie meinte, ihnen das zu ersparen; aber sie bereitete sich so auch überhaupt nicht darauf vor, dass sie irgendwann gar nicht mehr da sein würde. Zwischen ihnen gab es bislang kein einziges ehrliches Wort, das sie gemeinsam auf die Zukunft ausgerichtet hätte, die sich doch vor ihren Augen bereits abzeichnete. Sie leugneten alle miteinander das Schlimme. So hatte sich schließlich in den Leerraum, der durch ihr Verschweigen in der Familie entstanden war, eine unerträgliche Grausamkeit eingeschlichen.

»Los! … Iss endlich etwas!«

Die Kranken sind nicht die Einzigen, die im Schoß der Familie ihre Krankheit leugnen. Oft ist es auch umgekehrt: Für Familienangehörige ist es oft leichter, das Übel oder das Leiden zu leugnen, als zum Unvermeidlichen, das sich ankündigt, ja zu sagen. Nicht selten wird der Kranke von ihnen sogar mit unglaublicher Gewalttätigkeit behandelt, damit er ihren sturen Anweisungen folgt. »Los, iss endlich! Wenn du nichts isst, kannst du auch nicht wieder gesund werden!« Man erklärt ihn für schuldig, indem man ihm vorwirft, er wolle gar nicht gesund werden, ja gefalle sich in seiner Rolle als Kranker, und indem er nichts esse, betreibe er selbst seinen Tod.

In dieser schwierigen Lage ist es unbedingt notwendig, dass der Kranke in aller Offenheit sagt, wie schlecht es ihm geht, und deutlich äußert, wie erschöpft er ist und es nicht schafft, diese und jene Arbeit im Haushalt zu verrichten, und dass er es fertig bringt, die Hilfe der Angehörigen zu erbitten und anzunehmen. Nur wenn er sich entschieden so verhält, kann er seine Umgebung in der richtigen Weise an seinem Kranksein teilhaben lassen.

Während der Krankheit lebt man nicht uneigentlich

»Ich tue nichts! Ich kann nichts mehr tun!«, höre ich oft. Aber was ist »tun« anderes als lieben, zur Welt bringen oder lächeln? Der Kranke hört dadurch, dass er krank ist, doch nicht mit dem Leben auf noch damit, sein Dasein zu verwirklichen – ganz im Gegenteil. Seine Krankheit stellt für ihn die Herausforderung dar, auf ein ganzes Arsenal neuer Ressourcen und Energien zurückzugreifen: Zuweilen erschließen sich ihm ganz neue, bislang unvermutete Quellen des Lebens und des Glücks, fangen plötzlich zu fließen an und erfüllen ihn mit Freude. Was ist es zum Beispiel für eine eigenartiges, wunderbares Glück, wenn man wochenlang ans Bett gefesselt war und dann wieder gehen, sein Bett umrunden, sich allein in der Nasszelle waschen kann! Dieses Glück kommt für den Kranken geradezu demjenigen eines olympischen Sieges gleich. Um das zu verstehen, muss man nur einmal in seinem Leben mit angesehen haben, wie sich, wenn eine belanglose Verrichtung erstmals wieder selbstständig gelungen ist, das erschöpfte Gesicht eines Kranken aufhellt. Wie schön ist dieses Lächeln über schlichte Siege! Mit der Freude, die sie da hineinlegen, lehren uns die Kranken, wie kostbar genau besehen das schlichte Dasein ist. Während wir in unserem Leben immer das Anderswo und »Noch-weiter-Hinaus« suchen, um an das Glück zu rühren, übersehen wir, welche Kostbarkeiten es schon immer in der Gegenwart bietet. Die Entdeckung und Wertschätzung dieser Kostbarkeiten können ein Krankenhauszimmer jäh erhellen.

Eine der größten Prüfungen, die der Schwerkranke bestehen muss, ist die, auf seine Handlungsfähigkeit verzichten zu müssen. Es ist schmerzlich, erniedrigend und weckt Schuldgefühle, wenn man nichts tut. »Ich tue überhaupt nichts mehr. Ich bin unfähig, überhaupt noch irgendetwas zu tun. Ich tauge zu gar nichts mehr!« Dieser ständige Refrain ist keine bloße Feststellung, sondern begleitet die abgrundtiefe Entmutigung dessen, der sich vor die Aufgabe gestellt sieht, dazu ja zu sagen und ins Auge zu fassen, dass es mit ihm zu Ende geht.

Wenn man dem Kranken helfen will, diese Schwelle der Scham und Bitterkeit zu überschreiten, lädt man ihn ein, sich auf eine neue, ihm ganz eigene Form der Tätigkeit einzustellen, selbst wenn er ihr Vorhandensein noch gar nicht erkennt und auch nicht ihren Wert. »Sagen Sie nicht, dass Sie nichts tun. Das stimmt nicht!« Ich weise den Kranken dann deutlich darauf hin, dass er über innere Quellen verfügt, die er beim Ringen mit seiner Krankheit ausschöpfen kann, um sie zu ertragen. Wenn man gegen die Krankheit ankämpft, wenn man bis zum Erbrechen die Nebenwirkungen der Behandlungen aushält, wenn man moralisch durchhält: Ist das alles etwa keine Arbeit?

In Wirklichkeit ist das eine viel schwerere Arbeit als all die üblichen Arbeiten. Es wirkt befreiend, wenn sich der Kranke dessen bewusst wird und wenn an die Stelle seiner alten Gewissheiten neue treten. Denn Krankheit ist nicht eine Phase des nicht wirklichen, uneigentlichen Lebens, ein vorübergehendes Aussetzen des bisherigen Lebens, das dann weitergeht, wenn man wieder geheilt ist. Sie ist vielmehr eine neue Wirklichkeit, die mitten ins dichte Leben tritt und als solche angenommen werden will. Selbst wenn dieses Leben davon versehrt wird, ist das »Ich« voll engagiert und kann sich nicht heraushalten. Es sieht sich herausgefordert, zu dieser neuen Gegebenheit des Lebens ja zu sagen.

Als Kranker muss ich also akzeptieren, was ich gerade bin: mich nicht klammern an das, was ich war und nicht mehr bin, nicht das bisher Gewohnte verteidigen, sondern zu meiner neuen Identität finden, bewusst mit ihr leben; der Gesellschaft gegenüber den Preis dieser meiner Veränderung zahlen ... Welche ungemein zusätzliche Anstrengung wird dem abverlangt, der bereits die Last seiner Krankheit aushält und trägt, dass er sich auch noch in seinem Inneren wandelt!

Die Umgebung sagt: »Der hat Krebs!« Will er weiterhin leben, muss der Kranke die Angst vor indiskreten, beleidigenden, neugierigen Blicken überwinden. Der Mut, dem allem die Stirn zu bieten, kann ihm nur kommen, wenn er langsam und zäh daran arbeitet, seinen Zustand zu akzeptieren. So gewinnt er die Kraft, sich als Kranker »sehen zu lassen«. Die Voraussetzung ist, zunächst zu begreifen, dass ihn der Wille, seine Krankheit für sich behalten zu wollen – aus der Illusion heraus, dadurch die Seinen zu schützen –, schnurstracks in jene vermauerte und stumme Selbstisolation führt, in der er sich einredet: »Ich will ganz allein mit meiner Krankheit zurechtkommen. Um dieses Dunkel weiß nur ich; um keinen Preis werde ich es mit anderen teilen!«

Seine Krankheit annehmen: Ist das ein Skandal? Ganz und gar nicht! Im Gegenteil: Meiner Ansicht nach ist es die einzige Möglichkeit, seine geringen Energien optimal zu ihrer Überwindung oder Annahme einsetzen zu können und nicht innerlich daran zu zerbrechen, dass man sich in sinnlosem Protest und nutzlosem »Warum?« und »Warum gerade ich?« und »Was habe ich denn nur verbrochen?« erschöpft; die einzige Möglichkeit auch, im Lauf seiner Krankheit wirklich spirituell an sich zu arbeiten.

Krankheit ist eine Zeit der Prüfung und zwingt den Menschen dazu, sein Leben zu sichten: Sie offenbart ihm, wer er ist, und bietet ihm die Gelegenheit, sein Leben auszuloten und neu auszurichten. Sie zwingt ihn, gründlich die Werte neu zu ordnen, auf die er bislang gesetzt hat, und neue Prioritäten zu setzen. Man tritt als Ganzer, mit Leib und Seele, in die Krankheit ein; und die Narben, die Körper und Herz davon mitnehmen, bleiben für immer eingezeichnet.

Neue Augen für das Leben

Isabelle hat gerade einen zweiten Rückfall erlebt. Man versucht es mit einer weiteren Rückenmarksübertragung. Am Vorabend vor diesem Eingriff wird sie von starker Angst geplagt. Aber seltsamerweise überkommt sie zugleich ein ungewohntes Glücksgefühl: Ihr ist ein neuer Geschmack am Leben aufgegangen. Ein Wunder hat sich in ihr vollzogen: Es ist, als hätte sie neue Augen bekommen, könne damit jetzt alles Vordergründige durchschauen und alles, was ihr begegnet, von innen her erfassen. Es kommt ihr vor, als werde sie jetzt für immer in ihrer Umgebung die Flamme des Lebendigen erkennen. Aufgrund ihrer Radiumbestrahlungen ist sie steril geworden, aber sie liebt jetzt mit einer noch nie gekannten Liebe den jungen Mann, mit dem sie zusammen ist. Und sie weiß mit jener inneren Gewissheit, die nichts ins Wanken bringen kann, dass auch er sie um ihrer selbst willen, weit über ihren Körper hinaus und für immer lieben wird. Ihre Prüfung hat sie jene wunderbare Mitte in sich selbst entdecken lassen, von der aus ihre Beziehung in das hinein gewachsen ist, was sie »die Wahrheit der Liebe« nennt. Sie verstehen einander und ihre Gespräche werden von dem befruchtet, was sie erlebt hat und niemand anderem außer ihm anzuvertrauen wagt.

Unmittelbar nach dem Besuch bei Isabelle stehe ich auf der gleichen Station, wo die Rückenmarksübertragungen stattfinden, am Bett eines vierundzwanzigjährigen jungen Mannes. Es ist das Gleiche wie bei Isabelle: Sein Herz ist auf dieser Schlussetappe seines Weges von Freude erfüllt. Er spricht mir von seiner Scheu, die ihn zurückhalte, anderen anzuvertrauen, was er nur zu gern mit ihnen teilen möchte. Noch beschäftigt ihn die Frage, ob es möglich sein wird, dass ihn seine besten Freunde anhören und wirklich verstehen. Wer könnte auch einen solchen inneren Weg nachvollziehen und vorbehaltlos die atemberaubende Freude über derart merkwürdige Entdeckungen des Herzens teilen? An ihm nagen Zweifel, er fragt sich: Könnte das die Erfahrung sein, von der die Mystiker sprechen? Er empfindet eine Art unschuldiger Scham, wagt es nicht, diese unbegreiflich wunderbare Erfahrung mitzuteilen.

Viele Frauen, die von weniger schlimmen Formen des Krebs befallen sind, erleben ebenfalls diese ganz wesentliche Erfahrung des Sinns des Lebens. Vom Brustkrebs heimgesucht, oft gar nicht so stark verstümmelt, haben sie doch intensiv den Schauer der Angst durchlebt. Auch ihnen wurde das Geschenk der gleichen Weisheit zuteil, wenn sie das Krankenhaus wieder verlassen. Wie oft habe ich aus ihrem Mund die gleichen Beteuerungen gehört: »Es soll nie mehr so wie früher sein! Auf keinen Fall! Nie mehr werde ich mein Glück an die Sterne hängen. Nie mehr laufe ich all den Nichtigkeiten nach, wie ich es früher getan habe. Eine Blume, eines dieser kleinen Blümchen, die ich bei mir vom Rasen pflücke, das genügt mir, das reicht aus! Ein einziges Blümchen kann der Inbegriff des Lebens sein. Und das Leben ... einfach das Leben ... schon das allein – wie herrlich ist das!«

»Komm näher her!«

Wenn jemand vom Wirbelsturm der Krankheit erfasst wird, besteht Hilfe vor allem darin, für ihn als Gesicht gegenwärtig zu sein. Hilfe ist nur dann wirksam, wenn darin der Funke echter Begegnung glüht. Leider stehen zu viele Menschen selbst bei ihren nächsten Angehörigen blind, leblos, wortlos am Bett ihres Kranken. Ich spüre, dass sich diese hilflose Stummheit – wie bei der Blutübertragung – vom einen zum anderen überträgt. Vom Körper des einen greift sie auf den Körper des anderen über. Man meint, die Operation sei gelungen. In Wirklichkeit schlummert das Gift bei dieser Art Anwesenheit, bei der keine Kraft übertragen und der Kranke nicht zu seinen eigenen Energien erweckt wird. Es ist schlicht eine Betäubung; der Kranke ruht wie zwischen dicken Polstern, mollig eingepackt, allein gelassen mit seiner Angst.

Nur auf dem Weg echter Begegnung gelingt das Wunder, die Einsamkeit des Kranken aufzubrechen und ihm Vertrauen zu erschließen. Die Begegnung mit einem Schwerkranken ist aber immer wieder eine furchtbare Prüfung. Die verstümmelten Körper mit entstellten Gesichtern und Blicken, die einen verfolgen, sind zuweilen kaum zu ertragen. Wenn man dann einander anschauen, wirklich anschauen will, muss man es fertig bringen, seine Panik zu überwinden und im Blick des anderen auszuhalten, was zuweilen an blankes Entsetzen grenzt.

Dort, gleich bei der Tür, im Dreibettzimmer, das ich an diesem Donnerstagmorgen betrete, sehe ich eine Frau vorgerückten Alters mit starrem Blick daliegen. Sie ist stark geschminkt, ihr Haar sorgfältig frisiert. Zwei lange fleischlose Arme und knallrote Fingernägel heben noch besonders die Magerkeit des Körpers unter der weißen Decke hervor. Diese übermäßige Schminke weckt einen seltsamen Eindruck. Es ist, als hätte eine aufwendig angewandte ästhetische Kunst darin versagt, die schreckliche Entstellung von Körper und

Wesen zu kaschieren. Unter der Decke zeichnen sich genau ihre harten Körperlinien ab. Sie ist nur noch Haut und Knochen.

In geringem Abstand von ihr, mitten im Freiraum zwischen Bett und Nasszelle, steht vor ihr ein etwa zehnjähriges Mädchen mit gepflegtem blondem Haar und steif an seinen Schottenrock angelegten Armen. Es ist wie zu Stein erstarrt, stumm. Sein Blick richtet sich auf das Gesicht seiner Omi, deren Kopf von zwei Kissen hochgestützt wird. Auch die Oma rührt sich nicht und schaut nur unentwegt das Kind an. Ihre Augen sind riesig, wirken noch größer, weil sie mit schwarzem Stift umrahmt und die Wimpern schwarz getuscht sind. Wenn ich sie anblicke, fällt mir nicht mehr ihre Schönheit auf, sondern die Angst, die sie damit maskieren wollte. Nichts rührt sich an diesem Körper, diesen Armen, diesen schrecklichen Augen. Nichts ist da, was etwas anderes signalisieren könnte als Angst und Schrecken! Und die Kleine steht zögernd vor diesem Abgrund, vor diesem Blick von jenseits des Grabes her. Sie weiß nicht, ob sie dieser Schlund anzieht oder abstößt. Erstarrt vor Angst, schwankt sie zwischen Fliehen und sich Hineinstürzen.

Was tun? Auch ich werde von diesem zu Stein erstarrten Drama erfasst, gebeutelt. Die Atmosphäre ist unerträglich. Das Kind steht neben mir. Ich nehme es an der Hand, wir treten langsam an die Längsseite des Bettes, so nah wir können, bis auf die Höhe des Gesichts der Kranken. Meine Augen blicken in ihre, so sanft ich kann, ich sehe sie an, vertraue auf das, was kommt. Mit einem Mal ist die Angst, die uns alle beseelte, weg. Ich kann ihr zulächeln und spüren, wie in sie Friede einzieht. Da fällt es mir ganz leicht, die knotigen, kalten Finger der Großmutter zu öffnen und in sie die zitternden, zarten Finger ihrer kleinen Besucherin zu legen. Dann konnte ich gehen, konnte sie ihrer Begegnung überlassen, denn jetzt waren beide gelöst, um sich richtig in die Augen schauen und miteinander sprechen zu können.

Diese zunächst von bodenloser Angst blockierte Begegnung

weckt in mir eine Erinnerung: die an eine junge Frau und ihre Mutter. Als ich eines Tages auf dem Weg zu einem Kranken am Ende des Flurs im siebten Stock bin, komme ich auf halbem Weg an einer ungefähr dreißigjährigen Frau vorbei. Sie lehnt am Türpfosten eines Krankenzimmers. Ich bin schon fast vorbeigegangen, als mich etwas zurückhält und anruft. Diese Frau steht ganz allein da, offensichtlich gebeugt unter der Last von schwerem Kummer und Schmerz. Ihr Gesicht ist verzerrt, ihr Haar zerzaust. Was mich zurückhält, ist die Art, wie sie gelähmt an der Wand lehnt.

Ich sehe an ihr die gleiche, schon tausendmal erlebte Unfähigkeit, das Tabu zu durchbrechen und ein Krankenzimmer zu betreten, die Tür aufzumachen und die Trennung zu überwinden. Ihr Gesicht und ihr ganzer Körper offenbaren die panische Angst, sich einem geliebten Menschen zu nahen, bei dem bereits der Tod zu spüren ist. Offensichtlich ist sie nicht in der Lage, die Türklinke zu fassen, sie herunterzudrücken, die Tür zu öffnen und sich dem Bett zu nahen, in dem ihre Mutter sie erwartet.

Ich bleibe stehen, spreche sie an. Ihrer Mutter gehe es äußerst schlecht, sagt sie mir. Ich schlage ihr vor, sie zu begleiten, mit ihr zusammen hineinzugehen. Sie widerstrebt. Ihr ganzer Körper ist angespannt, sie fängt zu zittern an. Ich mache vor ihren Augen ganz leise die Tür auf, um ihr behutsam den Raum zu erschließen, vor dessen Betreten sie so Angst hat. Sie versucht, zaghaft einen Schritt zu tun, wendet sich zum Hineingehen. Aber ihre verkrampften Hände tasten von der Wand zur sich öffnenden Tür, halten sich an dieser fest. Ich werde den Anblick nie vergessen, wie sie sich schließlich hineinbeugte, einen ersten verschreckten Blick in Richtung des Bettes ihrer Mutter warf und dann endlich den Fuß auf den vom Tabu befallenen Boden des Zimmers setzte. So schafften wir es schließlich gemeinsam, den Abgrund zu überschreiten, den ihre Angst vor ihr aufgerissen hatte. Und welche Überraschung! Ihre Mutter wartete schon darauf, dass ihre Tochter bei ihr sei.

»Ja nichts zeigen!«

Allzu oft setzen auch die Besucher genau wie die Kranken selbst ihre ganze Ehre darein, den äußeren Anschein zu wahren. Jedoch ist es ganz und gar keine Schande, vor dem Todkranken zu weinen oder als Kranker vor dem Freund, der einen besucht, oder vor dem Angehörigen, dem es gut geht – so ganz im Gegenteil. Natürlich, diese Tränen sind Ausdruck der Schwäche und des Schmerzes, dessen, was man angesichts der tödlichen Krankheit empfindet. Aber sie sind zugleich auch, ja vor allem Ausdruck von Liebe und Zärtlichkeit. Es tut dem Herzen und dem Körper gut, die Schatzkammer der Tränen zu öffnen, Befürchtung zu äußern und auf diese Weise der Angst vor dem Tod Erleichterung zu verschaffen. Doch meistens zieht man es vor, stark zu erscheinen, Gelassenheit und Zuversicht im Gesicht zu tragen, die Angst zu verbergen, die an einem nagt. Man hofft, auf diese Weise den Seinen Leiden ersparen zu können. In Wirklichkeit ist das alles nur eine Fassade, ein Knebel, den man dem Leiden verpasst, ein Verbot, seine Zuneigung deutlich zu zeigen.

Eine Familie war glücklich darüber, dass der sterbende Vater nie irgendwelche Anzeichen seiner Angst vor dem Sterben äußerte. »Was für ein Vorbild für seine Kinder!«, hieß es. Einige Tage danach erfuhr ich, dass man die kleine zehnjährige Tochter nie zu ihrem kranken Vater in die Klinik gelassen hatte. Man wollte sie damit schützen, ihr Tränen ersparen, es ihr nicht zumuten, unter dem Tod ihres Vaters zu leiden. Ich frage mich: Wie wird es sich wohl auf das weitere Leben dieses Kindes auswirken, dass man es gewaltsam aus dieser Situation herausgehalten hat? Wie wird sein Herz Heilung vom Erleben erfahren, den Vater verloren zu haben? Und vor allem: Wie kann es das Schuldgefühl loswerden, sich nie von seinem Vater verabschiedet zu haben, sowie die Beschämung, von den anderen dafür nicht für fähig gehalten worden zu sein? Und schließlich: Wie kann es seinen Kummer und die Wut darüber bewältigen, von seiner Umgebung einfach vom Vater abgeschnitten worden zu sein? Ich befürchte, es wird in Wirklichkeit eine viel größere Trauer verarbeiten müssen.

Warum nicht weinen?

Ich stehe am Bett eines jungen Mannes. Man hat ihm eröffnet, dass er seinen über alles geliebten Sport nie mehr wird ausüben können. Er weint. Eine Welle von Schluchzern lässt seine Schultern erbeben. Ich stehe dabei, schweige und ermutige ihn dann, alle Schleusen zu öffnen, damit sich die ganze Traurigkeit lösen kann, die ihn erdrückt. Was kann man angesichts von Tränen anderes tun, als sie mitfühlend entgegenzunehmen?

Da kommt der junge Mann, der den Nachmittagskaffee bringt. »Was ist passiert?«, fragt er überrascht. »Heute morgen ging es ihm doch noch so gut!« Es folgt eine Flut ermutigender Zusprüche. Der junge Mann kann diese Tränen nicht mit ansehen, tröstet, fordert zum Mutigsein auf, bedrängt den Kranken mit seinen Hilfs- und Trostangeboten ...

Jemanden weinen lassen, ihm die Erlaubnis geben, vor meinen Augen zu weinen, es zulassen, dass ich mit den Tränen des anderen beschenkt werde – nur der Friede, den ich in mir selbst trage, und das Vertrauen, das ich dem anderen schenke, gestatten es diesem, offen zu weinen. Dieses brüderliche und solidarische, ja ganz und gar »humane« Freilassen einer spontanen Lebensäußerung versagen sich leider viele Kranke – und auch viele Angehörige lassen es nicht zu.

»Na, wie geht's?« – »Danke, ganz gut!«

Auf die übliche Frage beim ersten Kontakt: »Wie geht's Ihnen?« geschieht es oft, dass sich der Kranke einen Panzer aus Tapferkeit zulegt, um nicht wehleidig zu erscheinen, und zur Antwort gibt: »Danke, ganz gut!« Darauf treten Schweigen und ein bedrückendes Abwarten ein. Der Faden ist abgerissen; der Kranke hat gerade um seinen Leidensbezirk eine hohe Mauer gezogen. Darauf gibt es nichts mehr zu sagen, selbst wenn man spürt, dass der Panzer des Mutes einen Sprung hat. Sie können nur abwarten, bis diese Worte verklingen, dass sie sich kraft Ihrer stillen Anwesenheit auflösen und irgendwann der Zeitpunkt kommt, dass der Kranke frei äußern kann, was wirklich in ihm steckt. Hätte er eingestanden, was ihn plagt – »Ich habe Angst« –, so wäre von Anfang an eine ganz andere Beziehung entstanden, alles wäre anders gewesen. Aber wie hätte man das erwarten können? In welche Verhärtungen führt doch die viel gerühmte »eiserne Disziplin«! Wie verschlossen und einsam kann sie einen Menschen machen!

Das genaue Gegenbeispiel zu dieser Verschlossenheit bietet Monsieur Drillard. Mir steht noch lebhaft sein von einem Kehlkopfkrebs aufgedunsenes Gesicht vor Augen. Es ist geschwollen und rot angelaufen. Er lebt mit der ständigen Gefahr, dass seine Halsschlagader platzen könnte. Trotzdem wirkt dieser Mann erstaunlich zufrieden. »Wie geht es Ihnen, Monsieur Drillard?« Mit diesem wunderbaren Lächeln, das nicht lügen kann, streckt er in spontaner Gestik den Daumen nach oben, wie es Jungen tun, die sich eine Heldentat erzählen, und gibt zur Antwort: »Super!« Bei ihm äußert sich mit dieser spielerischen Geste eine ungemeine Kraft des Ja-Sagens zu seinem Zustand. »Er ist immer zufrieden!«, sagt mir die Krankenschwester, die ihn verbindet.

Angesichts seiner muss ich unverzüglich an die vielen armseligen

Antworten denken, die ich schon tausendmal zu hören bekam. In ihren Beteuerungen klang ganz und gar nicht jene offene und klare Festigkeit mit, wie ich sie bei Monsieur Drillard spüre. Ich kann nur staunen, mit anzuhören, wie dieser so schlimm gezeichnete und schon so nahe vor seinem Ende stehende Mensch sich derart gelassen in seinen erbärmlichen Zustand zu fügen vermag. Was gäbe ich darum, wenn ich im Augenblick meines eigenen Sterbens auch fähig sein könnte, eine solche Freude zu empfinden!

»Monsieur T., in vier Monaten sehen wir uns wieder!«

Eröffnet man einem Kranken die volle Wahrheit, lässt man sich ein gutes Stück weit auf einen ungewissen Verlauf ein. Wie weit wird er bereit sein, auf diesem Weg mitzugehen, den zu beschreiten er einen Augenblick lang gewünscht hat? Wird er sich nicht ganz plötzlich wieder zurückziehen und den bequemeren Zweifel wählen?

Monsieur Toni macht sich fertig, die Klinik zu verlassen. Wir haben ausführlich über seine Krankheit gesprochen, auch über diese riskante Operation, um deren Risiken er genau wusste. Er hat sich sogar darauf eingestellt, daran zu sterben. Er hat seinen Tod angenommen. Die Operation wurde versucht – leider ohne Erfolg! Sein schlimmer Zustand bleibt, er weiß es.

Aber seine Frau ist zur Trauer nicht bereit. Sie kann und will diese gescheiterte Operation und die sichere Aussicht, dass sie ihren Mann bald verlieren wird, nicht wahrhaben. Es ist ihr schließlich gelungen, den Ärzten eine offensichtlich nutzlose Chemotherapie abzutrotzen. Als wäre vorher nichts gewesen, hatte Monsieur Toni sein Einverständnis dazu gegeben. Ich werde nie sein verschmitztes Lächeln im Augenblick, als er uns verließ, vergessen: Tatsächlich weiß er, dass ihm diese Therapie nur aus Augenwischerei verordnet ist und wir uns nie mehr sehen werden. »In vier Monaten sehen wir uns wieder«, hat der Stationsarzt zu ihm gesagt. »Ja, im Februar!« ... So Gott will, wollte ich hinzufügen. Ich sah ihn nie wieder ...

Wie soll man sich unter solchen Umständen voneinander verabschieden, da der Kranke doch weiß, dass es ein Abschied für immer ist? Ich hatte ein freundschaftliches Verhältnis sowohl zu Monsieur Toni als auch zu seiner Frau entwickelt; ich war ihr Vertrauter geworden. Wir hatten freimütig über alles gesprochen und klar und deutlich die Wahrheit formuliert. So war große Offenheit eingekehrt. Und trotzdem hatten sie sich dann zu diesem unwahrhaftigen Abschied verschworen. Spürten sie denn nicht, wie peinlich mir das war und wie traurig es mich machte? Und ich – welche Worte sollte ich finden, um mich von ihnen zu verabschieden? Sollte ich sagen: »Auf Wiedersehen?« Oder: »Gute Fahrt!« ... Oder mich zum »Bis bald!« erdreisten? Ich begnügte mich mit einem langen Schweigen, und dann legte ich beiden wie ein offenes Buch meine Hände auf den Kopf: »Viel Kraft Ihnen beiden!« Ich sah ihnen nach, wie sie gingen. Werde ich eines Tages diesen Monsieur Toni wieder sehen? Diese Frage beschäftigt mich.

Heute, wo ich dies niederschreibe, muss ich noch einmal an die Blicke denken, die wir kurz vor diesem schmerzlichen Auseinandergehen tauschten. Einige Wochen zuvor hatten er und seine Frau mich um ein rückhaltlos offenes Wort gebeten und waren bereit gewesen, es zu akzeptieren; jetzt schotteten sie sich ab. Doch ich glaube, dieses Wort war immer noch lebendig und verfolgte sie. Er wird nicht den Besuch vergessen, den ich ihm noch am Morgen seines Abreisetags machte. Um seinen Wunsch, die volle Wahrheit zu kennen, zu stillen, hatte ich ihm vorgeschlagen, in Abwesenheit seiner Frau noch einmal mit Dr. R. zu sprechen. Ich versicherte ihm, dass er von diesem bestimmt alles, wie gewünscht, genau erfahren werde. Er hatte einen Augenblick geschwiegen und dann gesagt: »Ich warte lieber den Entlassungsbericht ab.« An dieses Zögern und dann an seine Antwort wird er sich zweifellos erinnern: dass er schließlich beschlossen hat, nicht mehr nachzufragen. Der Zweifel bleibt oft das einzige Ruhekissen, auf das man sein Haupt noch legen kann ...

Auch seine Frau wird nicht vergessen, wie sehr sie mich unter Druck gesetzt hat, um von den Ärzten eine nutzlose Chemotherapie zu erzwingen. »Für meinen Mann«, hatte sie gesagt! Diese Chemotherapie diente keinem anderen Zweck als dem, das Tatsächliche zu leugnen und ihre eigene Weigerung, sie wahrzuhaben, zu verschleiern, nicht jedoch dem Schutz ihres Mannes: Er wusste um das Unvermeidliche und hatte im Grunde seines Herzens auch bereits ja dazu gesagt. Sie hatte sich durchgesetzt. Sie nimmt den Sarg eines Schweigens mit heim.

Seine Krankheit in die Hand nehmen

Was macht man, wenn die Angehörigen sich verbissen in die Illusion hineinsteigern, den Kranken im Irrtum wiegen, verzweifelt immer weiter in dieses Labyrinth der Lügen hineinrennen? Sich über sie hinwegzusetzen ist riskant. Doch unter gewissen, ganz bestimmten Umständen hielt ich es für angebracht. Mir schien in diesen Fällen, es helfe dem Kranken, sich mit seiner Krankheit anzunehmen und sich für einen inneren Weg zu öffnen, der ihm bislang verboten war.

Eine junge Italienerin ist von Leukämie befallen. Nach einigen Aufenthalten auf der Intensivstation wird sie unter tausend Einschränkungen und Vorsichtsmaßnahmen in ein strikt steril gehaltenes Zimmer verlegt. Dort lässt sie widerwillig, voller Launen und Ungeduld, ihre schwere Chemotherapie über sich ergehen. Ihr Mann und ihre Mutter tun alles, um ihre Ängste zu beschwichtigen und betäuben sie mit ermutigenden und trügerischen Worten. »Mach dir keine Sorgen, auf keinen Fall! Was du hast, ist gar nicht so schlimm. Das ist einfach … eine Anämie, eine Unregelmäßigkeit im Blut!« Wie sollte diese Frau das glauben, wie anders protestieren, als alle ihre Launen abzureagieren? So lag diese Frau den ganzen Tag jammernd da, verhielt sich infantil und untröstlich.

Ich war mir dessen bewusst, dass alle diese Launen, die sie an den Tag legte, nur der Ausdruck ihrer Verzweiflung angesichts der überschwänglichen Liebe und Zuversicht der Ihrigen war; und ich war überzeugt davon, dass sie ihr alle Waffen aus der Hand nahmen, mit denen sie hätte kämpfen können. So beschloss ich, sie zu diesem Kampf gegen ihr Leiden zu ertüchtigen und die Lüge in Gegenwart ihrer Mutter und ihres Mannes zu durchbrechen. Damit wollte ich ihr die Tür ihres Gefängnisses öffnen. »Sie wissen«, sagte ich zu ihr mit einem freundschaftlichen Lächeln, »dass das, was Sie haben, sehr bedenklich ist. Davon bin ich überzeugt. Sie sind sehr krank. Darum ist es wichtig, dass Sie selbst energisch gegen Ihre Krankheit ankämpfen … Der wichtigste Kampf muss sich in Ihnen selbst abspielen, ganz allein in Ihnen. Das kann niemand anderer an Ihrer Stelle tun. Schon gar nicht Ihre Mutter oder Ihr Mann.« Während ich das sagte, saß ich links neben ihrem Bett. Ihre Mutter stand neben mir und stieß mir ein paar Mal mit dem Fuß energisch gegen die Knöchel. Die Wahrheit, um die ich in diesem Zimmer kämpfte, war mir durchaus einige Schrammen und blaue Flecken wert …

Als ich tags darauf wieder bei ihr vorbeischaue, empfängt mich die junge Frau … mit einem breiten Lächeln. Mein etwas grober Vorstoß von gestern hat ihr Frieden gebracht. Sie hat begriffen, dass es an ihr liegt, energisch zu kämpfen. Sie empfindet die eindeutige Gewissheit, dass sie schwer krank ist, und verspürt zweifellos das erste Mal seit ihrer Erkrankung eine Art Freude, als Erwachsene kämpfen zu können. Der Spiegel der Lüge, mit dem man ihr ein falsches Gesicht ihrer selbst hatte vorhalten wollen, ist zersprungen. Man hatte gemeint, ihr einen Dienst zu erweisen. Jetzt ist eindeutig klar, dass der Krebs gemeint ist, wenn man von Anämie spricht. Statt sich in Launen abzureagieren, kann sie von jetzt an mutig kämpfen.

»Piera, du spielst doch Theater!«
Selbst Kinder vermögen sich als Kranke anzunehmen

Selbst Kinder sind fähig, ihre Krankheit anzunehmen. Oft ist es ihre Umgebung, die dies bezweifelt und ihnen nicht genügend zutraut. Piera, eine kleine reizende Siebenjährige, tyrannisiert ihre Mutter mit ihren schrecklichen Launen. Sie versteht es, bei diesem Spiel wunderbar die gesamte Klaviatur der Ängste ihrer Mutter zu nutzen. Eines Tages läuft in meiner Gegenwart das Fass über und ich sage: »Piera, höre mal, darf ich dich etwas fragen? Sag mir: Glaubst du nicht, dass du mit deiner Mama dauernd Theater spielst? ... Ich will es dir sagen: Ich glaube das! Ich glaube das sogar ganz fest!« Sie wird rot, hält sichtlich inne. Da sie recht intelligent ist, hat sie begriffen, welche Strategie ich im Auge habe. Seit dieser Episode lächle ich ihr nur kurz zu, wenn sie sich wieder ihren Dämonen und denen ihrer Mutter überlässt, und dann rümpft sie ihr freches Näschen, ihre Augen funkeln beschämt und zugleich dankbar, und sie hört auf. Allmählich lassen ihre Launen nach, sie schiebt nicht mehr ihrer Mutter die ganze Verantwortung für ihr Kranksein zu. Die letzten Wochen ihres Lebens verlaufen im Licht dieses neu gewonnenen Friedens zwischen ihnen und des Glücks, das diese Mutter dabei empfindet, dass sie mit ansehen kann, wie ihre Tochter in der Endphase ihres Weges zu echter Größe heranreift.

Jemandem zu helfen heißt also nicht, ihm die Wahrheit zu verhehlen, sondern seinen Wunsch zu erkennen, zu reifen und Verantwortung zu übernehmen; heißt, ihm zu der Genugtuung zu verhelfen, dass er sein Schicksal selbst in die Hand nimmt: seine Krankheit oder seinen Tod.

»Den Kranken tüchtig anspornen«

Einen ganz ähnlichen inneren Weg haben auch die den Kranken umgebenden Menschen zurückzulegen. Auch sie müssen die Wirklichkeit der Leiden des Kranken voll wahrnehmen und zulassen. Familienangehörigen fällt diese Annahme oft sehr schwer. Daher gilt es, die klassische Angstreaktion zu bekämpfen und zu überwinden, die sie oft dazu antreibt, den Kranken aufzurütteln. Angehörige, Ehemann, Ehefrau, Eltern und sogar manche vom Pflegepersonal verfallen der Versuchung, »den Kranken tüchtig anzuspornen«. Sie gebärden sich dann wie grausame, blinde Reiter, die aus ihrer eigenen Angst heraus blind dafür werden, dass das Reittier verletzt ist. Etwa der Krankenpfleger, der eigentlich die Schmerzen besonders gut einschätzen müsste, sich jedoch unbewusst dagegen sperrt, sich anzuhören, wie schrecklich seine Frau leidet. Ganz verzweifelt von der Vorstellung, sie womöglich zu verlieren, verbietet er es ihr, rundweg zu äußern, sie könne nicht mehr. Genau genommen versucht er nicht, sich mit aller Gewalt gegen ihre Schmerzen abzuschirmen, sondern gegen den Tod, den sie ankündigen.

Eines Tages fällt mir auf einer Station die Betreuerin einer jungen italienischen Patientin auf. Ich kannte diese junge Frau von etlichen Besuchen her recht gut. Sie hatte lange, schmerzhafte Wochen auf der Reanimations-Station verbracht, und ich bewunderte ihre Diskretion, ihren Mut und ihre Tapferkeit beim Aushalten von Schmerzen. Nie, auch nicht an den schlimmsten Tagen, hat sie geklagt. Heute aber stöhnt sie und weint vor Schmerzen. Ich zweifle nicht, dass sie in Folge ihrer Verstümmelung entsetzlich leidet. Aufgrund einer vorausgegangenen Ausrenkung ihres linken Beins hat sie gerade einen sehr schweren Eingriff im Becken hinter sich. Aber die Betreuerin lässt sich weder durch meinen Hinweis noch durch das Stöhnen der Patientin beeindrucken: Sie behauptet steif und fest, das sei nur das Gejammer eines verzogenen Kindes; nicht einmal ihre Schreie nimmt sie ernst. Welch unerträgliche Gleichgültigkeit gegenüber dem Leiden einer Kranken!

Zwar gibt es in meinem Krankenhaus ein aktives, kompetentes Schmerzzentrum, aber eine nicht geringe Zahl des Pflegepersonals einschließlich der Ärzte ist noch ziemlich taub gegenüber den Klagen von Patienten mit großen Schmerzen. Ausbildung, Forscherdrang, Wille zum Heilen um jeden Preis, mangelhafte Universitätsausbildung bezüglich der Handhabung von schmerzstillenden Mitteln sowie zweifellos auch innere Widerstände der Einzelnen, die aus frühkindlichen Erfahrungen stammen mögen – all diese Faktoren wirken zusammen, um Schutz und Abwehr gegen die Aggression aufzubauen, die das Leiden anderer darstellt. Aber diese inneren Blockierungen sind zuweilen unerträglich!

Auch heute noch bedarf es dringend der Aufklärung, dass die Medizin imstande ist, Schmerzen wirksam zu bekämpfen. Auf diesem Gebiet gibt es immer noch zu viele überkommene Vorurteile. Zum Beispiel ist noch viel zu wenig bekannt, dass das Morphin in Abstimmung mit entsprechenden Analgetika das Wohlbefinden der Kranken beträchtlich verbessern kann. Jedoch viele Patienten schrecken davor zurück. So bleibt die Auffassung bestehen, dass man als Kranker eben »leiden muss«. Es ist, als schlössen sie mit der gleichen Selbstverständlichkeit, wie zwei plus zwei vier ergibt, aus dem Faktum, dass sie krank sind, sie würden oder müssten leiden. Wie oft habe ich doch gehört: »Das Sterben würde mir ja gar nichts ausmachen, aber ich habe Angst vor dem Leiden!« Diese Vorurteile legen zu einem guten Teil den Grund für die irrationalen Bitten um Euthanasie. »Mir ist es lieber, mit einem Schlag tot zu sein, als mich der Gefahr auszusetzen, noch viel leiden zu müssen.«

Sich trauen zu sagen:
»Herr Doktor, mir geht es schlecht,
ich habe solche Schmerzen!«

Die Arbeit der für die Schmerzbehandlung Zuständigen ist heutzutage sehr wirksam; das kann ich bezeugen. Sie achten genau auf die Person des Kranken und suchen deshalb unablässig nach möglichst angemessenen Anti-Schmerzbehandlungen, um den Sterbenden ein friedvolles Lebensende zu ermöglichen. Zur noch besseren Ausübung ihrer Tätigkeit fehlt ihnen allerdings die entschiedene Unterstützung durch den Kranken selbst und seine Umgebung. Denn manche Kranke bringen es immer noch nicht fertig, dem Arzt zu sagen, dass sie Schmerzen haben und sie ihm genau zu schildern. Angesichts des Ärzteteams setzen ihre Freiheit und ihr Mut aus. Mir scheint, es ist fast genauso wichtig, seine Schmerzen ins Wort bringen zu können, wie es fertig zu bringen, über seinen Tod zu sprechen.

Ich entsinne mich an Anne, eine italienische Patientin, Mutter eines kleinen zweijährigen Jungen. Seit drei Jahren kämpfte sie mutig gegen ihren Krebs, von dem sie wusste, dass er unheilbar sei. Sie wollte unbedingt noch einige Lebensjahre gewinnen, um für ihren kleinen Sprössling da sein zu können. Nach einer Abfolge von Amputationen an ihrem Bein bricht ihr Krebs wieder voll aus: Er greift auf den Unterleib über. Die Schmerzen vom letzten Eingriff sind grässlich. Jedoch weigert sie sich immer noch, sich vorbehaltlos auf die Schmerztherapie einzulassen. In ihren Augen bedeutet zu leiden und vor allem nicht mit dem Morphin einverstanden zu sein, noch zu kämpfen und sich zu wehren und vielleicht sogar zu gewinnen. Das Annehmen des Morphins dagegen würde sie als Kapitulation betrachten, als Aufgeben des Kämpfens gegen den Tod; und das kann sie auf keinen Fall. Indem sie leidet, beweist sie also sich selbst bis ins

Äußerste, dass sie nicht aufgibt, sondern immer noch weiter kämpft, um am Leben zu bleiben und für ihr Kind da zu sein.

»Pst! Herr Pfarrer, lassen Sie ihn nichts merken!«

Die Umgebung, die es nicht ertragen kann, dass der Kranke leidet, begreift nicht und kann es nicht akzeptieren, dass für ihn die Mahlzeiten zur unerträglichen Tortur werden. Sie meinen, sie müssten ihn weit über ein vernünftiges Maß hinaus zum Essen zwingen, was so wirkt, wie wenn man ein verletztes Glied oder eine schmerzhafte körperliche Behinderung überstrapaziert. Hinter der Appetitlosigkeit des Kranken und seiner Verweigerung der Nahrungsaufnahme zeichnen sich zweifellos der Verfall, die Erschöpfung des Körpers und schließlich der Tod ab. Von daher wird klar, dass sich die Umgebung gegen all dies bis ins Absurde, ja die Grausamkeit hinein sperrt. Und trotzdem zwingt sie ihn immer noch weiter ...

Da spielt sich ein kopfloser Kampf gegen den Tod eines Angehörigen ab! Man verlegt sich ungemein hartnäckig darauf, den Kranken zum Essen zu drängen. Und wenn es nur ein Löffel Suppe in den Mund ist: Er soll ihn essen, soll ihn behalten; wenigstens ein paar Tropfen davon soll er schlucken. Man könnte dann weiter die Illusion haben, ihn kämpfen zu sehen; könnte weiterhin hoffen, er bleibe am Leben.

In diesem Zusammenhang fällt mir eine besonders eindrucksvolle Episode ein. Es war in einem Zimmer im achten Stock meines Krankenhauses. Ein junger Italiener lag seit zwei Stunden im Todeskampf. Außer mir weilte noch seine Mutter am Bett, auf der gegenüberliegenden Seite. Der Kranke war bei Bewusstsein; dank seiner erstaunlichen physischen Widerstandskraft konnte er sich uns noch mit Zeichen verständlich machen. Aber sein Mund war ausgetrocknet. Auf einmal schlug er die Augen auf und wandte sie weit aufgerissen mir zu. Ich verstand, dass er trinken und mich um Wasser bitten wollte. Auf dem kleinen Nachttisch, neben dem seine Mutter saß, sah ich eine Flasche Evian-Wasser stehen. Während ich mich mit meiner rechten Hand so vorsichtig wie möglich bemühte, ihm den Kopf aufzurichten, hatte ich mit der anderen nach einem kleinen Becher gegriffen und ihn der Mutter hingehalten, damit sie ihn fülle. Ganz auf das sorgfältige Halten des Kranken konzentriert, hatte ich nicht weiter auf das Einfüllen des Bechers geachtet. Ich führte ihn dem Kranken zum Mund, der in den Becher schaute und sich dann in offensichtlichem Widerwillen abwandte. Da sah ich, dass im Becher eine weiße Flüssigkeit war!

Nun war auch ich überrascht und sah die Mutter an. »Pst! Herr Pfarrer, lassen Sie ihn nichts merken!« Diese Frau hatte unbemerkt Milch in den Becher geschüttet, den ich ihr hingehalten hatte! Mein Gott, was erhoffte sie sich eigentlich von diesem gut gemeinten Schwindel in dieser aussichtslosen Situation? Ihr Sohn verweigerte offensichtlich den Zaubertrank seiner Mutter. Eine halbe Stunde danach starb er unter dieser überbehütenden mütterlichen Aufsicht …

Der Mann, der »mit seinem Sohn nicht klarkam«

Hinter dem physischen Leiden des Kranken verbirgt sich oft, unlösbar mit diesem verquickt, ein unergründlich tiefes moralisches Leiden. Nur wenn es ins Wort gebracht wird, kann es dem Dunkel entrissen werden.

Ein sprechendes Beispiel dafür ist ein Mann, der in unsere Außenstation La Grange eingeliefert wurde. Er ist siebenundvierzig und hat sich lange in einem Provinzkrankenhaus behandeln lassen und dort auch einige Operationen mitgemacht. In der Hoffnung, sein Krebs könne noch gezielter bekämpft werden, entschloss er sich dann, sich zu uns überweisen zu lassen. Aber er ist enttäuscht: Trotz aller Bemühungen des Schmerztherapeuten leidet er grässlich. Er ist bis auf

Haut und Knochen abgemagert, dazu traurig und verzweifelt. Heute morgen hat er sich nicht einmal rasiert.

Als ich ihn besuche, spüre ich nicht den geringsten Vorbehalt. Im Gegenteil, sein Gesicht hellt sich sogar mit einem leichten Lächeln auf, als er mich sieht. Es ist, als habe er mich erwartet, bereit, sich einem offenen Ohr anvertrauen zu können.

Ich setze mich rechts von ihm auf Augenhöhe an sein Bett und nehme seine Hand in die meine. Je mehr er sich mir eröffnet, desto stärker drückt er meine Hand: Das ist seine Art, mir seine Dankbarkeit darüber zu bekunden, dass ich ihm in dieser Situation Mitgefühl erweise. Seine Not als Mann im besten Alter rührt mich tief an und tut mir weh, das spürt er. Seine Tränen brechen aus einer großen Tiefe hervor, lösen ein allzu lange angestautes dunkles Geheimnis. Er weint mit Leib und Seele.

Schließlich schweigt er einige Minuten. Wir sagen beide lange nichts. Dann flüstert er leise mit gebrochener Stimme: »Ich bin verloren!« Ich versuche das zu verstehen. Spricht er von seinem Ende? »Ich verstehe das nicht!«, fügt er hinzu und wiederholt: »Ich bin verloren!« Aber es ist nicht sein bevorstehender Tod, was er jetzt damit meint. Seine Worte bringen einen viel tiefer sitzenden Schmerz zum Ausdruck, der unendlich stärker und bohrender ist als derjenige des Todes. Ganz offensichtlich ist es sein Herz, was ungeheuer leidet. Er ist im Kopf ganz verwirrt, als könne er nicht mehr richtig denken: »Ich verstehe das nicht!« Was ihn beschäftigt, sind seine Kinder; über sie will er mit mir sprechen. Das ist das eigentlich Schwere, das ihm auf der Seele lastet: Er kommt mit seinen Kindern nicht zurecht.

Er hat zwei Kinder. Die Tochter, die Ältere, ist zwanzig oder auch schon ein bisschen älter. Aber nicht sie belastet ihn, sondern sein Sohn. Der ist erst fünfzehn. Ein Einzelgänger wie ein Tier, verschlossen, ohne jeden Freund. Selbst er, sein Vater, kommt nicht an ihn heran. Und das, das ist es, was er nicht länger aushält. Er als Kranker kann diese Verschlossenheit ihm gegenüber nicht mehr ertragen. Mit einer Grabesstimme stammelt er: »Er bringt mir gegenüber einfach den Mund nicht auf! Nie! Er und ich sind uns völlig fremd. Kein Wort, nie auch nur ein einziges, fällt zwischen uns!«

Dieser Schmerz erfüllt ihn, ist ihm geradezu zum körperlichen Schmerz geworden. In welchem Maß kann doch das Unglück über ein Kind nicht nur das Herz, sondern auch die Glieder, den Bauch, ja sogar die Knochen eines Vaters ausfüllen! Bislang hatte ich geglaubt, nur Mütter seien vom Himmel mit dieser Fähigkeit ausgestattet.

Es ist eindeutig, dass der Vater diesen Sohn nicht »herausgebracht«, nicht zur Welt gebracht hat. Er steckt ihm noch im Leib, ist Bestandteil seiner Krankheit, nagt wie ein Krebs an ihm. Um ihn herauslassen, gebären, ins Leben setzen zu können, hätte es der Geburtszange der Sprache bedurft ... und die hat gefehlt. Der Vater hat mit diesem Sohn nie gesprochen, nie im echten Sinn des Wortes »gesprochen«, hat nie gesagt, was ihm am Herzen lag; nie über diesen Krebs gesprochen; nie von der Liebe, die er für ihn noch mitten in seiner Not angesichts der Krankheit, die ihn so schwer geschlagen hat, empfindet; vor allem auch nie von seiner Angst vor dem Sterben. Nie hat er ihm ein wesentliches Wort als Vater gesagt, etwas, das einem als Sohn ein Leben lang bleibt; kein persönliches, zärtliches Wort, nichts! So hat sich alles nie Gesagte angestaut, ist zur dichten und blinden Masse geworden, die sich geradezu physisch im Leib des Vaters abgelagert hat. Und der Vater leidet unsäglich unter diesem bohrenden Schmerz, dessen Natur er nicht kennt und den auch die Schmerztherapeuten nicht zu lindern vermögen.

Als ich ihn nach dieser langen Aussprache verlasse, begegne ich auf dem Flur einem der Stationsärzte. »Sie wissen ja«, sagt er. »Kein Schmerzmittel spricht bei ihm an. Sein Leiden ist resistent gegen alles. Vermutlich sind es Widerstände von ganz anderer Art als rein physische Schmerzen. Aber welche?« Auch er hatte erfasst, dass die Blockierung auf einem anderen Gebiet lag: Dieses Leiden war mit dem Problem verknüpft, das sein Sohn für ihn darstellte.

Vor dem Weggehen hatte ich ihm versprochen, ich würde nächste Woche wieder bei ihm vorbeikommen. Ich hatte ihm geraten, wenn möglich bis dahin vielleicht mit seinem Sohn zu reden, ihm seinen Krebs zu erklären, ihm zu sagen, welche Angst er habe, und auch mit ihm über den Tod zu sprechen, dem er schon ins Auge sehe; ihm zu sagen, wie sehr er ihn liebe, und ihm zu gestehen, wie sehr ihn der Gedanken schmerze, ihn bald verlassen zu müssen. Ich hatte ihm auch begreiflich zu machen versucht, dass das Schweigen, mit dem er seine Krankheit umgebe, seinen Sohn durchaus nicht verschone, sondern ihn im Gegenteil ins Unglück stürze. Seine Kontaktlosigkeit zu diesem Sohn, sein Leiden als Vater darunter waren nur die logische Konsequenz daraus und deren sichtbare Äußerung. Mit diesen Ratschlägen hatte ich ihn verlassen. Er hatte mich angelächelt. So konnte ich ihn mit Frieden im Herzen zurücklassen.

Er war zur Einsicht gekommen, worin sein Anteil an Verantwortung für seine Schmerzen bestand, die gegen alle Maßnahmen der Schmerztherapeuten resistent blieben. Er selbst hatte sich in dieses abgrundtiefe Schweigen vergraben, in der Hoffnung, dadurch seinem Kind etwas ersparen zu können.

Ebenso entdeckte er, auf welche geheimnisvolle und tückische Weise sein Leiden und dasjenige seines Sohnes untrennbar miteinander verknüpft waren, wie Zwillingswesen. Sein Sohn ertrug allein und stumm das verschwiegene Leiden des Vaters; und er, der Vater, starb ebenfalls allein und stumm an der einsamen, stummen Not seines Sohnes. Der Sohn kapselte sich in seinem Schmerz ab und isolierte sich dadurch von allen Altersgenossen und seiner Familie; und er, fern vom Sohn und fern von allem, hatte sich selbst ins Gefängnis seines schmerzenden Körpers eingemauert. Eine jämmerliche Zuflucht, in der sich ihr gemeinsames Leiden nur noch steigern konnte!

Als ihm die Eigenart seines Schmerzes aufgegangen war, ließ ihn das auch seine Aufgabe erkennen, die er vor seinem Tod noch gegenüber seinen Kindern erfüllen musste. Diese Offenbarung brachte ihn aus seiner inneren Sackgasse heraus, wodurch sein Leiden auch tatsächlich geringer wurde; aber vor allem war damit der Bannkreis seiner Abkapselung von seiner Familie durchbrochen. Bis jetzt war er ganz allein mit seiner schmerzvollen Sorge um diese beiden Kinder gewesen, die er allein zurücklassen würde, die jedoch sein Schweigen bereits in schrecklichen Kummer gestürzt hatte. Heute aber hatte er entdeckt, dass er sie sich zu Verbündeten und Stützen machen und sein Leben in einer neuen Gemeinsamkeit mit ihnen noch einmal einen neuen Glanz bekommen konnte.

Die Würde des Kranken

MIR GEHT ES AUF KEINEN FALL um den berühmten mitleidigen Blick auf den Kranken, sondern um den angemessenen, ihm zustehenden Blick. Es ist der Blick, der nicht an den unerträglichen Äußerungen der Krankheit hängen bleibt und sich an ihnen stößt; der sich begnügt, wirklich zu sehen, was ist, und wie ein getreuer Spiegel fähig ist, dem Blick des Kranken seine wahre Würde vor Augen zu halten: die seines Herzens.

Der körperlich schlimm geschlagene Kranke leidet unter den Unfähigkeiten und mangelhaften Funktionen seines Körpers. Unwillkürlich und naiv stellt er sich recht oft die Heilung als Wiederherstellung des früheren Rhythmus und der Stärke des Motors vor. In seinen Augen verfolgen alle Pflege und alle Behandlungen kein anderes Ziel, als die Maschine zu reparieren, das Gerät wieder in seinen intakten Anfangszustand zu bringen und es dann frisch in Gang zu setzen.

Wenn jemand vom Krebs befallen wird, ist es ganz natürlich, dass der Betreffende in einer ersten Zeit alles daran setzt, den Zustand vor dem Verlust seiner Gesundheit wieder herzustellen. Dieser starke Wunsch mobilisiert ihn gewaltig, weshalb es wichtig ist, dass er ihn nicht aufgibt, also nicht gleich die Waffen streckt und sich für besiegt erklärt. Das Bemühen, seine ursprüngliche Integrität wieder zu finden, gehört zur Würde des Menschen.

Das Unannehmbare: eine Geste hilfloser Hingabe

Doch dann ist es eines Tages so weit. Unausweichlich kommt für jeden die Stunde, in der er das Unannehmbare annehmen muss.

Manche beugen sich nie. Sie sterben verkrampft in der Verweigerung. Oft sind sie sich dessen durchaus bewusst, in welchen Widerspruch sie diese Verweigerung treibt. Doch entspricht es ihrem Charakter und zwingt sich ihrem Willen auf. Zuweilen passiert es ihnen insgeheim, dass sie es eigentlich annehmen möchten, es aber nicht können. Trotz aller Anstrengungen gelingt ihnen der innere Akt des Annehmens bis zum Schluss nicht.

Ich muss da ganz besonders an jene vierzigjährige Frau denken, die sich mit dem Loslassen so schwer tat. Sie war Mutter von drei Jugendlichen. Sie wusste, dass ihr Ende unausweichlich war und nahe bevorstand. Sie war nur noch ein lebendes Skelett, ausgelaugt vom bereits monatelangen Ankämpfen gegen ihren Tod. Ihr Körper war reduziert auf einen aufgeblähten Bauch, den mit Mühe noch ein Knochengerüst zusammenhielt.

Bei jedem meiner Besuche empfängt sie mich mit jenem freundschaftlichen Aufleuchten, das ihre Liebenswürdigkeit aus ihren schwarzen durchdringenden Augen hervorzuzaubern vermag. Trotz ihres tiefen Glaubens und ihres Vertrauens auf den Gott, den sie von ganzem Herzen liebt, kann sie es nicht annehmen, sterben zu müssen und ihre drei Kinder allein zurückzulassen. Etwas Stärkeres als sie selbst widersteht ihren noch so intensiven Gebeten, die sie immer häufiger spricht, um den Frieden des Herzens zu finden und so ihren Kindern zu helfen, mit der bevorstehenden Trauer zu leben. Die einzige Geste, die ihr ganz entspricht, bringt sie am Vorabend ihres Todes während der Zeremonie der Krankensalbung zum Ausdruck: Sie legt ihre beiden Hände auf die Knie, offen wie Schalen, um damit vor uns und vor Gott zu zeigen, dass sie ihren guten Willen darbietet und auf ihre Weise versucht, jenes unmögliche Ja zu sprechen, das sie Gott so gerne schenken möchte, aber nicht kann ... Unglaublich arm geworden in ihrer unvergleichlichen Geste der Hingabe, hält sie so ihr Leben, wie es geworden ist – diesen letzten Atemzug – ihrem

Gott hin, den sie nicht verleugnen will, auch nicht im letzten unüberwindlichen Widerstand.

Verweigerung als Ausdruck der Würde?

Manche sind der Überzeugung, der Mensch äußere seine Würde, wenn er der Krankheit mit entschiedener Verweigerung begegne, einer glasklaren und harten, absoluten Verweigerung. Gewöhnlich handelt es sich dabei um höchst anspruchsvolle Menschen, die auch hart mit sich selbst sind; sie sind nicht dazu erzogen worden, »auf ihr Inneres zu hören« und den Ruf der Stunde zu erkennen. Sie sind Opfer eines einseitigen Voluntarismus. Man bewundert ihren Mut. Zuweilen beneidet man auch, was sie zu leisten vermögen, wenn sie in äußerster Unempfindlichkeit ihre allerletzten Energien aufbieten. Sie selber belohnen sich für diese extreme Anspannung mit einem wohlverdienten Stolz auf sich selbst. Sie finden darin Grund zur Selbstachtung und schöpfen daraus wiederum die Rechtfertigung für ihr Verhalten.

Jedoch fehlt dieser Verweigerung ein weiterer Horizont. Sie kommt nicht von innen her, von jenem spirituellen Anhauch, der jene Frau zu ihrer treuen, tragischen und bewegenden Geste bewegte, mit der sie zum Ausdruck brachte, dass sie trotz allem nicht von ihrem Gott lassen wolle.

Verweigerung mag als Ausdrucksform der Würde noch so respektabel sein und durchaus ihre Größe haben, aber ich kann sie nicht ohne Vorbehalt bejahen. Bei solchen Kranken scheint mir irgendetwas verknöchert, verhärtet zu sein: Sie können sich auch nicht in Güte und Zärtlichkeit hinein wirklich loslassen. In ihrem versteinerten Herzen scheint eine Art geheimer Schmerz verschlossen zu sein; sie ermangeln des Sinns für all das, was das Herz im Bezug zu anderen und zu sich selbst erst so recht menschlich werden lässt, nämlich für eine letzte Offenheit und Verfügbarkeit, ein intensives Hören und einen tiefen Frieden. Wenn diese Milde fehlt, ist es ein ungeheurer Verlust für die ganze Menschheit! Die Überhitzung des Seins hat das Geheimnis solcher Menschen versengt. Es hat sich darin verzehrt. Wo eine klare Quelle entsprang und leise Wasser murmelten, sind nur noch steinharte Kristalle übrig geblieben. Das Wunder des Ja-Sagens ist ausgeblieben.

Die Würde erringt man nicht mit Gewalt

So erstrebenswert die Würde auch sein mag, sie lässt sich nicht mit Gewalt erringen. Sie ergibt sich nicht als Produkt oder Erfolg angespannten Bemühens, sondern kehrt dank der Gnade des Ja-Sagens ein. Aber Vorsicht: Dieses »Ja-Sagen« muss genau abgewogen und in seinem wahren Gehalt erfasst werden.

Ja sagen ist nicht das Gleiche wie kapitulieren, die Waffen strecken, den Krieg verlieren. Ja sagen bedeutet, die Augen zu öffnen. Es bedeutet, das, was ist, voll in den Blick zu nehmen, als wäre es ein neu entdeckter Erdteil, eine bislang unbekannte innere Gewissheit. Es bedeutet, darauf voll Vertrauen den Fuß zu setzen und zu spüren, dass da etwas trägt – eine ganz aus unserem Inneren heraus kommende Kraft, die souverän uns gehört, und zwar gerade deshalb, weil sie von viel weiter herkommt als nur aus uns selbst.

»Verliert nie eure Selbstachtung!«

In dieser Hinsicht ist der Kranke wie wir alle vom heutigen Zeitgeist geprägt und neigt dazu, nur dem Erfolg, der strahlenden Gesundheit, der physischen und intellektuellen Leistung und der körperlichen Integrität einen Wert zuzuerkennen. Wenn er zu den Realitäten ja sagen soll, die das Leben tatsächlich mit sich bringt und die nicht unbedingt immer dieser allgemein geschätzten Großartigkeit entsprechen – Scheitern, Krankheit oder Tod –, dann sind dafür

Quellen der Weisheit gefragt, die ihm weithin unvertraut sind. Da er aus ihnen womöglich noch nie geschöpft hat, muss er, um sie zu entdecken, ihren Reichtum schätzen lernen, in sich gehen und auf die in seinem Wesen verborgenen Reserven zurückgreifen. Ist er ein gläubiger Mensch und vielleicht mit Worten seines Glaubens vertraut, etwa den Bibelworten: »Fürchte dich nicht, denn ich bin bei dir« und »Du bist in meinen Augen wertvoll«, so können sie ihn eventuell dazu inspirieren, seine Krankheit aus einer Perspektive zu sehen, die er sich noch nicht ganz zu Eigen machen kann. Selbst wenn er schwer krank ist, bedarf es der ihm noch fremden Entdeckung, dass sein Leben einen Wert hat und er immer noch voll und ganz am Leben Anteil hat. »Kranke, verliert nie eure Selbstachtung! Ihr verfügt über eine unverlierbare Würde!«

So müssten alle, die Kranke pflegen und sie begleiten, eine Doppelstrategie entwickeln: einerseits alles tun, um die Krankheit zu beheben, aber andererseits nie diejenigen vergessen, die mit ihr zu leben haben, das heißt, ihnen zur Selbstachtung verhelfen, wenn sie dafür nicht mehr die Kraft oder den Sinn haben. Keine noch so große Versehrung oder schlimme Krankheit sind eine Schande.

Wie man dem Sterben heute wieder zu seinem Ansehen zu verhelfen sucht, wäre es wünschenswert, dass man auch die Würde des Alterns und der Krankheit wieder in den Blick nimmt, denn auch Altern und Krankheit bergen Reichtümer und Geheimnisse.

Schon immer will der Mensch seine Krankheit, seinen Verfall und sogar sein Altern vor seinesgleichen verbergen. Er hofft, auf diese Weise eine vorteilhafte Erinnerung und seinen Namen zu wahren, also das, was er war. Der Grund dafür sind die Kränkung und Demütigung, die er angesichts seines Aussehens empfindet, wenn dieses nicht mehr dem entspricht, was es war und als ihm das, was er darstellte, gefiel und noch dem entsprach, was er seiner Umgebung vorstellen wollte und um dessentwillen sie ihm schmeichelte.

So stellt sich die Frage: Wie kann man diesem angeschlagenen

Mitmenschen helfen, seinen Menschenbrüdern und -schwestern selbstbewusst dieses Bild seiner selbst zu bieten, unter dem er leidet? Diese Frage ist von grundlegender Bedeutung, weil sie an den Kern des Geheimnisses rührt, das der Mensch ist: an sein Wesen und seine Würde. Hier ist unsere Verantwortung als Freunde, Pfleger und Angehörige des Kranken gefordert. Genau wie das Kind von seinem Vater erwartet, dass er ihm alle Dinge benennt, damit es davon leben und sich nähren kann, und fragt: »Papa, sag mir, was das ist!«, so fragte auch unablässig ein Mann, den sein Vater von Kind an verachtet hatte und der davon sein ganzes Leben lang verletzt war. Ähnlich erwartet der entstellte Kranke von uns Hilfe, wie er sich selbst jetzt sehen und einschätzen soll. Er erwartet, dass wir ihm sagen, »was das ist«, was an ihm noch wertvoll ist und von seiner Krankheit verschleiert wird. Er sehnt sich danach, dass wir behutsam seinen suchenden Blick auf jene vergessene Dimension seiner selbst, seines Wesens hinlenken, sie zusammen mit ihm in Augenschein nehmen und ihn so seiner Würde als erwachsener Mensch versichern. Wie der Vater seinen Sohn beim Namen nennt und ihm so zu seinem Selbststand verhilft, so sollen wir auch dem Kranken zu seiner Würde verhelfen und dadurch seinen Blick auf das lenken, was er jenseits allen äußeren Augenscheins in Wirklichkeit ist.

Was wir dem Kranken vermitteln wollen, muss jedoch zuerst von uns selbst erlernt sein: Wir müssen es zunächst selbst fertig bringen, den Kranken mit verstümmeltem Körper oder entstelltem Gesicht in würdiger Weise anschauen zu können. Das versteht sich eigentlich von selbst: Wie sollte es denn möglich sein, ihm tatsächlich einen Blick für jene neuen Dimensionen zu eröffnen, für seine ihm wesenhaft eigene Würde jenseits aller Entstellungen, wenn unser Blick sich abgestoßen fühlt von einer schlimmen Versehrung, einem ausgemergelten Körper, einem klaffenden Kehlkopf oder einem prallen Bauchtumor? Wenn wir selbst mühsam den Brechreiz zurückhalten müssen, kann unsere Hilfsbereitschaft noch so ehrlich gemeint sein und wir können uns noch so sehr anstrengen, uns nichts anmerken zu lassen – eine neue Perspektive, die wir selbst noch nicht haben, können wir dem Kranken dann nicht erschließen. So müssen wir uns erst selber darauf vorbereiten, uns diesem Schock zu stellen. Denn das Auge lässt sich hier auf Bereiche ein, die es sonst nie zu sehen bekommt. Normalerweise sind das Abgründe und Nachtzonen, die wir instinktiv meiden. Unser Blick muss sich an diese spontane Abwehrreaktion gewöhnen, wenn er sich nicht verraten und dann den Kranken erst recht verletzen will.

»Herr Pfarrer, ich glaube, es ist gut so:
Ich bin da, wo ich hingehöre!«

Es ist Donnerstag. Wie schon seit Wochen besuche ich heute wieder auf unserer Station Madame C. Ihr Zimmer liegt ganz am Ende des Flurs, in jenem Teil der Station, der normalerweise den Kranken vorbehalten ist, die auf ihr Ende zugehen. Ganz in der Nähe des Fensters, zwischen Bett und Sonne, sitzt sie zusammengekauert in ihrem Sessel. Ihr Kopf liegt schräg über einer faustgroßen Beule, die auf der linken Seite ihres Genicks zu täglich größerem Umfang weiterwuchert. Vor einiger Zeit hat sie schon eine Totaloperation ihrer Brüste mitmachen müssen. Jetzt nässt diese Operationswunde schrecklich. Die Bandage, mit der man den riesigen Mullverband befestigt hat, gibt ihr das Aussehen einer Mumie. Doch sie begrüßt mich mit einem liebenswürdigen Lächeln aus ihrem schräg geneigten Gesicht, das unverzüglich vertrauensvolle Nähe herstellt. So empfängt sie den freundschaftlichen Gast, der ich inzwischen für sie geworden bin. Ihr Gesicht ist ruhig: Seit kurzem ist es gelungen, den Schmerz zu beheben. Wir tauschen einige Sätze aus, zunächst einfache, belanglose Worte; dann aber, jäh, kommen ihr in bestürzender Schlichtheit die umwerfenden Worte über die Lippen: »Herr Pfarrer, ich glaube, es ist gut so: Ich bin da, wo ich hingehöre!«

Es gibt Worte, die man nicht erfindet, Worte von kindlicher Einfalt. Ich kann sie nur staunend anhören und das Geheimnis ahnen, das dahinter steckt. Ich versuche, es zu verstehen: Von welchem Platz, an den sie hingehöre, spricht sie? Meint sie dieses Zimmer? Dieses Bett? Diese Klinik, in der sie umsorgt wird? Nein! Es kann nicht dieses armselige Zimmer sein, was sie damit meint! Ich fange an zu begreifen ... Nach so vielen Begegnungen, bei denen wir miteinander gebetet und kommuniziert haben, kann ich heute gar nicht daran zweifeln: Sie spricht nicht von irgendeinem Platz hier auf der Erde! Wo ist ihr Platz? Er ist jenseits dieses zerstörten Körpers und dieses ihn umgebenden Raumes; er liegt in ihrem Herzen, in dem sie Tag für Tag ihren Glauben und ihre Prüfungen birgt. So besteht kein Zweifel, dass sie mir vom Reich ihres Glaubens spricht. Und da, das könnte ich beschwören, bewohnt sie einen Palast! Ihr Platz ist der Platz einer Königin. Ich stehe zu Füßen eines Thrones: zu Füßen der erhabenen Würde des Menschseins!

Weil sie es geschafft hat, angesichts eines besonders bedrückenden physischen Zerfalls ihr Leben anzunehmen, hat sich ihr im Kern ihres Wesens ein Brunnen der Freude und des Glücks aufgetan. Oder jedenfalls des Friedens. Wir tun uns schwer, das zu begreifen, wir anderen. Wie sollten wir auch das menschlich Unerklärbare erklären und begreifen können? Dieses Geheimnis geht über unser Fassungsvermögen hinaus! Wahrscheinlich kann man davor nur ehrfürchtig verstummen und in größter Demut vor einer anwesenden Wirklichkeit niederknien, die das Elend des Körpers schützend umfängt. Diese Frau hat auf den Wegen ihrer Krankheit einen Gipfel des Menschseins erreicht. Unter der Decke der Alltäglichkeit der Pflege und der Leiden schlägt insgeheim in dieser Frau ein anderes Herz; ihr Leben nährt sich aus einer anderen Quelle, eine andere Energie durchpulst sie, auf anderen Wegen als denen des Bluts und der Adern. Dank welcher verblüffenden Tugend, durch welche Brüche hindurch kann man zuweilen einen derartigen Lebensstrom zum Fließen bringen?

Die Würde nicht als Eleganz des Körpers, sondern des ganzen Seins sehen

Die Verfechter der Euthanasie stellen mit besonderer Schärfe die Frage nach der Würde des Kranken. Bei diesem Begriff der Würde, der ihre Forderungen begründet und nährt und sie in ihrem leidenschaftlichen Kampf bestärkt, ist die Aufmerksamkeit ganz auf den Verfall des Körpers des betreffenden Menschen gerichtet, auf seine Versehrungen, seine Schwächen, sein Alter und zuweilen auch auf Minderungen seiner physischen oder geistigen Fähigkeiten. Dabei wird vergessen, dass die Würde des Menschen nicht nur aus der Integrität oder gar Eleganz seines Körpers erwächst; vielmehr muss man beim Menschen richtiger von der Eleganz des Seins und des Herzens sprechen. Sie ist eine Art Wohlgeruch oder Ausstrahlung, ein Gnadenlicht, das aus den Tiefen des Seins aufsteigt und sein rein physisches, gemindertes Dasein verklärt. Sie gleicht dem, was man zuweilen bei Menschen als Größe wahrnimmt, oder sie verschmilzt sogar damit. In ihrem unmittelbaren Umfeld tauchen dann viele Bezeichnungen auf: Weisheit, unerschütterliches Glück, Behutsamkeit und Zärtlichkeit gegenüber sich selbst und anderen, milder Blick auf sich selbst, unergründliche Herzensgüte. Dieser Schatz bietet eine unerschöpfliche Fülle: die Würde des Menschen.

»Es klingt verrückt! Da liebe ich so das Leben, stehe aber schon mit einem Fuß im Grab und sage: Ich bin glücklich!«

»Es klingt verrückt! Da liebe ich so das Leben, stehe aber schon mit einem Fuß im Grab und sage: Ich bin glücklich!« Der Mann, der sich schriftlich so äußert, steht acht Tage vor seinem Ende. Er ist knapp fünfzig Jahre alt. Was er mir hier auf dem Weg über seinen Notizblock mitteilt, ist seine Freude, zweifellos, jedoch über diese

Freude hinaus ist es sein Staunen angesichts dieses unerhörten Glücks, das seine Besucher nicht einordnen können – und zunächst einmal auch er selbst nicht. Sein Gesicht strahlt von jener ganz neuen Freude, die ihm zum ersten Mal in seinem Leben zuteil geworden ist.

Dabei weiß er durchaus, wie schlimm er aussieht. Dessen ist er sich voll und ganz bewusst. Sein Kehlkopfkrebs hat ihn vollends schachmatt gesetzt, nachdem ihm schon länger beide Beine amputiert wurden und er von jeher infolge einer Kinderlähmung nicht gehen konnte. Er weiß auch, dass seine Tage gezählt sind; man hat es ihm gleich bei seiner Einlieferung gesagt. Man muss mit einem jähen Ausbruch von Gelbsucht rechnen, die ihn plötzlich wegraffen kann. Was seine Vergangenheit angeht, hat er nicht allzu viele Erinnerungen daran, weil sie zu sehr von Schmerzen überlagert war. Geblieben ist ihm die lange Abfolge von Verweigerungen, von Aufbegehren gegen das Leben mit all seinen Sackgassen, in die er sich verrannt hat. Er erinnert sich betroffen an den Alkoholismus, aus dem ihn seine Gefährtin befreit hat, an sein zerrüttetes Familienleben und schließlich an seinen Verfall ... Doch jetzt, wo er sich auf das Sterben vorbereitet, erfüllt ihn tiefer Friede; er fühlt sich glücklich wie nie, ist erfüllt von einem vollkommenen Glück, ohne den Schatten einer Bitterkeit angesichts eines Schicksals, das ihn nie zärtlich berührt hat. Und so sagt er sein Ja dazu, dass er diese Welt verlassen muss, die er liebt. Während unserer unglaublichen Aussprache schaut er mir fest in die Augen und strahlt; eine unerklärliche Freude leuchtet aus seinem ganzen Wesen.

Was für ein erstaunliches Zugehen auf den Tod ist das! Was für eine erstaunliche Freude, die da aus diesem Menschenwesen mit knapp fünfzig Jahren kurz vor seinem Tod hervorbricht! Er hinterlässt drei Söhne, mit denen er sich vor kurzem ausgesöhnt hat. Er hat sie dereinst mit ihrer Mutter allein zurückgelassen und kann erst heute ermessen, wie sehr sie unter seiner Abwesenheit gelitten haben müssen. Ihm geht auch auf, wie sehr er selbst auf schlimme

Weise dazu beigetragen hat, nach einer frühen Kinderlähmung schließlich auf seiner »Galeere«, dem Rollstuhl, zu landen. Er begreift jetzt, dass er sich in dieses Unglück, gegen das er bis vor kurzem aufbegehrt hatte, weil es ihn seiner beiden Beine beraubte, ein gutes Stück weit selbst hineingestürzt hat, da er mit seinem Groll und Aufbegehren gegen sein Schicksal sich selbst in immer neue Sackgassen manövriert hat. Zum ersten Mal in seinem Leben kann er sich mit seinem Krebs in das Unausweichliche »fügen« und – es ist ein echtes »Wunder«! – er kann jetzt nur noch staunen und sich von Herzen freuen. Mit Staunen entdeckt er, wie innerlich der Akt des Ja-Sagens zum Sterben zutiefst mit diesem Glück des Daseins zusammenhängt, das ihn jetzt erfüllt.

Weder er selbst noch die, die ihm während seiner Krankheit mit seiner schrecklichen Entstellung begegneten, konnten angesichts dieses Menschen auch nur einen Augenblick daran zweifeln, dass hier die Würde des Menschseins auf dem Spiel stand. Schon ein oberflächlicher Blick hätte genügt. Aber niemand hätte zugleich auch übersehen können, welch ungemeines Glück aus diesem Menschen strahlte!

Die Würde des Menschen hat genau wie seine Größe mit dem Empfinden für einen Sinn zu tun: Sie ist der Geschmack am Leben. Aber wer könnte diesen Sinn erfassen, ohne sich für ihn zu öffnen? Oder wie ließe sich ins Leben eines Menschen Sinn bringen, der meint, dazu bestehe überhaupt keine Möglichkeit, oder der ihn erahnt, aber ablehnt? Wir rühren hier ans innerste Geheimnis des Menschseins, an diese wesentliche Frage, die jedem zur Welt Kommenden bereits in die Wiege gelegt wird: die Frage, wozu er als Mensch wird und wo sein Gravitationszentrum liegt.

Die bohrenden Sinnfragen:
»Warum?« – »Warum ich?« – »Was habe ich angestellt?«

Falsche Berufungen auf einen Sinn halten der Prüfung nicht stand. Das zeigt sich besonders deutlich bei Gläubigen, deren Glaube der Krankheit nicht die Stirn zu bieten vermag. Wie viel Hader mit Gott bricht da auf! Der Mensch, der in solche Glaubenskrisen stürzt, weiß nicht, woher sie kommen. Sie liegen im Wesen der Natur dieses Glaubens selbst, der hier auf die Probe gestellt wird. Meistens hat sich dieser Glaube einen Gott ausgemalt, der behütet, beschützt, allmächtig ist und dessen Händen sich der Mensch passiv ausliefert, wobei er sich die in seiner Freiheit und physischen Verfassung angelegten Risiken erspart; auch einen Gott immanenter Gerechtigkeit, der bereits auf Erden das Verhalten der Menschen bestraft und belohnt, je nach ihren Vergehen oder Verdiensten. Von daher gesehen kann dann Krankheit nur inakzeptabel, unbegreiflich sein. »Was habe ich dem lieben Gott getan?« – »Warum straft er mich so?« – »Warum gerade meinen Mann? Der war ein so guter Mensch!« – »Wenn man sich umsieht, gibt es doch so viele schlechte Menschen, und denen passiert nie etwas!« – »Nein, Gott ist nicht gerecht!«

Bei allen diesen Schreien werden Schicksalsschlag und Schuld miteinander verknüpft. Es kommt die Vorstellung einer Bestrafung ins Spiel und damit diejenige eines allerhöchsten Richters. Man nimmt seine Zuflucht zu verzweifelten Gebeten, um Gott ein Wunder abzutrotzen. Aber die Gebete um ein Wunder halten nur eine Zeit lang. Werden sie nicht erhört, kommt es zuweilen zu schwersten seelischen Krisen.

»Nein! Es gibt überhaupt keinen Gott!«

Eines Morgens schon ganz früh zu einem Notfall gerufen, betrete ich die Kapelle und entdecke im Halbdunkel eine hingestreckt daliegende Frau. Es ist Maria. Nach einer langen Folge von Wiederbelebungen und Heilungen hat den Mann der jungen Frau wieder seine Krankheit eingeholt. Dieses Mal besteht keine andere Aussicht mehr als der baldige Tod. Sie hat sich auf den Teppichboden der Kapelle hingestreckt und während der ganzen Nacht gebetet. Mit dieser Geste hat sie verzweifelt versucht, Gott noch einmal das Wunder der Heilung ihres Mannes abzuzwingen. Er ist verloren, sie weiß es: Übermorgen wird er sterben.

Mir wird noch lange der gewalttätige Ausbruch dieser Frau nachgehen, als man ihr sagte, dies sei das Ende. Sie fing auf dem Flur der Reanimationsstation wie wahnsinnig an zu weinen und um sich zu schlagen. Mit all ihrer Inbrunst und ihrem »Glauben« hatte sie sich an das ersehnte Wunder geklammert, und als es nicht eintrat, fiel das alles wie eine faule Frucht vom Baum: »Ich schwöre es, ich werde nie mehr an Gott glauben! Es gibt ihn gar nicht! ... Es gibt keinen Gott! Nein, nie mehr glaube ich an ihn!«, kreischte sie hemmungslos.

Das Wunder als große Versuchung

Wenn sich der Tod abzeichnet, ist die Versuchung groß, sich blind auf die Hoffnung auf ein Wunder zu stürzen. Man ruft dann alle Heiligen des Himmels an, namentlich die »wundertätigsten«: Pater Pio, die heilige Rita, die Muttergottes von Lourdes oder Fatima oder Medjugorje, die Muttergottes von der Wunderbaren Medaille ... Die da hineingelegte, törichte Inbrunst wird mit der Empfehlung im Evangelium gerechtfertigt: »Bittet, und ihr werdet empfangen.« Unter der Wirkung der Angst angesichts der bevorstehenden Gefahr steigt der Gebetsdruck und nimmt alle Zeit und Energie in Beschlag. Aber welch eine Bitterkeit bricht auf, wenn das Wunder nicht eintritt! Da fällt ein Glaube in sich zusammen, von dem sich in dieser Krise zeigt, dass er aufgeboten wurde, um das Unglück zu bannen. In Wirklichkeit kann auch der Glaube niemandem das Geheimnis des Todes ersparen, das seinerseits zuinnerst mit dem Geheimnis der Auferstehung zusammenhängt.

Die Realität des Todes und die Möglichkeit des Scheiterns können im Leben eines Menschen, der wahrhaft leben will, nicht einfach als Soll und Haben gebucht werden. Im gewöhnlichen Getriebe des Alltagslebens ist es möglich, dass der Mensch das Gefühl hat, er lebe voll und ganz, auch wenn er jene beiden Realitäten überhaupt nicht in Betracht zieht. Aber wenn dann vielleicht der Krebs in dieses Leben einbricht und mit ihm am Horizont der Tod auftaucht, stürzt es jäh in finsterste Nacht. Das Leben kann dann mit dem Tod überhaupt nichts anfangen; die Konfrontation wird brutal.

Der Seelsorger: eine ausgestreckte Hand

Die Gegenwart des Seelsorgers – zuweilen sein bloßes Auftauchen – kann vom Kranken in solchen schwierigen Situationen wie eine Hand empfunden werden, die sich ihm auf seinem Weg entgegenstreckt. Seine Identität als Priester – als Mensch, dem man unterstellt, er habe sich selbst freiwillig ganz Gott hingegeben und sei darum von besonderer Hoffnung beseelt – hilft dem Kranken, seine eigene Verwirrung und Revolte deutlicher zu erkennen. Sie wirkt zudem wie eine Art brüderlicher Einladung, vertrauensvoll den gewohnten Kreis dessen, was man bisher als lebenswert angesehen hatte, zu überschreiten und sich auf das Wagnis einer unbekannten Art des Lebens einzulassen. Dank dieses Menschen, der wie ein lebendiges Gleichnis seiner Krankheit auf ihn zukommt, spürt der Kranke, dass er sich öffnen möchte und vor dem Anruf steht, sich selbst zu überschreiten und ein schmerzliches Ja dazu zu sprechen, wie das Menschenleben nun einmal ist. Aber er spürt zugleich auch, dass diese Selbstentäußerung von einer ganz eigenen Lebensdynamik inspiriert ist. Mochte er bislang durchaus gewusst haben, wenn auch rein abstrakt, dass »der Tod zum Leben gehört«, so entdeckt er jetzt – zusammen mit diesem Menschenbruder mit dem Vorzug, Seelenkenner und Seelsorger zu sein, und im Angesicht seines ureigenen Todes –, dass dieses unauflösliche Paar Tod-und-Leben einen tief inneren und fruchtbaren Sinn hat. Er hat sich diesem Paar bislang verweigert, weil er noch nicht wusste, dass in Wirklichkeit erst beides zusammen ein erfülltes Dasein ausmacht.

Es ist kühn, das Wagnis zu unternehmen, einen solchen Menschen dazu einzuladen, zu seiner Krankheit und seinem Tod ja zu sagen. In wessen Namen dürfte sich auch ein Mensch, dem es gut geht, dies erlauben? Letztlich kann dies jeder Mensch nur aus seiner ganz eigenen inneren Freiheit heraus: diesen Weg des Menschseins bis ans Ende gehen; in seine volle Größe als sterblicher Mensch hineinwachsen. Jedoch kann diese volle, respektvolle und mitfühlende Präsenz eines ihm Gleichen für einen menschlichen Bruder oder eine Schwester von unschätzbarem Wert sein. Sie kann es ihm leichter machen – auch wenn es ihm dennoch nicht leichten Herzens gelingen mag –, sich auf den geheimnisvollen Prozess einer neuen Geburt einzulassen und dem Ziel seines Lebens näher zu kommen.

Das Gleiche gilt für die Umgebung des Kranken. Diese Menschen sind von der Krankheit dessen, den sie lieben, angeschlagen und sehen sich ebenfalls gezwungen, sich auf diesen Abstieg zu den Quellen des Lebens einzulassen. Nur so können sie ihre Ratlosigkeit überwinden, sich der Wirklichkeit stellen und eine Hoffnung entdecken, die sie in schmerzlicher Liebe miteinander zu teilen vermögen. Auch sie brauchen auf ihrem eigenen Weg einen brüderlichen Gefährten. So steht der Seelsorger auch in der Pflicht, diese Menschen »am Rand« zu begleiten.

»Herr Pfarrer! Mir sticht es mitten ins Herz!
Wissen Sie, was das heißt?«

Am Bett von Melanie wacht unermüdlich Pierre, ihr Großvater. Sie ist sechs. Trotz ihrer blassen Gesichtsfarbe und ihres nach den ersten Chemotherapien kahlen Kopfes ist sie ein entzückendes Mädchen. Pierre wacht an ihrer Seite. Er ist an die sechzig. Er hat dieses Kind wie seine eigene Tochter aufgezogen. Seit einer Woche ist er Tag für Tag ab morgens halb sieben an ihrer Seite; erst gegen zehn Uhr abends verlässt er sie wieder. Seit einem Monat gibt es für ihn kein Privatleben, kein intellektuelles Leben, kein Schreiben mehr – sein Beruf –, sondern nur noch seine Enkelin Melanie mit dem Krebs.

Mit der gleichen unerbittlichen Akribie, mit der er die Weltgeschichte erforschte und die Evolution der Arten zu erfassen versuchte, bemüht er sich jetzt in seiner Angst, dem Krebs seiner Enkelin auf die Schliche zu kommen. Er stellt Fragen um Fragen, macht sich bei jeder Arztvisite Notizen, grübelt endlos herum, stellt unablässig die verrücktesten Hypothesen auf, die vielleicht helfen könnten. Sein Geist überprüft auch das mindeste positive Anzeichen, erwägt die geringste Chance, die sich aufzutun scheint. Alles deutet er als Indiz dafür, dass Melanie wieder gesund werden wird. Gestern war ihre Leber gegenüber dem Vortag um zwei Zentimeter geschrumpft; aber er gibt trotzdem die Hoffnung nicht auf. Täglich schreibt er sich mit der Präzision des Forschers alle ihre Werte auf. Er hält sie in seinem kleinen Notizbuch fest, das er immer bei sich hat und bei jeder unserer Begegnungen hervorholt.

An seinem Hals hängt eine eindrucksvolle »Wundertätige Medaille«, die er sich eigens gekauft hat. Denn mit der Krankheit von Melanie hat er sich bekehrt. Er hat sich Gott gegenüber verpflichtet, eine Art Pakt mit ihm geschlossen: Er bietet sein bisheriges freizügiges Leben als Tauschobjekt für die Heilung seiner Enkelin an.

Medikamente, Chemotherapien, Daten, Telefonnummern der größten Spezialisten vor Ort in Paris und in ganz Europa, die er sich besorgt hat, dank seiner Kanäle, über die er als Wissenschaftler verfügt: Alles steht in seinem Notizbuch, ist mit besessener Schrift auf diesen kleinen Seiten verzeichnet. Die geringste Äußerung des Arztes, natürlich eines »Professors«, ist wie ein Evangelienwort festgehalten. Auf den Fluren ist er hinter jedem Schatten her, der vorbeikommt, um wieder irgendeinen Satz aufzuschnappen. Begierig sammelt er alles wie Perlen.

Dieses Bedürfnis, sich bis ins winzigste Detail genau zu informieren, jeden anzuhalten, der einen weißen Kittel trägt, auch diese einfache Not, mit jemandem sprechen zu können, Argumente vorzubringen, die kühnsten Hypothesen auskristallisieren zu lassen, um damit seine schwindenden Hoffnungen zu untermauern – all das brodelt vor meinen Augen in der Zeit, die wir gemeinsam verbringen. Ich wohne schweigsam und schmerzlich der Ratlosigkeit dieses Menschen bei, der sich meiner Auffassung nach in einem Feuerwerk von Überlegungen verliert und seinen gesamten Energievorrat zu dem Zweck verpulvert, sein unermessliches Leiden zu vergessen und vor sich selbst zu überspielen. Der Damm vor diesem gewaltigen Stau wird nicht mehr lange halten: Bald muss er brechen.

Nach über einer Stunde ununterbrochenen Redeflusses bricht er in Tränen aus. Er schluchzt. »Herr Pfarrer, entschuldigen Sie! Bitte verzeihen Sie!« Er versucht sich wieder zu fassen, verstummt schließlich, und dann endlich wagt er sich an das heran, was er loswerden will, weil es ihn fast erstickt. Er möchte mir diese schreckliche Wahrheit anvertrauen; er muss sie mir sagen. »Herr Pfarrer, ich will Ihnen alles sagen ... Ich bin ein gebrochener Mensch!« Mit seiner Rechten tastet er in hilfloser Geste nach seinem Herzen und fügt hinzu: »Ich bin im tiefsten Herzen getroffen. Es sticht mir ins Herz. Ja, Herr Pfarrer, es sticht mittendurch! Wissen Sie, was das heißt: ›durch-stechen‹?«

Da hatte er mich nun über eine Stunde lang unterhalten: mit seinen Forschungen über die Pygmäen, über die Atolle Melanesiens, über die Theorien zur Evolution der Arten; er hatte mir über Teilhard de Chardin einen Vortrag gehalten, über Kapitel seines letzten Buches – und dann, schließlich, war er auf sein verwundetes Herz zu sprechen gekommen, seine Bekehrung, sein innerstes Geheimnis.

Während seines endlosen Monologs, während der langen dahinstreichenden Minuten habe ich mich unwillkürlich gefragt, was ihn eigentlich dazu veranlasst hat, an meine Tür zu klopfen, sich vor mich hinzusetzen und mich zu fragen, ob ich einmal etwas mehr Zeit für ihn hätte. Jetzt endlich verstehe ich, weshalb er da ist und in meinem Sessel sitzt; und vor allem, warum er diese ganze Zeit gebraucht hat und alle diese Umwege, um endlich zum Kern zu kommen. Mir geht auf, wie lang der Weg ist, bis dieses tiefe, unermessliche Leid ans Licht kommt. Er brauchte alle diese endlosen Minuten, um sich Schritt für Schritt in dieses Labyrinth hineinzutasten, in dem er das Leiden seines gemarterten Herzens vergraben hat. Er brauchte diese ganze Zeit, um zwischen uns Vertrautheit herzustellen und zu spüren, um mir, dem Fremden, endlich diesen ganz geheimen Schatz eröffnen zu können und sich damit von dieser allzu schweren Last zu erleichtern.

Einen Kranken begleiten und die, die ihn lieben, das bedeutet, zum langsamen Aufdämmern des Seins und des Friedens beizutragen, zu diesem behutsamen Sieg des Lichts über die Tiefen der Nacht, des Leidens und der Hoffnungslosigkeit. Es heißt, staunend dem mühsamen Sieg beizuwohnen, wenn aus dem tiefsten Inneren des Seins schließlich das Ja aufbricht und über Aufbegehren und Verweigerung siegt. Es bedeutet, diesem fortschreitenden Hochkommen des Ja zuzusehen, des gelassenen und milden Ja, zu dem der Mensch von Natur aus fähig ist.

Welche Mittel gibt es, um dabei zu helfen? Sie sind zahlreich und nicht exakt zu umschreiben. Helfen, begleiten heißt aber nicht, das erschöpfte Wollen anzuspornen; erst recht nicht, auf das Maultier der Illusionen einzudreschen. Es ist viel einfacher: da sein, dabei sein, Zeuge des Möglichen sein, Zeuge auch eines in jedem Menschen anwesenden Quellorts des Lebens. Es heißt ganz einfach, Zeuge dieses Ortes zu sein, an dem in jedem von uns die Kraft und die Hoffnung darauf warten, gerufen zu werden. Es ist nicht so wichtig, ob dieser Zeuge schweigt oder Worte benutzt. Aber er sollte selbst ein echtes Wort sein, ein in Liebe dem anderen gesagtes Wort, wenn er schon Wort sein soll. Dann kann es vielleicht geschehen, dass der Kranke in seinem Inneren seine eigene Stimme vernimmt, begleitet von Freudenklängen, die seine Neugeburt feiern.

Der Gesang der Sirene Selbstmord

WENN DER TOD NAHT und sich eindeutig abzeichnet, rührt sich zuweilen die Versuchung zum Selbstmord. Sie ist geläufiger, als man vermutet. Ihr geheimes Ziel würde darin bestehen, das »Schlussmachen« selbst in der Hand zu behalten und es auf diese Weise zu vermeiden, dass einem das, was man fürchtet und verweigert, aufgezwungen wird. So ist das dann die letzte Hoffnung: der Situation, nicht mehr Herr seines Lebens zu sein, zuvorzukommen. Die Bitte um Euthanasie ist nur ein Instrument, dieser gleichen Versuchung nachzugeben: Man greift auf eine medizinische Hilfe zurück, wenn der Kranke nicht mehr fähig ist, sein Leben selbst zu beenden.

»Ich möchte ihm das nicht antun«

Gérald wird von der Idee des Selbstmords verfolgt, seit ihm der Arzt schonungslos eröffnet hat, er habe Krebs und seine weiteren Aussichten seien ziemlich düster. Doch trotz dieses Gedankens an Selbstmord, der ihm im Kopf herumgeht und ihn fasziniert, hat er Angst, Angst nicht vor dem Tod selbst, diesem letzten Augenblick heller Klarheit, bevor es Nacht wird, sondern Angst vor sich selbst. Er befürchtet, er werde zu spät selbst diesen fatalen Schritt tun und es werde mit ihm zu Ende gehen, noch bevor er in voller Klarheit entschieden habe, seinem Leben selbst ein Ende zu setzen. So schwebt er noch zögernd zwischen Weitermachen und Schlussmachen.

Steht der Entschluss erst einmal fest, ist die Selbsttötung nicht mehr schwer. Nur das Zögern ist unerträglich; das ist auch das, was Gérald plagt. Bei jeder seiner Chemotherapien wird er bei mir vorstellig. Aufrecht, als stehe er am Rand der Steilküste, schwankend wie ein Metronom, zögert er: Wird er es wagen, die Augen zuzumachen und hinabzuspringen? Oder wird er zurückschrecken? Der Abgrund tut sich vor ihm auf, und die Leere zu seinen Füßen zieht ihn fast unwiderstehlich an. In seinem Kopf dreht sich bereits alles wie ein Wirbelsturm, der ihm das Zeichen geben will, endlich den Schritt zu tun. Die Versuchung hat ihn wie ein Zustand der Trunkenheit erfasst.

Alles wäre ganz einfach und angenehm, wenn da nicht Thierry wäre, sein erst neunjähriger Sohn. Damals, als er bereit war, ihm das Leben zu schenken, hatte er nicht gewusst, zu was für einer Kette ihm diese Vaterschaft, die er übernommen hatte, heute werden würde. Denn hier, in diesem Augenblick, ist das die einzige Kette, die ihn zurückhält: das Dasein dieses Kindes, seines Kindes. »Das kann ich ihm doch nicht antun!«, sagt er immer wieder zu mir, sooft er vor mir im Sprechzimmer sitzt und wieder endlos seine fixen Gedanken abgespult hat.

Die ganzen langen Nächte und Tage hindurch, so vertraut er mir an, spanne er alle Fasern seines Wesens an und widerstehe der Sogkraft des Abgrunds. Aber werde er diese Runde je gewinnen? Denn sein Wille sei von dem ständigen Anklopfen des Todes und vom steten Aufbegehren gegen sein Schicksal erschöpft. So setzt sich auch heute wieder wie bei jeder unserer Begegnungen das endlose Hin und Her fort, das Schwanken zwischen dem ersehnten und doch nicht möglichen Kopfsprung in den Tod.

Wenn er so regelmäßig darüber diskutiert und mir davon spricht, beruhigt mich das eher, ja, ich bin überzeugt, er wird der Versuchung nicht erliegen, selbst wenn mich die Leidenschaft, die aus seinen endlosen Ausführungen spricht, befürchten lässt, er könne von einem verhängnisvollen Angstanfall heimgesucht werden. Sein Sohn hält ihn wie ein unzerreißbares Band im Grund seines Wesens ans Leben gebunden: Er ist Vater, er hat Leben geschenkt. Die Gnade der Vaterschaft hält ihn zurück!

Aber schon gehorchen ihm seine Beine nicht mehr. Seine Kräfte haben ihn verlassen. Auf dem Bett, von dem er, der Sportler und Athlet, sich nicht mehr erhebt, schafft er es nicht mehr, seinem imposanten Körper auch nur noch die geringste Bewegung abzuzwingen. Seine ganze rechte Seite ist seit kurzem gelähmt. Mit diesem weiteren Schlag seiner Krankheit ist eine Schwelle in Richtung Ende überschritten. Er weiß: Der Krebs wird siegen. Von jetzt an ist es eindeutig, dass er eines natürlichen Todes sterben wird, und er bedauert das. Doch entwerfen sich in ihm noch geheime Strategien und nähren während der endlos langen Tage unbeweglichen Daliegens seine Träume und seine Ungeduldszustände. Eine kalte Entschlossenheit tritt an die Stelle der wankelmütigen Haltung gegenüber den Versuchungen zum Selbstmord. Ich befürchte das Schlimmste.

Sein Krebs macht trotz wochenlanger Behandlungen immer weiter. Sein Zustand zerrüttet sich weiter, seine Erschöpfung wird extrem. Er wird nie mehr imstande sein, sich selbst das Leben zu nehmen. Wie sollte er sein Bett verlassen; wie sollte er die Waffe finden, die er sich vorstellt? Er hat nicht mehr die Kraft dazu. Die einzige Lösung wäre noch, dass ihm jemand, der ihm zugetan und gefügig ist, zur Hand ginge, den Revolver mitbringen würde, der daheim auf ihn warte. Daran denkt er; das ist der Grund, weshalb er so drängt, nach Hause entlassen zu werden. Er hat Freunde, viele gute Freunde ... Einer von ihnen könnte vielleicht ... Vielleicht könnte einer mitmachen ...!

Doch alles beschleunigt sich rasch, ja überstürzt sich: Er verfällt in eine schlimme Schläfrigkeit. Nur noch von immer weiter her taucht er daraus wieder kurz auf, und nur, wenn seine liebsten Freunde ihn zäh aufrütteln. Heute öffnet er seine Augen nicht mehr. Nur noch kaum wahrnehmbare Zeichen der Augenlider lassen vermuten, dass er etwas hört und versteht und auf seine Art am Gespräch derer teilnimmt, die ihn umgeben. Aber von jetzt an werden sie immer geschlossen bleiben. Für immer sind damit das Abenteuer und der besessene Traum vom Selbstmord vorbei.

»Glauben Sie, Gott würde es mir übel nehmen, wenn ich meinem Leben ein Ende setzte?«

Gérald hatte sich als Ungläubigen bezeichnet. Seine Zweifel bezüglich seiner Versuchung zum Selbstmord hatten nichts direkt mit religiösen Grundsätzen zu tun oder mit irgendeinem Verbot, das ihm ein Glaube auferlegt hätte. Nur das Dasein dieses von ihm abstammenden Kindes und die Verantwortung, die ihm sein Vatersein auferlegte, errichteten vor ihm eine unüberwindliche, wenn auch wacklige Schranke.

Diese Frau dagegen, die ebenfalls vom Gedanken an den Selbstmord geplagt wird, ist gläubig. Sie bittet darum, täglich in ihrem Zimmer die Kommunion zu empfangen, und wir beten gemeinsam. Am Ende jeder Danksagung nach der Kommunion stellt sie mir mit einer auf die Nerven gehenden Beharrlichkeit immer wieder die gleiche Frage: »Herr Pfarrer, glauben Sie, Gott würde es mir übel nehmen, wenn ich meinem Leben ein Ende setzte?« Würde sie schrecklich leiden, so könnte ich ihren Wunsch, ihrem Leben ein Ende zu setzen, noch einigermaßen verstehen. Aber sie hat keine größeren Schmerzen, und ihr Krebs ist nicht von der Art, dass schlimme Leiden und Verstümmelungen vorherzusehen wären. Was ihr weh tut, verschwindet dank der schwachen Dosen eines Schmerzmittels, das sie auf ihren Wunsch verabreicht bekommt.

Der Fall dieser gläubigen Frau gibt mir Fragen auf. Warum ist auch diese Kranke, an deren echtem Glauben kaum zu zweifeln ist, derart vom Wunsch erfüllt, selbst ihr Leben zu beenden, noch ehe ihr die Krankheit den Tod bringt? Sie ist sich dessen bewusst, dass ihre Religion und ihr Glaube dies streng verurteilen; und sie ist sich bewusst, dass das Verbot ihres Glaubens für sie ein Rückhalt bei ihrem Kampf darum ist, der Versuchung zum Selbstmord nicht nachzugeben. Ihre Neigung zum Selbstmord ist von ganz anderer Art als jene Géralds: Sie hat weder den gleichen, fast besessenen Hang dazu noch den gleichen impulsiven Charakter. Und doch wünscht sich diese Frau mit Nachdruck, sie könnte angesichts ihres Krebs und der Zukunft, die er ihr in Aussicht stellt, sich selbst den Tod geben. Wenn dieser Gott, an den sie glaubt, es ihr nicht verboten hätte, ist es ziemlich wahrscheinlich, dass sie ihren Tagen mit aller Seelenruhe und ohne den geringsten Skrupel ein Ende gesetzt hätte.

Die hartnäckige Entschlossenheit dieser Frau wirft eine schwere und aktuelle Frage auf: diejenige nach den Tiefenmotivationen des Selbstmords. Denn ihr Wunsch, so wie ich ihn erlebte, hatte weder etwas von einer Marotte noch von einer Prahlerei an sich und war auch nicht ein leichtfertiges Zugeständnis an eine Tendenz in der heutigen Zeit. Natürlich weiß ich nicht, was diese Frau letztlich in der Tiefe bewegte. Noch weniger kann ich ermessen, wie groß der Anteil dieses inneren Antriebs und wie groß derjenige der klassischen Argumente waren, mit denen sie die sie bedrängende Frage formulierte, diese gläubige Frau angesichts ihres bevorstehenden Todes. Vielleicht war es auch hier zusammen mit der Angst vor dem Sterben die Versuchung, der Situation, sein Leben nicht mehr selbst in der Hand zu haben, zu entgehen.

»Er hat zu uns nie etwas über sein Sterben gesagt!«

Es gibt eine andere Form der Versuchung. Sie ist zwar weniger spektakulär und weniger problematisch, aber in meinen Augen genauso gefährlich: die Versuchung, die ich als die Versuchung zum stummen Selbstmord bezeichnen möchte. »Er hat nie etwas davon gesagt«, hört man oft nach dem Tod von den nächsten Angehörigen, »nie hat er uns etwas über sein Sterben gesagt!« Das ist ein trauriger Nachruf. Dieses Schweigen, das die Umgebung oft als deutliches Zeichen des Mutes und der Größe deutet, ist in Wirklichkeit nichts anderes als der stumme und sterile Ausdruck einer ungeheuren inneren Not, ein Leichentuch des Schweigens, ein entsetzliches hartnäckiges Stummbleiben! Düstere Zweisamkeit mit dem nun näher rückenden Tod.

Wenn der Tod auf diese Weise im Stummsein verborgen gehalten wird, kann er bei seinem Kommen im Kranken nicht jenes innere Gespräch in Gang setzen, das es ihm ermöglichen würde, seinen Tod bewusst zu erleben und die letzte Wegstrecke zu etwas wahrhaft Menschlichem werden zu lassen. Unter diesen Umständen wird der Kranke auch nicht auf irgendeine innere mystische und verborgene Begegnung mit dem Schöpfer seines Lebens vorbereitet; und erst recht nicht wecken diese das Aufbegehren gegen eine schmerzliche Begegnung. Wenn der Kranke stumm bleibt, ist er in seinen eigenen Abgrund geglitten, darin ertrunken. Der Mut – aber kann man hier überhaupt noch von Mut sprechen? – hätte darin bestanden zu sprechen, statt im Schweigen zu versinken. Es wäre für ihn heilsam gewesen, das Gespräch zu eröffnen, von seinem Abschied zu sprechen, den Seinen das Offenkundige zuzumuten, um das er wusste. Heilsam wäre es sogar gewesen, das Risiko einzugehen, den anderen weh zu tun, die Tränen seiner Angehörigen fließen zu lassen und es zu wagen, den Seinen das Geschenk seiner eigenen Tränen zu machen.

»Wir lassen Sie nicht fallen!
Auf uns können Sie sich verlassen!«

Mein Freund Bertrand ist am Telefon. Seit gestern Abend ist er wieder in diesem Provinzkrankenhaus, in dem ich ihn schon so oft besucht habe. Er hat darum gebeten, dass man seinem Leben ein Ende setze. Als gläubiger Mensch wünscht er, mit mir noch einmal darüber zu sprechen, bevor es so weit ist. Er möchte, dass ich ihn besuchen komme; es sei ganz dringend.

Es ist noch gar nicht lange her, dass wir ausführlich miteinander gesprochen haben. Das war bei ihm daheim gewesen, in aller Freundschaft und herzlichem Einvernehmen. Er hatte mir seine Ölgemälde gezeigt, vor allem die allerletzten, die er seit seiner Entlassung aus dem Krankenhaus gemalt hatte, in jenen seltenen kurzen Zeiten der Freiheit, die er täglich seinem Krebs abhandelte. Mit welcher Freude hatte er mir die Formen und Farben erläutert! Die harten Prüfungen seiner Krankheit hatten ihn geläutert und seine Kunst tiefer werden lassen. Die Aussagekraft des Schwarz und Rot auf seinen Bildern war ungemein eindrucksvoll; mir war das besonders aufgefallen. Vor allem aber hatte ich das Auftauchen von Kreuzmotiven bemerkt; es war, als wollten sie an vielen Stellen aus der Oberfläche seiner Farben herausbrechen.

Wir haben dann gesprochen, lange und ausführlich. Natürlich über seinen Krebs. Dass er täglich zwei Stunden dafür aufwenden müsse, sich selbst zu verarzten, doch er lege Wert darauf, das allein fertig zu bringen. Über seine Schmerzen und die extrem hohen Morphindosen, die seine Schmerztherapeuten regelmäßig neu einstellten. Vor allem aber sprachen wir über sein inneres Leben. Er suche sich jetzt täglich Gebete aus dem ganz neuen Missale heraus, das ihm jemand geschenkt habe. Und er beziehe auch viel Trost und Frieden aus der täglichen Kommunion, die er der Fürsorge einer alten Nachbarin verdanke.

»Weißt du«, hatte er mir dankbar eröffnet, »diese zehn Krankheitsmonate waren ungeheuer schwer; diese zehn Monate auf dem Riesenbett, das jetzt in unserem Esszimmer und zugleich meinem Atelier steht, diese zehn Monate zusammen mit Sylvaine – äußerlich erscheint diese Zeit sehr jämmerlich, mit diesem Körper, der immer mehr abbaut –, aber ich sage dir, das waren die zehn schönsten Monate meines Lebens! Doch, die zehn schönsten ... unserer Liebe ... für Sylvaine und mich ...! Nie zuvor haben wir uns derart geliebt! Und das, das verdanke ich dir!«

Heute, angesichts dieses verzweifelten Anrufs, den ich gerade aus dem fernen Krankenhaus erhalten habe, wo er den Tod erbittet, kommt mir ungeheuer stark wieder die Erinnerung an seine damalige Zuversicht hoch und mir setzt es schrecklich zu. Ich habe wieder lebhaft sein Gesicht vor Augen und die milde Freude, von der es strahlte. Mir kommt auch noch einmal das Echo meines damaligen Glücks, meines Stolzes über einen solchen Freund. Wie konnte es nur so weit kommen, dass er nach einem derartigen Gipfel spiritueller Erfahrung jetzt den Tod erbittet? Ich begreife das nicht. »Nein, das darf nicht wahr sein! Bertrand, mein Freund! Doch das nicht!«

Warum, so frage ich mich, kapituliert er heute vor der Versuchung, die er damals besiegt hatte? Wie wurde das möglich, nach diesen zehn Monaten unverhofften Glücks, die er seinem Krebs zu entreißen vermochte? Er wusste sehr wohl, was der Grund dafür war: dieses »Ja« im nackten Glauben, das er damals zum Wort seines Gottes gesprochen hatte, das da lautet: Du sollst nicht töten! Er hatte sich damals an dieses Wort seines Gottes gehalten, mehr darauf gebaut als auf seinen verstümmelten Körper. Warum also vermochte er nicht auch heute noch sein Leben und seinen Tod auf dieses gleiche Wort zu setzen: »Du sollst nicht töten«?

Seit Monaten, das wusste er, waren seine Tage gezählt; aber er hatte das angenommen. Angesichts dieser unentrinnbaren Aussicht und in Unkenntnis dessen, wie sich alles im Einzelnen noch abspielen würde, hatte er sogar einen gewissen Frieden gefunden. Voller Vertrauen hatte er sich dem Versprechen der Stationsleiterin überlassen: »Herr Bertrand, wir lassen Sie nicht fallen! Auf uns können Sie sich verlassen!« Bis jetzt hatte ihn dieses Versprechen auf seinem Weg begleitet und ihm Sicherheit geschenkt. Er wusste, er war in freundschaftlichen, fürsorglichen Händen, die ihn bis an sein Ende umsichtig betreuen würden.

Und jetzt, so sagt er mir, wolle er noch mit mir sprechen, vor seinem endgültigen Entschluss, diesen letzten Schritt zu tun. Deshalb rufe er mich an. Es beschäftige ihn, er zögere noch, er begreife es nicht mehr. Was genau habe die Stationsleiterin eigentlich sagen wollen mit diesem »Wir lassen Sie nicht fallen«? Das komme ihm plötzlich rätselhaft vor. Habe sie damit etwas Unaussprechliches, Schlimmes angedeutet? Er sei angespannt, ja aufgeregt.

Die Möglichkeiten der Schmerztherapie seien ausgeschöpft; seine Schmerzen würden fast unerträglich. Eine Steigerung der Morphindosen helfe nichts mehr. Man habe ihm eröffnet, als einziges Mittel bleibe noch der Schlaf: dass man ihn einschläfere und er dann passiv seinem Ende entgegendämmere. Ob er damit einverstanden sei, das solle er jetzt entscheiden.

Ich verspreche ihm, unverzüglich zu kommen; gegen Mittag würde ich da sein.

Sylvaine ist da, an seinem Bett, stumm. Ein Stück weiter weg, am Fenster hingesunken, ebenfalls stumm, ihr ältester Sohn. Bertrand liegt hingestreckt unter seiner frischen Decke, wach; seine großen schwarzen Augen starren weit offen, sein Gesicht ist angespannt. Schon länger erinnerte er – mit seinen langen, verwilderten Haaren, seinem schwarzen Bart und seinem ausgemergelten Gesicht – ein wenig an den Schmerzensmann und jetzt erst recht. Die lichtvolle Klarheit in seinem Gesicht besticht; sie wirkt wie die Ruhe vor dem Sturm. In der ihm eigenen Art heißt er mich mit seinem strahlenden Lächeln willkommen; aber mich fasziniert vor allem sein Blick. Hinter dem Vorhang der Freundschaft spüre ich seine unbeugsame Entschlossenheit glühen.

Der Arzt sei am Vormittag gegen zehn da gewesen. »Herr Doktor, wie lange kann dieser Schlaf dauern, den Sie mir vorschlagen?« Unter dem unerbittlichen Blick von Bertrand hat er gezögert, verhandelt, sich logische Widersprüche und frühere Versprechungen vorhalten lassen müssen. Bertrand hat schließlich begriffen. »Das hängt von Ihnen ab!« Ja, er hat es vollständig begriffen: Die Entscheidung liege ganz bei ihm. Das wollte »das« also heißen: »Wir lassen Sie nicht fallen!« Man wolle ihm selbst die Möglichkeit überlassen, über seinen Tod zu entscheiden.

Aber da sitzt er jetzt in der Falle. Wofür soll er sich entscheiden? Als geradliniger Mensch, gläubig und treu, steckt er im Zwiespalt zwischen seinem Temperament und seinem Glauben. Als Glaubender ist er überzeugt, dass sein Körper nicht ihm gehört und er nicht das Recht hat, seinen Tod zu beschließen. Er weiß auch, was ihm sein Ja zu diesen zehn Monaten der Krankheit und des zunehmenden Verfalls erschlossen hat an Liebe, Glück und Zärtlichkeit, daheim bei Sylvaine, nachdem er darauf verzichtet hatte, den Tod zu erbitten. Doch jetzt schlägt man ihm vor, seinen Körper aufzugeben, einschläfern zu lassen, der Sorge anderer auszuliefern und sich bewusstlos, langsam aber sicher in den Tod sinken zu lassen. Nein! Das ist zu viel! Er kann das nicht akzeptieren, sich »einnebeln« zu lassen, seinen Körper, der sein Stolz war, als leblose Hülle der Verwaltung anderer auszuliefern. Instinktiv sperrt er sich dagegen. Auf eine weitere Entmächtigung lässt er sich nicht ein. Seine alten Dämonen treten energisch wieder auf den Plan. Soweit es seine von den wahnsinnigen Morphindosen gedämpften Kräfte noch irgend zulassen, wird er um den sofortigen Tod bitten.

Unser Gespräch zieht sich hin. Ich kann seinen Todeswunsch nicht billigen. Er bricht los: »Du verweigerst mir also die Vergebung Gottes und die Sterbesakramente! ... Ich soll schuldbeladen vor meinen Gott treten! ... Und ich habe so auf dich vertraut! ... Ich habe dich immer für so offen gehalten! ... Du enttäuschst mich bitter!«

Was tun angesichts eines solchen Ausbruchs und der Not? Am liebsten möchte ich heulen. Mir kommen keine Worte mehr. Ich bin erschüttert, ich suche nach einer Lösung ... Was ist mir erlaubt? Geben mir die Freundschaft und das Mitleid das Recht, ihm das Sakrament Christi zu spenden? Aber ich bin nicht Herr über das Sakrament! Doch habe ich das Recht, einen Freund so gehen zu lassen, in diesem Zustand der Not? Gibt es nicht menschliche Grenzen des Rechts, der Erlaubnis und des Verbots? Ich versuche zu begreifen; ich höre den Anruf aus seiner tiefen Not heraus.

Ich kenne den Großmut und den Glauben dieses Menschen. Unter anderen Umständen hätte er genau wie vor zehn Monaten zugestimmt, sich entmündigen zu lassen und der Hilflosigkeit auszuliefern; er hätte diese vierzehn Tage akzeptiert und sich mit schlafendem Körper der Zärtlichkeit und Umsicht der trauernden Sylvaine anvertraut. Heute, aus diesem zerrütteten, entsetzlich schmerzenden Körper, ist es nicht mehr er, der argumentiert und entscheidet, mich aggressiv angreift. Es sind die astronomisch hohen Morphindosen, die das Kommando übernommen haben, sich überschlagen; sie sind es, die jene diabolische Klarheit bewirken, aus der dieses Wesen seine Sturheit und spirituelle Taubheit bezieht. Über welche Freiheit des Urteils und der Entscheidung verfügt er trotz des äußeren Anscheins überhaupt noch, um seine freie, klare Zustimmung geben zu können? Angesichts all dieser Überlegungen glaube ich schließlich, ihm das Erbarmen Gottes zusprechen zu können.

Mir bleibt die Aufgabe, in diesem Provinzkrankenhaus den Skandal zu vermeiden. Das Personal weiß, dass der Freund, der da war, Priester ist. Was wird es darüber denken? Ich befürchte, mein Besuch bei Bertrand wird als Mittäterschaft und Billigung seiner Bitte ausgelegt. Das aber will ich auf keinen Fall. So schlage ich Bertrand vor, als Preis seines echten Glaubens und seiner Treue zu Gott solle er der Betreuerin, die kommen wird, zu verstehen geben, sein Priesterfreund habe seine Entscheidung und Bitte missbilligt. Damit ist er einverstanden. So erkläre ich mich bereit, ihm die Krankensalbung zu spenden. Nachdem er kommuniziert hat, finde ich nicht mehr den Mut, ihn zu umarmen, und verabschiede mich rasch. Mich verfolgt der Gedanke an die auf meinen Weggang folgenden Minuten und an den schrecklichen Akt, der sie abschließen wird.

Auf dem Weg zurück nach Paris, am Steuer meines Wagens, frage ich mich: Müsste ich nicht eigentlich, um unserer Freundschaft willen, am Nachmittag wieder hingehen, wenn alles vorbei ist? Müsste ich nicht wieder an Ort und Stelle sein? Die Frage plagt mich. Noch einmal hingehen? Und was tun? Den Tod konstatieren? ... Den Mut habe ich nicht! Ich bin hin- und hergerissen, zermartere mir den Kopf, wie ich dieses gemeinsame Stück Vergangenheit abschließen soll. Auswischen? Unsere Freundschaft löschen? Unmöglich! Die Minuten verstreichen; ich schwanke zwischen Treue und Abfall. Mir wird übel im Magen, mein Herz ist beklommen.

Doch schließlich, im Namen der Freundschaft, die mich so eng mit Bertrand und seiner Familie verbunden hat, raffe ich all meinen Mut zusammen und kehre um, schlage wieder die Richtung zu diesem Provinzkrankenhaus ein. Im Zimmer wachen Sylvaine und ihr Sohn bereits. Bertrand liegt hingestreckt mit geschlossenen Augen da. Ein Band umschließt sein Gesicht, bis der Körper erstarrt und sein Mund für immer geschlossen bleibt. Seine Lippen sind durch den Druck des Bandes zu stark zusammengepresst. Es ist der Leichnam meines Freundes. Es hat kaum zwei Stunden gebraucht!

Jetzt, wo alles vorbei ist, versuche ich noch einmal, alles zu begreifen, mir die traurige Entscheidung dieses Freundes zu erklären, der einen so festen Glauben hatte. Ich muss dafür zurück gehen, mehr als zehn Monate zurück.

Ich bin bei ihm, im Zimmer dieses tristen Krankenhauses. Bertrand hat gerade seine Kolostomie bekommen, dieses Loch an seiner Hüfte, aus dem sich sein Stuhl in einen an der Hüfte befestigten Beutel entleert. Er sträubt sich gegen die »Schande«, mit diesem Beutel zu leben, und trägt sich mit dem Gedanken, sich den Tod zu erbitten. Dieser Beutel plagt ihn furchtbar, erniedrigt ihn: Er kann diese Schmach für seinen Körper kaum ertragen. Denn hinter seiner genialischen Ungepflegtheit und seinem langen Hippie-Haar ist er sehr auf elegantes Erscheinen bedacht. Als wäre er in seinem tiefsten Inneren versehrt, liegt er vor mir da, schweigt, mauert. Nein, nie wird er es zulassen, dass Sylvaine sich um diesen abscheulichen, schmachvollen Beutel kümmert!

Damals hatte ich ihm lange zugehört, sehr lange. Mehr als eine

Stunde lang hörte ich zu, was sein Aufbegehren, seine kalte Entschlossenheit »herausließen«; geduldig hatte ich ihn seine Schlussfolgerungen und Rechtfertigungen abspulen lassen. Wir brauchten ungemein viel Zeit, bis er endlich nach vielen Umwegen allmählich erfasste, dass der Sinn seines Lebens nicht von diesem abstoßenden Beutel an seiner Hüfte abhängen konnte; bis er zuließ, dass ihn im Kern dessen, was ihn peinigte, ein Geheimnis des Lebens erwartete. Erst von da an wagte er es, sich im Glauben und in der Treue zu seinem Gott, der sagte: »Du sollst nicht töten«, auf den Weg zu einem Glück zu machen, das versprochen war, aber ihm unvorstellbar. Er gab nach, er war einverstanden, heimzugehen und seinen Kreuzweg daheim weiterzugehen, gemeinsam mit Sylvaine. Und so kam es, dass ihm diese unglaublich kostbaren zehn Monate geschenkt wurden. Sicher, zehn Monate immer auf der Kippe, aber zehn Monate eines unglaublich glücklichen Lebens: »Die zehn schönsten Monate meines Lebens!«

Ich möchte auch begreifen, welche Kettenreaktion unausweichlich dazu geführt hat, dass es so enden musste. Das Versprechen »Wir lassen Sie nicht fallen!« war zweifellos ehrlich und großherzig formuliert; aber wer hätte ahnen können, dass es zu diesem extremen Akt führte? Offensichtlich hatte man die Zweideutigkeit und Unklugheit eines derartigen Versprechens unterschätzt; aber vor allem: Hatte man genügend abgeschätzt, welches Maß an gut abgestimmter, menschlicher Hilfe das Pflegeteam tatsächlich zu bieten vermochte? Und welcher Charakterstärke es bedurfte, um den Bitten um den Tod widerstehen zu können, die zuweilen, und mit welcher Entschiedenheit – und welcher Angst! – die Kranken selbst oder ihre Angehörigen fordern? Hatte man sich vorgestellt, mit welchem kämpferischen Geist und welcher Hartnäckigkeit sich Bertrand daran klammern könnte, wenn er – in einem Anfall plötzlicher innerer Verzweiflung und ohne innere Vorbereitung – seine tiefsten Überzeugungen und seinen Glauben fallen lassen würde und das Personal sich dann verpflichtet fühlte, zu einem derart zweideutigen und vom Betroffenen so falsch verstandenen Versprechen stehen zu müssen? Was für ein seltsames Missverständnis! Ich frage mich, aus welcher Unüberlegtheit heraus man sich auf ein derart dahingesagtes Wort zu diesem Akt der Euthanasie hat verleiten lassen. »Wenn Ihre Todesstunde naht, werden wir Sie nicht fallen lassen!« Was für ein unkluges und mehrdeutiges Versprechen! Und welche Sorglosigkeit steckte in diesem »In zwei Stunden ... vierzehn Tagen ... das kommt darauf an!« Bertrand hat wie ein umstelltes Wild im Augenblick des Halali den dunklen Angreifer gehört und sich seinen Dämonen ausgeliefert!

Eine »zurückgenommene« Bitte um den Tod

Krankenschwestern verständigen mich eines Tages, eine ihrer Patientinnen sei in großen Schwierigkeiten. »Sie verlangt ganz entschieden, dass man ihrem Leben ein Ende setze, und sie begreift nicht, warum wir uns weigern, das zu tun.« Darum wäre es gut, wenn ich käme. Der Empfang ist direkt und ganz offen: »Herr Pfarrer, keine Sorge: Ich glaube nichts.« Mir ist dieser Einstieg ins Thema nur recht. Darin empfinde ich nicht den geringsten Vorbehalt gegen mich als Priester; eher ist das in höflicher Verpackung Ausdruck eines großen Vertrauens. So setze ich mich also an ihr Bett. Sie wird um die sechzig sein, wirkt sehr erschöpft. Dafür, dass ich ihr zuhör, ist sie dankbar. »Ich habe um die Euthanasie gebeten; ich möchte, dass man mein Leben beendet. Das verweigert man mir. Aber ich kann nicht mehr.«

Wir sind noch mitten im Gespräch über diesen Tod, nach dem sie verlangt und über den sie mit mir sprechen will, als die Tür aufgeht und ihr Mann dasteht. Er weiß, dass sie in der Endphase ist und nach der Euthanasie verlangt; und genauso weiß er, dass sie nicht gläubig ist. Hat er unverzüglich gemerkt, dass ich der Seelsorger bin und wir, seine Frau und ich, in großem Vertrauen miteinander sprechen?

Kaum hat er die Schwelle überschritten, bleibt er kurz wie angewurzelt stehen, tritt dann ans Bett direkt neben mich und rührt sich nicht mehr. Sein Kommen hat unser Gespräch unterbrochen. Ich sage nichts und versuche, in mir die Ruhe und Inspiration zu finden, die mir helfen, meine Begrüßungsworte genau auf diesen unerwarteten Besucher abzustimmen. Einige Sekunden vergehen, dann schaue ich ihm ins beunruhigte Gesicht und sage vor seiner erstaunten Frau zu ihm: »Ihre Frau und ich, wir unterhalten uns gerade über ihren bevorstehenden Tod. Sie weiß, dass sie bald sterben muss; sie hat es mir gesagt. Sie hat mir auch von ihrer Bitte um die Euthanasie erzählt.«

Zu meinem großen Erstaunen legt sich nach diesen meinen Worten seine Überraschung; sie beruhigen ihn, seine Züge glätten sich, er versinkt in jene Art abgründiges Schweigen, bei dem der Mensch seinen Tränen Zeit lässt, sich zu sammeln und dann loszufließen. Schließlich weint er, weint leise vor sich hin. Es ist, wie wenn sich in ihm langsam unsichtbare Schranken niederlegen und seinem Herzen freien Raum lassen: Er hört, er hat verstanden ... Seine Frau geht ihrerseits auf diese unerwartete Eröffnung mit Feingefühl ein und ergreift wieder das Wort. Sie spricht; sie wagt, von »ihrem« Tod zu sprechen, von ihrem bislang so eifersüchtig und schwer gehüteten Geheimnis, das dennoch zwischen ihnen brannte. Und während sie uns in großer Schlichtheit das Geheimnis dieses Todes eröffnet, erfasst uns alle drei eine Art Klarblick und verbreitet zwischen uns um dieses Bett Versammelten eine glückserfüllte Ruhe.

Schließlich treten wir alle drei wieder in das unterbrochene Gespräch ein; das Wort geht vom einen zum andern, ohne Wenn und Aber. Wir tauschen uns über diesen bevorstehenden Tod aus, über die Euthanasie, um die sie bittet. Merkwürdigerweise sind die Spannungen und Ängste wie weggewischt, aufgelöst. Ein wohltuender Friede ist eingekehrt und hat jeden von uns erfasst, voll und rundum, eine fast mit Händen zu greifende Kraft. Der Tod hat seine Maske als Schreckgespenst gehoben, weil er zur Sprache gebracht werden konnte. Jetzt ist er nur noch eine gewaltige, milde Einladung, ja zu sagen zu diesem schmerzlichen Ruf ins Ende, der zugleich ein Ruf ins Leben ist. Der in Worte gefasste Tod hat die Spannung in den Gesichtern gelöst; sie leuchten wieder von Nähe und Zuneigung. Der Gatte strahlt. Dank dieses ganz wesentlichen, Gemeinsamkeit eröffnenden Gesprächs wirkt alles ganz klar und einfach. Ich kann sie mit ihrer neu gewonnenen Nähe zueinander allein lassen.

So mache ich mich auf, aus dem Zimmer zu gehen. Die Kranke hält mich zurück: »Herr Pfarrer, könnten Sie bitte nächsten Donnerstag wieder vorbeikommen? Dann ist meine Tochter da. Ich möchte, dass sie Sie kennen lernt, und auch umgekehrt.« Glücklich über das, was sich gerade zwischen uns ereignet hat, möchte sie nur allzu gern, dass in der kommenden Woche ein gleiches Gespräch mit ihrer Tochter stattfinde, wenn diese sie besuchen kommt.

Kurz vor ihrem Tod ist ihre Tochter ihr größter Kummer. Das Verhältnis zwischen ihnen beiden hat sich sehr verschlechtert; der Tochter hat das offene Wort ihrer Mutter gefehlt. Wenn es uns gelingen würde, so wie heute auch mit ihr über den Tod zu sprechen, der so belastend zwischen ihnen steht und schon bald die Familie prägen wird, könnte vielleicht zwischen ihnen doch wieder Vertrauen einkehren und sich das frühere gute Verhältnis wieder einstellen. Vielleicht hätte das sogar zur Folge, dass diese leidende Mutter und ihre von ihr abgewandte Tochter den Sinn des Lebens und Sterbens noch einmal ganz anders sehen könnten? Wer weiß, wenn dieses Sterben der Mutter ganz offen von der ganzen Familie getragen würde, ob die Tochter nicht doch wieder Freude an ihrer Familie fände? Der Gatte ist einverstanden: Auch er will bei diesem Treffen dabei sein. Ich sage mit Freude zu, unsere Aussprache in der kommenden Woche fortzusetzen.

Auf der Station ist die Überraschung groß: Nach Tagen hartnäckigen Forderns nach der Euthanasie wiederholt die Kranke nicht nur nicht mehr diese ständige Bitte, sondern spricht sogar von ihrem

Wunsch, nach Hause entlassen zu werden, um ihre letzten Tage im Kreis ihrer Familie verleben zu dürfen. Dazu hat sie jetzt den Mut. Tatsächlich ist jetzt zwischen ihr, ihrem Mann und ihren Kindern alles geklärt: Sie »wissen alles«, sie »weiß alles« und sie haben es sich gegenseitig gesagt. Sogar im Sterben weiß sie sich so, wie es früher immer war, als Herz und Seele ihrer Familie und ihres Hauses. Sie ist voller Zuversicht. So lässt sie sich also ohne Vorbehalt und Bedenken zu sich nach Hause bringen, vertraut dort ihren Angehörigen ihren sterbenden Körper an. Sie lässt sich willkommen heißen, wo sie sie noch einmal mit all jener Umsicht und Zärtlichkeit versorgen werden, die sie von früher her kennt. Und dort wird sie sie verlassen, aber durch die Ehrenpforte, die sie ihr aus ihren Mühen und ihrer Liebe bereiten.

Einige Zeit danach begegne ich auf den Fluren dem Arzt der Station, auf der sie gelegen hatte. Er erzählt mir, kommenden Monat finde ein wichtiger Kongress über den Krebs statt. Es gebe starken Druck, ins Programm auch das Thema der Euthanasie aufzunehmen. Er persönlich weigere sich, diesen Bestrebungen nachzugeben: Er missbillige diese Strategie, den Krebs zum Anlass zu nehmen, parteiische Thesen vorzutragen und zu verfechten. Aus seiner ärztlichen Erfahrung heraus, so sagt er mir weiter, sei er zur Überzeugung gekommen, die Argumente, auf die sich die Befürworter der Euthanasie stützten, seien durchaus nicht stichhaltig. Erst unlängst sei ihm das wieder auf eklatante Weise durch eine Kranke auf seiner Station bestätigt worden.

Ich lasse es mir genauer erzählen. Er habe Folgendes vorige Woche erlebt: Eine seiner vom Krebs in der Endphase befallenen Patientinnen habe seit einer gewissen Zeit mit aller Gewalt verlangt, man solle ihrem Leben ein Ende bereiten. Doch jäh, ohne ersichtlichen Grund und ohne jeglichen Druck von außen habe sie eines Tages ihre Meinung geändert und beschlossen, sie wolle nach Hause entlassen werden, um dort im Kreis ihrer Freunde zu sterben. Dies beweise ihm, wie wenig die Gründe, die diese Frau nach der Euthanasie hätten verlangen lassen, tatsächlich in ihrer Freiheit verwurzelt gewesen seien, selbst wenn dieser Anschein bestanden habe, weil sie so entschieden und hartnäckig darauf bestanden hatte. In den Augen dieses Arztes gab es für diesen plötzlichen Sinneswandel »keine plausible Erklärung«. Das sei der schlagende Beweis dafür, dass die Bitte um Euthanasie nur auf verworrenen Motivationen beruhe. Die Argumente zugunsten der Euthanasie könnten sich also nicht, wie man das zuweilen vorgebe, auf solide Vernunftgründe berufen.

Ich konnte es mir nicht versagen, diesem Arzt zu erzählen, ich selbst hätte erst unlängst mit dieser Frau und ihrem Mann erleben dürfen, wie wir uns gemeinsam im vertrauensvollen Gespräch an den Tod herangetastet und dadurch ein ganz neues Verhältnis zu ihm gewonnen hätten. Ich würde im Übrigen nicht nur die »Heldin« der Geschichte kennen, die er mir gerade erzählt habe, sondern könne ihm jetzt auch den Schlüssel und die Erklärung für das liefern, was in seinen Augen nur »ein plötzlicher und unvorhersehbarer Sinneswandel« gewesen sei. Tatsächlich war die Geschichte ganz einfach: Dieser überraschende »Sinneswandel« war keine jähe Laune, sondern die Frucht des Gesprächs. Es hatte genügt, dass diese Frau erleben konnte, wie man sich ihren Wunsch nach dem Tod anhörte; dass ein einfühlsamer Zuhörer mithalf, ihre Worte bis ins Herz ihres Mannes dringen zu lassen, dass sich über diesen Austausch im Herzen dieser dem Tod geweihten Mutter wieder die Zuversicht einstellte, und schließlich, dass die Familie auf neue Weise zusammenfand, um sich mit ganz neuer innerer Anteilnahme und Zuneigung um sie zu scharen. Dadurch wich die Angst der Erfahrung der Nähe, der Tod verlor seinen Schrecken und machte einer ganz neuen Kraft Platz, und so konnte diese Frau sich glücklich und innerlich frei die Erlaubnis für den Wunsch geben, ihre letzten Augenblicke der Zuneigung und dem Mut der Ihrigen anzuvertrauen.

Meine Möglichkeit und mein Glück hatten darin bestanden, mithelfen zu können, dass die betreffenden Menschen auf diese Weise wieder das Leben fanden.

Die faszinierende Anziehungskraft des Todes

Oft kommt es vor, dass der Kranke und seine Familie sich in ihrer Vorstellung auf eine Schwelle festgelegt haben, jenseits derer es vernünftig wäre, »die Sache zu beschleunigen«, damit »alles rasch überstanden ist«. Diese Grenzlinie kann bei manchen das Koma sein, bei anderen ein bestimmter Verfallszustand des Körpers, der ihnen unerträglich erscheint. Dabei vergisst man das Herz und seine eigenartigen Aufzuckungen von Leben auf der Schwelle des Todes, auf der der scheidende Mensch das Gepäck seines Lebens ablegt.

Naht sich der Tod als der große Unbekannte, so steigert sich die Angst vor diesem merkwürdigen Gang, den der Sterbende und seine Umgebung gemeinsam antreten müssen. Damit dieser Weg nicht im Klima verschlossener und stummer Angst verläuft, sondern die Frische einer neuen Art von Zärtlichkeit einkehren kann, ist es von entscheidender Bedeutung, dass der Kranke und die Seinen weiterhin miteinander zu sprechen vermögen, und zwar mit einer anderen Sprache als derjenigen, die vom Lügen und Verdrängen genährt wird.

Die Sprache verfügt tatsächlich über die merkwürdige Macht, die faszinierende Anziehungskraft des Todes zu brechen und den Todeswunsch zu unterbinden: Sie schafft Distanz zum nur eigenen, gewohnten Blick. Normalerweise sind wir mit unserem Blick identifiziert. Wenn wir ganz von ihm gefangen sind, mit ihm verschmolzen, ohne Horizont über uns selbst hinaus, fällt es uns unendlich schwer, uns von ihm zu lösen und unsere Traurigkeit abzulegen. Steht der Kranke in seinem Bann, ja hängt an ihm, dann blendet er jeden guten Grund dafür aus, weshalb er noch leben sollte. Damit ist dann auch die Voraussetzung dafür geschaffen, dass aus seiner Tiefe die Bitte um Euthanasie wie ein unauflöslicher Knoten der Verzweiflung aufsteigt und der Abgrund des Selbstmords die von ihm Erfassten anzieht.

Lädt man in dieser Situation den Kranken zum Sprechen ein, bietet man ihm die Möglichkeit, um Hilfe zu bitten, indem man ihm nahe ist und trotz aller Angst bei ihm aushält, dann versetzt man ihn in die Lage, sein Sterben zu durchleben. Kurz, gemeinsam öffnen wir dann eine Tür dafür, dass etwas Neues kommen kann: »Merkst du es, die ersten Keime brechen schon auf?« Man traut ihm zu, dass auch sein Blick sich ändern und er eine andere Art und Weise entdecken kann, sich selbst zu begreifen und die anderen zu sehen, und dieser neue Blick verfügt über weit mehr Klarheit als der bisherige. Damit ist zwischen ihm und den Dingen sozusagen ein scharfes Messer hindurchgefahren; er ist von seiner völligen Gefangenheit ins schwarze Versinken gelöst. Da stellt sich auf einmal diese neue Sehweise ein, der tiefe Blick vom Herzen her, von dem die Sterbenden zuweilen auf ihre Art sprechen: »Ich hätte nie gedacht, dass man alles auch so sehen kann.« – »Mich erfüllen alle Dinge ganz anders.« Der Weg hat sich geöffnet, unbekannte Kraftquellen bieten sich in Fülle, das Verhältnis dieses Wesens zur Welt hat sich gewandelt.

»Das Sterben macht mir nichts aus.
Aber die anderen werden so darunter leiden!«

Das gerade Gegenteil davon und doch auf einer Linie mit der Euthanasie ist die verbissene Therapie. Hier wie dort handelt es sich um die krampfhafte Weigerung, sich der Realität, wie sie nun einmal ist, zu stellen, die Grenzen der Wissenschaft und medizinischen Technik zu akzeptieren und auch diejenigen der Möglichkeiten des menschlichen Körpers. Eine solche Weigerung kann tragische Ausmaße annehmen, wenn es sich um eine Familie oder um Eltern handelt, die den Tod eines der Ihrigen nicht zu bejahen vermögen, vor allem wenn es sich beim Sterbenden um ein Kind handelt.

Heute geht es Sophie schlecht, sehr schlecht. Das Schlimmste kündigt sich an: das Ende. Sophie ist vierzehn. Seit zwei Monaten ist sie wegen eines Neuausbruchs ihrer Krebserkrankung in diesem strikt steril gehaltenen Zimmer eingesperrt, wo ihr Knochenmark von Kindern übertragen wird. Während ihrer ersten Knochenmarksübertragung hat sie das alles schon einmal mitgemacht, sie kennt den höllischen Kreislauf und diese Isolationshaft. Um keinen Preis hätte sie das noch einmal mitmachen wollen. Sie hatte nicht mehr von daheim in die Klinik gehen wollen; ganz felsenfest war sie dagegen.

Aber dann ... dann ... Wie hätte sie dem Druck ihres Vaters widerstehen können? Sie ist das einzige Kind der Familie, die einzige Tochter ihres Vaters. Nie könnte sie ihrem lieben Papi »das antun«! So hatte sie sich schließlich doch einverstanden erklärt. Aber heute ist sie mit ihren Kräften am Ende. Ihr schmerzhaft geschwollener, fiebriger Mund kann nicht mehr formulieren, was sie sagen will. Dennoch begreift ihr Vater wie durch einen dichten Nebel, dass sie gehen will, hier heraus und wieder heim. Nicht weiter nutzlos leiden. Vor ihrem Ende, das sie ganz nah und sicher weiß, möchte sie noch einmal in ihrer vertrauten Umgebung sein und vor allem auch bei Mirza, ihrer kleinen Katze, deren Foto auf dem Nachttisch sie nicht aus den Augen lässt.

Der Vater sitzt bei mir im Sprechzimmer und weint. »Warum habe ich nur derart darauf bestanden, sie zu diesem Weggehen von Daheim zu nötigen? Sophie wollte das nicht. Sie hat es gespürt. Sie hat sich an die Türen geklammert, weil sie einfach nicht gehen wollte. Und was hat das alles genützt? Wir dürfen sie auf keinen Fall weiterhin mit nutzlosen Behandlungen peinigen, die zu nichts führen!« Sein Schmerz löst sich in Strömen von Tränen. »Ich habe so schreckliche Schuldgefühle. Ich habe sie so geplagt! Für wen habe ich das getan? … Im Grunde bloß für mich! … Nicht für sie. Nein, vor allem für mich … Weil ich es absolut nicht zulassen konnte, dass mein Kind sterben müsse!«

So sitzt dieser weinende, am Boden zerstörte Vater vor mir, verloren in seinem Leiden, bis ins Innerste von Gewissensbissen gepeinigt. Zerrissen von der Liebe zu seiner Tochter und diesem schrecklichen Gefühl, etwas falsch gemacht zu haben, diesen Gewissensbissen. Einerseits diese Liebe, die ihn bis an den Rand des Möglichen gedrängt hat und noch darüber hinaus: Er wollte seine Tochter auch noch den allerletzten Möglichkeiten der Wissenschaft übergeben; und so ließ er ihr auch noch diese letzte Behandlung antun, die unmenschlichste von allen, eine Behandlung, die kein Tier ausgehalten hätte. Ja, er wollte das Schicksal zwingen, mit aller Gewalt … wollte das Unausweichliche nicht wahrhaben, hatte die Augen verschlossen vor dem, was offensichtlich war. Und das alles nur um seiner selbst willen. Weil er »das« nicht zulassen wollte, weil er es nicht fertig brachte, seine Tochter »gehen zu lassen«, seine Einzige, seinen »Schatz«, wie er sie nannte.

Dieses erschütternde Beispiel führt uns in den Kern der Verwirrungen, die eine schwere Erkrankung in den Beziehungen zwischen dem Kranken und seiner Familie auslöst. Immer wieder tritt eine ähnliche Situation ein, wenn eine Familie von der tödlichen Erkrankung eines ihrer Mitglieder erschüttert wird. Dieses ungeheure Leiden der Familie führt in die gleiche Verbissenheit, alle Therapien zu versuchen, und zur Ergebung des Kranken, der sich aus Rücksicht auf sie darein fügt. Jeder Kranke, ob Kind, Ehemann, Ehefrau oder Vater, gibt schließlich nach, um »ihnen Kummer zu ersparen«, sie nicht durch das eigene Sterben schon bald in Trauer zu stürzen. Auch, um sich nicht schuldig am Schmerz der anderen zu fühlen, weil man zum Sterben bereit war.

Das ist die paradoxe Situation im Kern einer Familie, wenn ein Mitglied auf den Tod erkrankt: Nicht der Kranke leidet am schlimmsten. Oder wenn er leidet, dann oft besonders darunter, seinen Angehörigen Leiden zuzumuten. Genauso ist es mit dem eigenen Tod. Wie oft hat mir schon jemand anvertraut: »Herr Pfarrer, mir selbst macht das Sterben gar nicht so viel aus. Es geht mir um sie. Sie leiden so furchtbar darunter!« Oder ein Vater, der daran dachte, sich selbst den Tod zu geben, sagte mir im Hinblick auf seinen Sohn: »Das kann ich ihm nicht antun! Wenn ich sterbe, tue ich den anderen weh ...«

Den Sterbenden gehen lassen

Der Tod von Faustin

FAUSTIN, DREIZEHN, ist im August in der Pädiatrie gestorben. Sein Vater, Amerikaner jüdischer Abstammung, war Filmkritiker. Er starb vor Jahren an Krebs. Seine Mutter ist ohne Glaube. Faustin hat ein katholisches Gymnasium besucht; er hat bei seinen Mitschülern den Glauben kennen gelernt und kurz nach dem Tod seines Vaters um die Taufe gebeten. Für sein Leben hatte er viele Pläne: Später wollte er einmal Filmmusik komponieren. Von der Filmwelt war er bereits »adoptiert«. Er war für alle »das Baby«. Ein Zeichen dieser Zugehörigkeit war der prächtige Kimono, den er stolz bei sich verwahrte, das Geschenk eines japanischen Filmemachers. »Das ist ein Geschenk des Himmels, ein Geschenk von Gott«, sagte er lächelnd.

Faustin ist seit sechs Jahren krank. Er ist seiner Mutter mit besonderer Liebe zugetan: dieser Frau, die immer ganz für ihn da ist. Ihre enge, zärtliche, offene Beziehung erinnert mich an die zwischen Augustinus und seiner Mutter Monika. Er ist von außergewöhnlicher Intelligenz und verfügt noch über den Humor, wie ihn starke Charaktere und Herzensmenschen besitzen: Er vermag über alles zu scherzen. Doch er weiß auch um seine Krankheit. Er weiß, sie ist nicht heilbar; er stellt immer wieder Fragen über sie, möchte alles wissen und begreifen.

Gegen Ende seines Lebens wird er von der Tetraplegie, der Lähmung aller vier Gliedmaßen, erfasst und erblindet auch noch; sein Schädel ist deformiert von Auswüchsen, die seine Krankheit wuchern lässt, aber er beklagt sich nie. Er lebt mit erstaunlicher Gelassenheit mit seiner Krankheit, begleitet von der zärtlichen Fürsorge seiner Mutter. Ich fühle mich jedes Mal beschenkt, wenn ich mich mit ihm unterhalte: Er äußert keinerlei Angst; er beschwert sich nie, keine Chance für das Leben erhalten zu haben. Und doch, das kann ich bezeugen, hat ihn seine Mutter nie verwöhnt, nie »überbehütet«. Beide sprechen in höchster Transparenz von seinem nahenden Tod und darüber, dass sie sich wohl bald voneinander verabschieden müssen.

Faustin ist mit ihr noch bis zu seinem letzten Atemzug nach den schweren Momenten extremer Atemnot in Kommunikation, über fast nicht mehr wahrnehmbare Regungen seiner Augenlider. Sie singt ihm Lieder aus seiner Kindheit vor, spricht ihm immer und immer wieder von ihrer Liebe und dass sie ihm für immer in Liebe verbunden bleiben werde. Als sie zu stark übermüdet ist, geht sie aus dem Zimmer und nimmt sich die Freiheit, ihn unter der Obhut der Krankenschwestern allein zu lassen. Wenn sie jedoch ihr Instinkt zu einigen Worten oder einer zärtlichen Geste antreibt, wagt sie, diese darum zu bitten, für kurze Zeit zu gehen, um ganz allein mit ihrem Sohn seinen Todeskampf zu teilen. Sie und er, sie haben sich immer wieder noch irgendetwas zu sagen. Faustin darf bis ans Ende die Gegenwart der Mutter spüren, die ihn umhüllt und doch frei lässt. Ganz am Schluss, als ihm nur noch dieser letzte schwache Atemzug zwischen langen Pausen bleibt, vernimmt und akzeptiert diese Mutter die Stimme der Ursprünge, die sie zum Ja-Sagen einlädt. Und so sagt sie zu ihrem Kind: »Faustin, du kannst gehen! Geh in das ganz andere Leben! Geh zu deinem Vater!« Erst in diesem Augenblick setzt er mit Atmen ganz aus. »Du kommst dann, auch mich zu holen, nicht wahr?«

Bewunderswert, lieber Faustin! Wie sehr habe auch ich deine Schlichtheit bewundert, deine klare Seele und vor allem diesen abgrundtiefen Frieden, von dem ich selbst zehren konnte, jedes Mal, wenn ich dir die Kommunion gebracht habe! Dieser Friede, von dem du dich erfüllt wusstest, den weder das Lob noch die Anbetung verwirrte! Das Geheimnis deines Todes, deines bewundernswerten Sterbens, habe ich immer von deiner Art her verstanden, mit der du dein Leben anschauen konntest, Tag für Tag, auf deinem Bett, als Einübung in die letzte große Begegnung. Für dich war der Tod nur eine Vollendung, du wusstest das. Und das war er tatsächlich. Deine Mutter hat dich einmal empfangen und dann wieder »hergegeben«: Sie hat zu deinem Fortgang ihr Ja gesprochen. Auf ihrer Seele wird für immer der lichtvolle Abdruck deines Lebens und deines Sterbens bleiben.

Von dem Ort aus, an dem du jetzt bist, weißt du, Faustin, heute besser und deutlicher noch, als du es damals schon glaubtest, dass dein Tod nicht das Aufhören deines Lebens war: Wohl wurde dein Leben durch deinen langen Kreuzweg geläutert, aber dein Tod wurde reich durch das, was du gelebt hast. Nicht wahr, welches Geheimnis der Trennung ist das jetzt! Ein unergründliches Geheimnis von »Leben empfangen« und »Leben hergeben« ... Du weißt jetzt, wie der Weg der Läuterung verläuft, der in ein derart helles Licht führt!

Dein Leben lang, dein kurzes Kinderleben lang, war dir jene wertvolle Möglichkeit beschieden, von jenem Geheimnis zu kosten, das eine Mutter mit ihrem Kind verbindet, über das Empfangen, Zur-Welt-Bringen, über Leben und Sterben hinaus. Du weißt heute, dass deine Mutter nur dank der Kommunikation in diesen Tiefendimensionen ein ihr so teures Wesen wie dich bereitwillig fortgehen lassen konnte. Aber du wusstest auch damals schon, dass ihr dieses Ja, diese ganz natürliche, volle, ganze innere Loslösung, die dein Krebs ihr auferlegte, nicht ersparte, von ganzem Herzen zu leiden. Sie hat viel gelitten, war vom Schmerz zerrissen, du wusstest das. Und du wusstest auch, dass ihr das immer bleiben würde, als Lichtwunde. Sie hatte das Glück, dich als Gefährten auf diesem rauen Weg ins Jenseits zu haben.

»Du kannst gehen«: Ein solches Gehen-Lassen ist nur in einer innersten Nähe von Herz zu Herz möglich, dieses gemeinsame Ja zu einem Ruf, der aus der Wesensmitte des Lebens selbst heraus ergeht.

Als der Augenblick gekommen war und sie sich zu diesem letzten Ja bereit wusste, bat Faustins Mutter, alle mögen das Zimmer verlassen. Und dann hauchte Faustin diesen Atem aus, den er von ihr empfangen hatte, und ging aus dieser Welt.

Von jetzt an ist der Kreis zwischen dem Ruf ins Leben und der Hingabe in den Tod geschlossen. Faustin hat seine Sternenbahn an seinem und unserem Himmel durchlaufen, eine Lichtbahn für die Herzen aller, die ihn gekannt haben, und für immer.

Ein Leben stellt eine Kreisbahn dar, die nur Licht sein kann, oder sie ist nichts oder viel zu wenig. Die Mutter schenkt von Natur aus Leben, aber sie muss lernen, dass sie sich als Mutter mit dem Gebären von Leben auch die Aufgabe einhandelt, den Tod zuzulassen, der im Grunde noch einmal der gleiche Gebärvorgang ist. Denn dieses Gehen-Lassen ins Anderswohin »auf mütterliche Weise« gelingt nur, wenn man durch eine lange Lehrzeit im Muttersein darauf vorbereitet ist. Die Mutter will ihr Kind in die Fülle des Lebens entlassen, was ihr während des ganzen Geburtsvorgangs eine ständige mühsame Entäußerung abverlangt, durch die sie dem Ruf jenes Anderen entspricht, der es ihr geschenkt hat.

Dieser Anspruch stellt sich ganz wesentlich, ja brennend nicht nur jeder Mutter, sondern jedem von uns, am Anfang wie am Ende! In diesem Sinn ist jeder von uns Mutter, weil jeder gerufen ist, der Berufung zu etwas ganz anderem im anderen zu entsprechen, dem Ruf des Lebens schlechthin im Leben als solchem, dem Raunen des Seins in jedem!

Dann kommt der Augenblick des Abschieds. In einigen Stunden wird Faustin zum letzten Mal fliegen, nach Amerika, wo ihn das Grab erwartet, in dem bereits sein Vater ruht.

Wir sind in der Leichenhalle, in jenem kleinen gnadenlosen Raum, wo die letzten Abschiede stattfinden. Faustin liegt da, in seinem schwarzen Kimono, ein siegreicher Prinz trotz der Spuren der

Krankheit, von denen seine Augen, seine Stirn und sein schrecklich entstellter Schädel gezeichnet sind. Seine kleinen Hände sind um einen Rosenkranz aus braunen Holzperlen gefaltet. Sein Körper liegt friedlich da, vom Schweigen der Ewigkeit umhüllt. Seine Mutter, eine stattliche, stille Frau, hält sich aufrecht ganz nah am Sarg ihres Kindes. Sie schaut mehr, als sie leidet; mit ihren Augen und Händen liebkost sie ihr Kind zum letzten Mal, bringt die letzten Retuschen an ihrem vollendeten Werk an.

Gemeinsam mit einigen Schwestern von der Pädiatrie, die Wert darauf gelegt haben, bei diesem letzten Abschied von dem Kind, das ihnen so viel gegeben hat, dabei zu sein, drängen wir uns in der engen Kammer. Auch wir sind mehr in Schweigen als in Traurigkeit versunken; denn es ist nicht der Tod, der in diesem Augenblick zu uns spricht: Es ist vielmehr das Geheimnis, das uns in diesem Augenblick der Sammlung erfasst und an unseren Wurzeln zusammenführt. Uns erfüllt angesichts dieses Wunders einer rundum erfüllten Mutterschaft ein für diesen Ort und diese Umstände ungewohntes eigenartiges Empfinden. Denn das dürfte es sein, was uns diese Mutter so ganz deutlich offenbart, die hier vor dem Sarg ihres Sohnes steht. Diese Mutter ist Mutter für die Ewigkeit.

Wie alles so einfach ist um diesen offenen Sarg von Faustin! Die von der Liturgie vorgesehenen Worte stimmen auf unglaubliche Weise für diesen Augenblick. Jeder spürt, wie sie ihn in seine eigene Ewigkeit begleiten, dorthin, wo Faustin schon ist. Das vollendete Leben dieses so zuversichtlich gläubigen Kindes erhellt für uns strahlend und auf ganz neue Weise die altvertrauten Worte des 27. Psalms: »Der Herr ist mein Licht und mein Heil. Vor wem sollte mir bangen?« Selbst die ganz einfachen Worte, die gewöhnlich Mutter und Kind im Augenblick des Abschieds austauschen, gewinnen hier angesichts von Faustin und seiner Mutter ihr ganzes Gewicht als Zuspruch und Sinn: »Ich werde auf dich warten.« – »Du wirst kommen, auch mich zu holen.« – »Du gehst zu deinem Vater.« Die ganze Welt findet sich hier ein, an diesem kleinen, für die große Reise gerüsteten Gefährt; und die Präsenz des Abwesenden erfüllt ihn mit seiner Gnade und seiner Gewissheit, und zugleich erfüllt sie uns, uns alle hier Anwesenden, mit der Gnade der Mutterschaft. Die echte Begegnung trägt in sich die Kraft der Trauer. Und was hier als ein ungemein tiefer Friede tröstet, hat zugleich den Charakter der Freude.

»Herr Pfarrer, ist meine Freude eigentlich normal?«

Ich entsinne mich auch des Vaters, dessen zehnjährigen Sohn ich gerade getauft hatte. Das Kind lag im Sterben. Da es wusste, das es nicht mehr lange leben werde, hatte es selbst um die Taufe gebeten. Es sah wie eines jener vom Hunger ausgezehrten Kinder aus, zum Skelett abgemagert, und wohnte mit glühenden Augen von seinem Bett aus der Zeremonie bei. Sein Vater war da, aufmerksam, konzentriert, betend, über allen Schmerz erhoben; er stand dem Kind bei, das ihn bald verlassen sollte, vielleicht schon morgen. Auch er, der Vater, wollte sich taufen lassen. Eigentlich schon seit Anfang der Krankheit; denn die Vorstellung war ihm unerträglich, sein Kind könne aus diesem Leben scheiden und durch seine Schuld um einen wesentlichen Aspekt seiner selbst beraubt sein: um jenes Leben, das von Gott kommt. Ohne diese Taufe, so sagte er sich selbst, hätte er sein Kind nur zur Hälfte gezeugt, weil er ihm als Vater einen grundlegenden Bestandteil seines Lebens als Mensch vorenthalten hätte.

Einige Tage nach dieser Taufe begegne ich dem Vater auf dem Flur. »Herr Pfarrer, hätten Sie einen Moment Zeit für mich?« Offensichtlich beschäftigt ihn eine wichtige Frage. Vielleicht sein bevorstehender Schmerz, denke ich mir; vielleicht die Trauer, die Verzweiflung? Aber nein, nicht über seinen Schmerz will er mit mir sprechen. Seit dieser Taufe nagt an ihm ein merkwürdiges Schuldgefühl; er schämt sich über etwas, worüber er mit gar niemandem sprechen kann. Es kommt ihm wie ein schwerer Fehler, ein widernatürliches Verhalten vor, abartig. »Herr Pfarrer, seit der Taufe von Patrick kann ich es nicht unterdrücken, dass ich ganz tief in mir von einer riesigen Freude erfüllt bin. Sie ist stärker als ich. Ich kann nichts dagegen tun. Ist das normal? ... Bin ich herzlos? ... Ein schlimmer Vater? ... Patrick wird ja bald sterben!«

Die seinem Sohn gespendete Taufe hatte ihm also eine ganz neue Welt erschlossen, die ihm zum Quell großer Freude wurde; einer unerhörten, unwiderstehlichen, in diesem Maß in seinem Leben noch nie verspürten Freude. Und was der Gipfel war: Diese Freude überlagerte sein Leiden als Vater ... vermischte sich nicht mit ihm, ließ es intakt, an der Schwelle zum Tod seines Sohnes! Es war, als sei ihm dadurch die volle und endgültige Vollendung seines Vaterseins besiegelt worden. Aber er konnte das gar nicht begreifen. Wie konnte er unter diesen so tragischen Umständen von einer derartigen Freude erfüllt sein? Er musste ja geradezu ein herzloser Unmensch sein! Und sich schuldig machen! Empfand er womöglich Freude über den Tod seines Kindes?

Vermutlich zum ersten Mal in seinem Leben hatte er an den unsichtbaren Kern der Dinge gerührt. Er hatte in sich selbst jene unbekannte Tiefe erreicht, in der die Freude aufbrach, seinem Kind das Leben geschenkt zu haben, nicht nur sein biologisches Leben, sondern jetzt auch noch das Leben in Fülle.

Nicht überstürzt, aber doch unverzüglich: eine Taufe

Für den, der scheidet, scheint mir nichts wichtiger zu sein, als sich Zeit zum Sterben zu nehmen und zu vollenden, was ihm besonders am Herzen gelegen hat. Aus diesem Grund finde ich die jähen – und überstürzten – Tode traurig und trostlos. Wenn sie als solche unvermeidlich sind, bemühe ich mich deshalb so weit irgend möglich, für den, der bald für immer gehen wird, noch etwas Zeit zu finden, damit er das bislang Unvollendete doch noch abrunden kann.

Fabienne ist aus Nièvre als Pflegefall eingeliefert worden. Sie ist siebenunddreißig und hat zwei Kinder. Ihr Pfarrer hat mich zu Anfang der Woche angerufen und mich gebeten, sie zu besuchen. Er kennt sie gut. Das Dorf ist klein. Ihre zwei Kinder haben den Katechismusunterricht besucht. Sie selbst geht an den hohen Feiertagen zum Gottesdienst. Sie engagiert sich mit viel Zeitaufwand bei allen Gemeindefesten und wird in der Dorfgemeinschaft sehr geschätzt. Sie stammt aus bescheidenen Verhältnissen, aus einer Kleinbauernfamilie, und ist nicht getauft worden. Der Pfarrer weiß, dass ihr Gesundheitszustand sehr bedenklich ist. Außerdem glaubt er auch zu wissen, dass sie schon immer den Wunsch gehegt hat, die Taufe zu empfangen. Dieser offene, eng mit seinen Pfarrangehörigen verbundene Seelsorger ist bereit, mir zur Anknüpfung des ersten Kontakts mit seiner Kranken einige hilfreiche Hinweise zu geben, in der Hoffnung, ich könne zum gegebenen Zeitpunkt, wenn die Frage dringlich werde, ihrer Bitte um die Taufe entsprechen.

Bei meinem ersten Besuch treffe ich Fabienne in sehr erschöpftem Zustand an. Sie kann nur mit Mühe atmen; für die geringste Anstrengung, etwas zu sagen, braucht sie einen zusätzlichen Stoß Sauerstoff. Ich will zwar nichts überstürzen, aber die Zeit drängt: Sie kann bereits nicht mehr ohne übermäßige Anstrengung ein Gespräch führen. Daher will ich alle unnötigen Vorreden bleiben lassen. Ausgehend von dem, was ich schon über sie weiß, schneide ich unverzüglich das Thema »Taufe« an, um die sie nie zu bitten gewagt hat: Ihre Angst vor dem, was die Leute sagen würden, und die Befürchtung, ihre Schwiegerfamilie werde darauf mit Feindseligkeit reagieren, hielten sie davon immer ab.

Ich habe das Gefühl, morgen früh werde sie wahrscheinlich nicht mehr bei klarem Bewusstsein und nicht mehr in der Lage sein, eine Entscheidung gleich welcher Art zu treffen. So schlage ich ihr vor, sie zu taufen. Sie zögert. Ihre verschwommenen, nicht klar formulierten Bedenken sind der Widerhall jahrzehntealter, von einer unüberwindlichen Abhängigkeit von der Familie verursachter Ängste. Zudem glaubt sie, sie werde bald wieder zu ihren Angehörigen nach Hause zurückkehren und wieder dort leben können.

Ich habe jedoch den Eindruck, dass sich trotz dieser Bedenken etwas in ihr bewegt. Sie fängt dann laut zu denken an: Sie könnte ja, wenn sie daheim sei, den Mut finden, hinter dem Rücken ihrer Verwandten und Bekannten einmal zu ihrem Pfarrer zu gehen und ihn um die Vorbereitung auf die Taufe zu bitten. Sie hat noch kaum dieses hoffnungsvolle Vorhaben ganz formuliert, da meldet sich schon wieder das Echo ihrer Hilflosigkeit und übertönt ihre mutigen Absichten. Sie erliegt wieder dem Ansturm ihrer Zweifel. Sei sie überhaupt der Taufe würdig? Sie, die doch nie genügend Ernsthaftes darüber gelernt habe, um überhaupt eine solche Bitte rechtfertigen zu können? Wie sollte sie, ein Leben lang daran gewöhnt, immer die Unmündige, Unterlegene zu sein, es fertig bringen, ihre Zweifel zu überwinden?

Da fasse ich den Entschluss, die Sache zu beschleunigen. Ich versuche, Fabienne verständlich zu machen, dass die Zeit drängt, und ich schlage ihr vor, ihr die Taufe ganz einfach hier im Zimmer zu spenden. Sie nimmt es an und ist ganz bewegt: »Sie sind so nett zu mir!«, sagt sie wiederholt, gar nicht gewöhnt, dass sich jemand derart um sie kümmert. Langer Umstände bedarf es nicht: Ein Glas Wasser steht in Reichweite auf ihrem Nachttisch. Mit einigen kurzen Worten erläutere ich ihr den Sinn ihrer Taufe auf den Glauben, aus dem sie insgeheim schon immer gelebt hat. Es ist eine Form, diesem verborgenen und embryonalen Glauben – den sie ihr ganzes schlichtes und armes Leben hindurch gelebt, verborgen und unbemerkt gehegt hat –, Gestalt und Würde zu verleihen.

Als gute Folge dieser Taufe schlage ich ihr die Kommunion vor. Auch in diese willigt sie mit der gleichen inneren Bewegtheit ein. Wir beten noch einen Augenblick für die Ihrigen, für ihre Kinder. Dann umarme ich sie und wende mich zum Gehen, um sie ihrem Geheimnis und ihrer Freude über ihre Begegnung zu überlassen.

Als ich gerade gehen will, kommt mir, dass es für sie den morgigen Tag wahrscheinlich schon nicht mehr geben wird, und es ist, als sage mir eine Stimme, ich solle ihr vorschlagen, ihren Angehörigen ein Andenken an diese Taufe zu hinterlassen, und zwar sie persönlich. Ob sie sich denken könne, da kaum mehr ein anderes Zeichen als ein mündliches möglich sei, sie noch heute Abend anzurufen und ihnen die Neuigkeit mitzuteilen, dass sie sich habe taufen lassen? Das wäre die lebendige Bekundung dieser Entscheidung, die sie ganz von sich aus an der äußersten Grenze ihres Lebens getroffen habe. Da lassen sie ihre Bedenken als armer Mensch wieder zögern. Zu diesem Entschluss kann sie sich nicht durchringen, so sehr ich ihr ihn wünsche. Gern werde sie ihren Kindern, ihrem Mann, einigen anderen Verwandten das sagen, entgegnet sie, aber ... morgen ... morgen Vormittag; denn morgen ... werde sie die Kraft dazu haben. Schade! Aber ich bringe es nicht übers Herz, ihr zu sagen, dass es für sie wahrscheinlich ein morgigen Vormittag nicht mehr geben werde. Ich nehme sie noch einmal in den Arm und verlasse sie.

Auf dem Flur begegne ich zwei Krankenschwestern. Ich teile ihnen mit, dass ich Fabienne getauft habe. Ihre Gesichter strahlen. Vielleicht – kommt mir der Gedanke – werden sie heute Abend auf ihre Art dieses Ereignis feiern? Vielleicht gelingt es ihnen, noch heute Abend diese Neuigkeit bis nach Nièvre zu melden, bevor es zu spät ist? Das hoffe ich, aber es liegt an ihnen. Oder – so wage ich zu hoffen – wenn sie es fertig bringen würden, dass sie morgen früh wieder aufwacht? Wäre das möglich? Es ist fast töricht, das zu erwarten!

Doch am nächsten Morgen sagt mir eine Pflegehelferin, die Patientin habe ganz gut gefrühstückt. Sie lebe! *Deo gratias!*

Sich betend darauf einstellen

Glücklicherweise spielt sich nicht alles in diesem Klima des Wettlaufs mit dem »Einschlafen« ab. Wenn sich allerdings das Ende endgültig ankündigt, stellt sich meist eine eigenartige Mischung aus Erleichterung und ungeahnter Kraft ein. Gläubigen Kranken schlage ich dann gern vor, diese Zeit in eine Art geistliche Besinnungszeit umzuwandeln. Die widersprüchlichen Kräfte sind in solchen Augenblicken ungemein stark und verunsichernd. Die Krankheit bohrt sich in derartige Tiefen vor, dass das Innerste des Menschen zu Tage tritt und es ihm in dem letzten sich anbahnenden Ereignis möglich wird, die echte Begegnung mit sich selbst und mit Gott in großer Fülle zu erleben.

Lässt sich diese höchste Form der Begegnung wirklich im Glauben und in der Hoffnung bewusst erleben? »Wir können nichts mehr tun. Jetzt bleibt uns nur noch zu beten.« Wie oft habe ich mir diesen Spruch schon anhören müssen! Aber worum beten? Und wie beten? Wenn der Tod naht, spornt das zweifellos zum Gebet an. Jedenfalls steigert es den Wunsch zu beten, verleiht ihm eine Art besonderer Spannung. Wenn ich diese aschgrauen Gesichter sehe, diese verkrampften Hände, die pausenlos die Perlen des Rosenkranzes abtasten, diese Inbrunst, mit der Menschen sich angstvoll an das Gebet klammern, frage ich mich, wie man nach so vielem Beten noch ertragen kann, dass das Wunder ausbleibt. Muss man denn den Tod nicht als natürliche Prüfung und Realität unseres Menschseins auf sich nehmen? Wie aber kann sich mitten in einem derartigen spirituellen Chaos ein wirklicher Herzensfriede durchsetzen?

Welche Worte sind bei diesem inbrünstigen Beten zu vernehmen? »Und in der Stunde unseres Todes«? Wie kommt man so weit, wirklich ja zu sagen? Wie findet man in diesen dunklen, aber starken Frieden? Wie schafft man es, diesen Glauben, der sich an die Möglichkeit eines Wunders klammert, nicht zu verlieren und doch zum schlichten Ja-Sagen überzugehen? Es ist eine mühsame Arbeit, für Gläubige wie für alle, die nicht glauben, den bevorstehenden Tod so anzunehmen, ihm zu begegnen, wie er kommt, und ihm in Hoffnung entgegenzusehen! Zuweilen findet diese Begegnung nicht statt. Scheitern ist wirklich möglich, genau wie man nach Aufbrüchen gelegentlich wieder umkehren oder sogar einen gelungenen Start doch wieder abbrechen muss. In jedem Augenblick des letzten Weges ist daher die mitfühlende Gegenwart eines anderen not-wendig, die umso wesentlicher und entscheidender wird, je näher der Tod rückt.

Diese Kranken, die ein Teil meiner selbst werden

Wenn ich abends die Klinik verlasse, gehen mir die Gesichter, denen ich im Lauf des Tages begegnet bin, nicht aus dem Kopf. Auch dann nicht, wenn ich in meiner geistlichen Gemeinschaft noch die Messe feiere. Hebe ich die Augen, so habe ich vor mir eine lange Reihe aufmerksamer Gesichter. Hinter ihnen tauchen weitere Gesichter auf, diejenigen, die ich heute Vormittag der Obhut des Priesters, der mich während meines Urlaubs vertritt, überlassen habe: das Gesicht des Mannes, der ein wahres Martyrium durchmacht. Leider habe ich seine Krankenschwestern nicht davon überzeugen können, dass er seit Wochen schon fast gar nicht mehr schlafen kann. Oder das Gesicht der kleinen Natascha, die angesichts der unerträglichen Angst ihrer Mutter im Todeskampf liegt.

Ich rühre an das Geheimnis der menschlichen Nähe – dem Leiden anderer nahe sein; da sein, physisch und mit dem Herzen anwesend: bei dem vor Schmerz grauen Gesicht jener Mutter, das vom Leiden wie aufgeladen wirkt und nur noch dieses ausstrahlt. Der Körper gefaltet, gekrümmt, eine Pietà. Meine Präsenz bei ihr: einfache Gefährtenschaft, schlichte Solidarität, durch Nichttun wirksam sein. Was geht von mir auf diese Frau über? Auf diesen Mann, ihren Gatten, der im Unterschied zu ihr Französisch spricht? Welche Hilfe bedeutet das? Unergründliche Geheimnisse der Präsenz und der Einsamkeit! Und diese Dankbarkeit, die sie äußern: überschwänglich, scheinbar unangemessen stark, in scheinbar unvernünftigem Maß – für einige kurze Augenblicke einfachen stillen Daseins, des Anwesendseins ohne Worte oder für ein kurzes Gebet am Bett eines sterbenden Kindes ...! Welches Geheimnis der Bruderschaft aller Menschen ...!

Wer kann je ermessen, wie immens wichtig das wirkliche Anwesendsein beim Sterbenden ist? Es bereitet die Herzen vor und erleichtert die Prüfung danach, wenn er fort ist. Es braucht Zeit, viel, viel einfache Zeit, und sei es nur, um allmählich dem Menschen »Auf Wiedersehen« sagen zu können, der vor einem in die unermessliche Weite entschwindet, und noch mehr: um dieses Wiedersehen wirklich leben zu können. So verwundert es nicht, dass diese Zeit grausam fehlt, wenn jemand vor all dem »entschläft«.

Die Wachhabende auf einer Station lässt mich rufen. »Kommen Sie, um Monsieur Premier Ihren Segen zu spenden. Er liegt im Sterben.« Ich betrete das Zimmer. Zwei Frauen sind anwesend, eine jüngere, die weint, eine ältere, in den Fünfzigern, zweifellos seine Frau. Er schläft, ist in tiefen Schlaf versunken, atmet regelmäßig. Mehrere schwere Blutungen während der Nacht haben die Krankenschwestern in höchste Unruhe versetzt. Er wird wahrscheinlich nie mehr aufwachen, liegt bereits im Koma. Man hat nichts mehr tun können; zudem besteht Gefahr, dass er innerlich verblutet. Er schläft, wird für immer schlafen. Bis zum Ende. Seine Tochter und seine Frau haben die ganze Nacht bei ihm gewacht ... Nachtwache bei einem entstellten Kämpfer ...

Wusste er das? War er damit einverstanden? Allem fremd geworden – allen Wesen, seinem eigenen Leiden, seiner Zukunft, den Schritten des nahenden Todes. Tiefschläfer!

Aber was um diesen Schläfer herum tun? Was sagen? »Auf Wiedersehen« sagen? Nichts, nichts anderes! Er ist noch da und doch schon nicht mehr da. Seine Wärme, sein Atmen ... Das, was er war ... Aber auch, was er nicht mehr sein wird ...

Es geht darum, dass sich der Ast vollends vom Baum löst. Dass man ihn gehen lässt. Dass man ihn Stück für Stück hergibt. Dass man sich an das »Nie mehr« gewöhnt. Dass man das eigene Herz entkrampft. Aber wie die Zeit ausfüllen? Wie eine solche Gegenwart ertragen? Wie eine solche Abwesenheit aushalten ...?

Und ich? Was soll ich sagen? Wie die Wellenlänge finden? Wie mit ihnen allen mitschwingen? Wie kann ich, der Tropfen, mich ins Glas hineingeben? Solange man nicht Teil des einen Leidenskörpers geworden ist, dieses Körpers, den wir alle nebeneinander durch unser Anwesendsein bilden, lässt sich kein Wort sagen, kann kein Wort Bedeutung und Gewicht erlangen.

Vor dem, der im Koma liegt, kann ich mich nur dem Nichts stellen, einfach dem Schweigen der Angst. Dann rege ich die Familie, die in angstvollem, unerträglichem, nutzlosem Schweigen wacht, an, etwas zu tun; was geschieht, geschehen zu lassen. Ich schlage eine Geste vor, Worte, mit denen sich das Schweigen füllt, die Spannung sich löst und einer friedvollen Präsenz weicht. Ich lade die Umstehenden ein, den Daliegenden zu streicheln, ihn anzuschauen; es zu wagen, einige Worte zu sagen, ja sogar zu »ihm« von seinem Fortgehen zu sprechen ... Dann lösen sich auf einmal die Bande der Angst. Die Wachenden werden entkrampft, gelöst, kreativ. Zwischen dem Nachtrauern, von der Vergangenheit genährt, und der Zukunft, die so schwarz erscheint, zwischen Vergangenheit und Zukunft öffnet sich ein Raum für die jetzige Gegenwart, wie sie ist, und für das reine Anwesendsein.

Es braucht Zeit, viel Zeit, bis sich in diesen dichten Augenblicke ein freies Wort einstellt. Auf keinen Fall ist es mir hier und jemals möglich, mein Buch aufzuschlagen und die ersten Worte wie einen Katechismusspruch zu schwingen, ohne dass ihm etwas ganz anderes vorausgeht. Würden Worte unvermittelt daherkommen, könnten sie nur hohl erscheinen, als Phrasen, wohl auch verletzend. Zuerst einmal muss ich dazugehören, selbst Teil dieses neuen Universums werden: Teil des Sterbenden, Teil der Seinen, Teil des Pflegepersonals. Denn auch der Schmerz der ihn Umstehenden hat das Recht auf Respekt und aufrichtige Begegnung. Einzig er kann von sich aus seinen Weg finden, kann den Zeitpunkt bestimmen, an dem man sich öffnet und den Fremden einlässt, der ich bin. Erst dann, wenn die Trauer hat einsetzen dürfen, kann der Kreis sich öffnen. Dann werde ich zugelassen und der Augenblick kann kommen, in dem ich ein Wort zu sprechen vermag, das gehört werden kann.

»Ich habe so Angst zu sterben, ohne geredet zu haben«

Einzig das Wort ermöglicht es, ein anderes Verhältnis zum Tod zu gewinnen und diesen Akt des Sterbens menschlich zu vollziehen. Es ist der Schrei von Joel, von dem ich bereits gesprochen habe: »Ich hatte so Angst zu sterben, ohne noch etwas gesagt zu haben!« Das Wort, in dem der Sterbende voll präsent ist, ermöglicht es ihm, sich und auch die Seinen zu befreien. »Ich bin jetzt gar nicht mehr traurig«, sagte mir danach die Mutter von Joel. Die vor dem Sterben gesprochenen Worte können ungemein kreativ sein. Über sein Sterben selbst sprechen zu können heißt, seinem Leben einen nie gekannten Glanz zu verleihen.

Ich erinnere mich an eine spanische Frau, die im Sterben lag und zu ihrem Mann kurz vor ihrem Verscheiden diesen ganz einfachen Satz sagte: »Mein Leben mit dir war wunderbar! ... Unser Leben ... war wunderbar!« So sprach sie ihren ganz nahen Tod an und zugleich fasste sie ihr gesamtes vergangenes, ihr ihnen beiden gemeinsames Leben in seiner ganzen Fülle, seiner ganzen Schönheit zusammen und legte es ihrem Mann in die Hände. Mit welch einer Dankbarkeit!

Ich erinnere mich auch an jenen Zwanzigjährigen. Nach einem langen Weg voller Hoffnungen, Ungeduld, Beunruhigendem, Ängsten und Entmutigungen erfuhr er schließlich die Wahrheit. Seit einigen Minuten wusste er, dass seine Krankheit bald tödlich ausgehen werde. Er, ein begeisterter Sportler, würde nie mehr diese Skier anschnallen, was er eigentlich schon an Weihnachten wieder vorgehabt hatte; nein, sein Leben würde sehr bald zu Ende sein. Und doch – wie erstaunlich: Eine Freude überzieht sein Gesicht. Eine Art Verklärung erhellt ihn durch und durch – sein Gesicht, sein Blick, ja sogar sein ganzer Körper erscheinen mit einem Mal auf unerklärliche Weise wie transparent. Er hatte gerade, hier vor mir, an den Abgrund eines Geheimnisses gerührt wie an eine Geburt, eine plötzliche neue Wirklichkeit: an sein Menschsein. Mit dem großen Sprung, den er heute zu seiner Überraschung, zu seinem Staunen gemacht hatte, rührte er an das radikale Ja-Sagen: an das Ja zu seiner Verfassung als sterbliches Wesen. Dieses verblüffende Glück kann uns aus der Fassung bringen. Zuweilen gleicht es einer bei dem betreffenden Menschen nie gekannten Art mystischer Freude.

Wie verblüfft war ich angesichts der jungen jüdischen Frau, die mit mir gerade über ihren bevorstehenden Tod sprach, als ihre Mutter sie anrief und sie vor mir zu ihr sagte, als wolle sie sich entschuldigen, sie sei gerade beschäftigt: »Mama, stell dir vor, es ist unglaublich! Der Seelsorger ist gerade da. Wir sprechen über alles!« Ja! Wir sprechen ... über die Möglichkeit, dass sie sterben könnte. Sie ist erst vierunddreißig, hat zwei Jungen, die ihr Ein und Alles sind. Einige Monate danach wird sie mir schreiben: »Als ich Sie auf dem Flur reden hörte, ging es mir schon besser!«

Wie soll ich das begreifen? Meine Anwesenheit bannte weder die Krankheit noch den Tod mit hohlen Hoffnungsphrasen. Sie ermöglichte es schlicht und einfach dieser Frau, die mit mir sprach, tief in sich selbst das Echo zu vernehmen, das zuweilen aus unserem innersten Menschenwesen als Rufe an uns ergeht.

Wenn der Augenblick für das Wort kommt, steigt im Gespräch eine Kraft auf. Eine Gemeinsamkeit, eine Freude bringen die Wesen näher zusammen; die anwesenden Menschen rühren an ihre eigene innerste Glut. Ihr Sterben wird zum kreativen Akt, für den Scheidenden und auch für die Zurückbleibenden. Dann ist das Übersetzen in ein anderes Sein bei allem und allen geschafft, ein anderes Sein in sich selbst und ein Sein bei Gott erreicht. Am Ufer aber bleibt für immer eine Spur des Menschseins zurück, eine Würde, etwas, das den Hinterbliebenen Frieden schenkt. Der Tod ist dann etwas ganz anderes als ein Ende, als ein Ausgelöschtwerden oder Verschwinden, wie man ihn sich zu Unrecht immer wieder vorstellt: etwas völlig anderes als dieses angeblich schöne »Sterben, ohne sich sterben zu sehen«.

»Ich habe Angst, ›einfach so‹ zu sterben«

Bénédicte hat eine Knochenmarksübertragung bekommen. Trotz aller Pflege, die man ihr zugewendet hat, zeichnet sich ab, dass ihr Ende unabwendbar ist. Sie hat das Vertrauen in die Worte und Gesten derer, die sie pflegen und umgeben, verloren. Sie hat Angst. Mit dem Blick starr auf das Gestell gerichtet, von dem die Infusionsflaschen hängen, liegt sie hellwach da. Ihr Tod ist ihre Sache. Sie möchte wissen oder wenigstens ahnen, wann der Augenblick kommt, in dem Ärzte und Schwestern die Waffen strecken. Denn im Augenblick hat sie noch einiges vor: Sie möchte noch einmal ihr Haus sehen, ihre Freundinnen um sich haben, ihren Hund streicheln. Wovor sie am meisten Angst hat, ist, »einfach so« zu sterben, das heißt ohne es recht zu wissen, gar nicht bei sich, hinterhältiger Weise. Sie möchte nicht, dass ihr das jäh genommen wird, was sie noch unbedingt vorhat.

Mein ureigener Tod

Was ist das also: Sterben? Eine urpersönliche Frage, wenn überhaupt eine Frage. Mein ureigener Tod ist nicht der Tod, über den man gelehrte Abhandlungen schreibt, dieser Tod weit fort von mir, der Tod des anderen, das Sterben von niemandem konkret. Wenn er mich angeht, ist das kein Wissen, kein Reden über etwas. Wenn er, der mir bislang Fremde, der meine wird, *mein* Tod, dann lädt er mich ein, mein Sterben zu durchleben, und das ist ein Weg: eben der Weg des Sterbens. Zugleich, unlösbar damit verknüpft, fordert er mich auf, einen anderen Weg zu durchleben, den Weg des Sprechens, eines Sprechens, das jenseits vom »Sprechen darüber« liegt. Dieses Sprechen ist ein »Sagen«, das »Sagen«, dass mein Tod kommt, die Ankündigung: »Freund, ich werde sterben!« Denn wenn er da ist, redet man nicht mehr darüber. Der Weg ist angetreten, liegt offen vor mir. Er ruft mich. Das Abenteuer, ihn zu gehen, fängt an. Das Abenteuer des Sterbens.

Sterben – das sind die Akte des Auf-das-Ende-hin-Lebens, wenn sich die Notwendigkeit ergibt, die noch verbleibenden Tage entsprechend zu gestalten, ehe der letzte anbricht.

Sterben – das heißt, sich mit Kräften zu vermählen, die stärker sind als ich selbst, aus der Kraft heraus, die mir aus dem Herzen kommt.

Sterben – das heißt: wenn die Kräfte nur noch solche des Abbaus sind und sie schließlich die Oberhand bekommen, dann selber den letzten Punkt unten auf die Schlussseite des eigenen Lebens zu setzen, den Schlusspunkt des Sinns, und hoffen, es sei einem vor dem Scheiden vergönnt, beim Schließen des Buches ein Lächeln finden zu können.

Sterben – das heißt: ja zu sagen zum »Nie mehr« und mich jenseits davon Dem anzuvertrauen, an Den ich glaube, oder, wenn ich an keinen Himmel glaube, mich dem »Nichts mehr« anzuvertrauen.

Sterben – das heißt: das Werk, Vater, Mutter zu sein zu besiegeln mit dem letzten Grundsatzwort: »Mein Sohn, ich gehe; du bleibst. Aber ich setze mein Vertrauen in dich: Du kannst, dessen bin ich mir sicher, ohne mich dein Leben bewältigen. Du hast die Mittel dazu, denn ich habe sie dir gegeben. Ich will gehen. Gehe du deinen Lebensweg.«

Das ist eine grundlegende Lebensbotschaft für den Sohn.

Das Glück des Vaters.

Ein Sterben als Segen des Vaters über den Sohn.

Welcher Schmerz dagegen, welcher Verlust, wenn jemand wortlos geht!

Was heißt »Seinen Tod leben«?

Und wie kann man vom »Sein Leben leben« übergehen zu »Seinen Tod leben«? Wie können wir, die wir nur an unseren Tod denken – ihn buchstäblich nur »andenken« – ihn vorausspüren, wie ein klein wenig bereits vorher erfahren, eine Vorstellung davon bekommen, wie dieser Übergang ist – dieser berüchtigte Übergang! – vom »Sein Leben leben« zum »Seinen Tod leben«, damit wir das treffende Wort finden und es uns gelingt, dem Menschenbruder, den die Welle ins Weite hinausträgt, auf angemessene Weise eine Hand zu reichen, ein klein wenig Hilfe zu bieten, ihm mit unserer Präsenz beizustehen?

Muss man, um das zu erfassen und von diesem Übergang sprechen zu können, Prophet sein oder Mystiker? Muss man wie solche Menschen diese große Weite schon selbst gelebt haben, um darüber ein Wort, ein Lächeln oder Schweigen auf die Lippen zu bringen, durch das aus unserer Anwesenheit ein Mitsein wird? Vielleicht ... Nein, sicher! Ein Prophet? Man muss es ein wenig sein, um mithelfen und sprechen zu können, wenn es um den Übergang zum Leben des Sterbens geht.

Wie also so einfühlsam wie möglich von dieser unbekannten Begegnung des Kranken mit seinem eigenen sicheren Tod sprechen? Wie sprechen von diesem »Übergang«, der als Absturz empfunden wird? Da wir ihn noch nicht selbst erfahren haben, bleibt uns nur das Stammeln darüber, das Hochkommen-Lassen von hilflosen Worten, Bildern und Vergleichen, die vom Taumel dessen sprechen, der fällt, vom Unerhörten des Falls, vom Unwahrscheinlichen, von der Katastrophe, vom Weltuntergang; aber auch von Worten über die Quelle des Lebens, die auf dem Boden des Abgrunds aufbrechen kann: Worte von Empfängnis, Geburt, Zärtlichkeit, Liebe, Sonne und allem, was mit Himmel und Gnade zu tun hat.

Denn das Übergehen vom »Tagtäglich leben« zum »Seinen Tod leben« heißt, den Unbedingtheitsanspruch von Beweis und Vernunft loszulassen, das oberste Himmelsgewölbe unseres Verstehens; heißt, den Griff vom Seil der Logik zu lösen und im freien Fall in die Tiefe, ins Unbekannte zu stürzen, alle tragenden Räume mit ihren Schutzschichten zu durchbrechen. Heißt, nach dem Sturz sich ins Herz des Seins zu kauern, ins Zentrum unserer inneren einsamen Klause.

Im Taumel des Sturzes ist zwar die Landschaft vernebelt, der Raum ist gekentert, das Herz umgestülpt; aber das war nur die Ozonschicht, die aufriss – die Schicht, die uns den innersten Kern des Lebens, unsere Sonne, verdeckte: das, was uns von dieser tief innerlichen, noch unbekannten Wirklichkeit auf Abstand hielt, jedoch darauf wartet, im Tod vor uns aufzureißen.

In dieser inneren einsamen Klause, dem Zentrum des Wortes, der Zärtlichkeit und des Friedens, wartet etwas unfasslich Gnadenhaftes darauf, ans Licht zu kommen. Und im Licht dieses Zentrums durcheilt der Sterbende noch einmal das Gesamt seines gelebten Lebens. Das ist der Konvergenzpunkt, von dem aus sein Blickwinkel sich auf alle 360° seines verflossenen Lebens weitet. Es ist auch die Warte, von der aus alles einsichtig wird und seinen Sinn erschließt, alles sich zusammenfügt, sich erfassen und in Einklang bringen lässt.

Der Mensch wird dort ganz. An diesem Ort wird die Erfahrung intensiv, rückt ganz nah an das Aufbrechen am Anfang: Man ist wieder im Herzen der Schöpfung angelangt.

Weggefährte beim »Übergang« sein

Mit dem Menschen, der bald sterben wird, sich auf den Weg in Richtung dieses »Ortes« machen, zum Weggefährten dessen werden, der sich in diese innere Klause begibt – das gelingt nicht ohne Entäußerung und auch nicht, ohne dass man selbst sehr bewusst annimmt, selber sterblich zu sein und zu seiner Zeit zu sterben. Man muss selbst daran gerührt haben, möchte man das Glück verkosten können, mit dem Sterbenden eine neue, erfüllte Form der Bruderschaft zu teilen und im Kern des Ja-Sagens alles in einfacher und lichtvoller Klarheit offen daliegen zu sehen. Denn zum Sterben bereit zu sein heißt, sich für das offen Daliegende zu öffnen. Man tritt ein in die tiefste Schicht des Kommunizierens des Herzens und des Lebens. Das Wort wird dort ganz einfach: Ein bislang gänzlich unbekannter Friede erfasst alles: »So ist es! ... Und so ist es gut!« Dieses sehr starke Empfinden, mit der einen und einzigen Verfassung des Menschen zu kommunizieren, inspiriert zudem die Gewissheit, dass es in Wahrheit eine Auferstehung gibt. An diesem Ort des Friedens und der Schöpfung ist kein Platz mehr für Angst. Was anderes kann der Begleitende am Bett des im Sterben Liegenden tun, als ihm seine Hilfe zum letzten Schritt hinein ins Herz des Seins anzubieten? Wie weit fort ist er da von einem Glauben mit Patentantworten!

Wenn man auf diese Weise an das Leben rührt, diese nie gekannte innere Freude verkostet, diese Neugeburt miterlebt hat, ist es, als habe man einen tief verborgenen Schatz entdeckt. Das, was man früher Glück nannte – ein kleines Glück, ist jetzt eingetauscht gegen *das* Glück schlechthin, das etwas gänzlich anderes ist. Der Rebschnitt ist geschafft, eine ungeheure Arbeit! Das Leben, das gleiche Leben, ist immer noch da; aber wie schön ist es jetzt und wie sehr freut man sich seiner! Endlich, endlich hat sich das innere Auge aufgetan, hat das Aufleuchten, das Schimmern, die vollkommene Einfachheit einer ganz neuen Wirklichkeit erfasst!

Die Risiken beim »Sich-Herantasten«

Aber das Sich-Herantasten an den Tod bringt Risiken mit sich: Innerste Vulkane können aufbrechen und auf radikale Weise bestimmte Schwächen des Menschen ins offene Licht stellen, beim Kranken ohnehin, aber auch bei seiner Umgebung und sogar beim Pflegepersonal. Diese Risiken darf man nicht verharmlosen. Es wäre unangebracht und verheerend, wollte man von einem idealen »Hinübergang« träumen und den Kranken unter dem Vorwand, es besonders gut mit ihm zu meinen, durch eine indiskrete Begleitung dazu nötigen. Es bedarf größter Achtsamkeit und respektvollsten Hinhörens, um genau zu erspüren, was für den je Kranken richtig und angemessen ist, und es im behutsamen Vorantasten zu erreichen. Dabei ist Schritt um Schritt alles in Betracht zu ziehen und zu respektieren. Jeder Kranke durchquert diese Nebelzone auf seine ihm eigene Weise und in seinem Schritttempo; er stößt dabei auf unvorhergesehene Hindernisse und überwindet sie so, wie er es kann.

Unter dem Bleimantel der Religion

Umgekehrt verbringen manche Menschen ihr gesamtes Leben unter einer Art von Bleimänteln, zuweilen sogar religiösen, die jeder Prüfung standhalten, sogar derjenigen des Todes. Sie sind unangreifbar.

Ich entsinne mich an den noch jungen Mann, Unternehmer, intelligent, gepflegt. Eine vielköpfige Familie umhüllt ihn mit ihrer strengen und zähen Frömmigkeit. Die Zeit bis zu seinem Ende zieht sich lange hin, und sein Krebs siegt nur sehr langsam. Mit dem Rosenkranz in der Hand wechseln sich seine Schwestern unter dem Kommando ihrer wie eine Äbtissin waltenden Mutter bei der Wache an seinem Bett ab und sorgen dafür, dass das Schöpfrad ständiger »Gegrüßet seist du Maria« und »Vaterunser« nie stillsteht. Reglos wie aus Marmor liegen seine weißen Hände auf der Bettdecke, und er lächelt mit unergründlicher Höflichkeit, wenn er mich täglich zur Kommunion empfängt, über die seine alte Mutter wacht.

Direkt neben seinen Kopf hat sie ein Bild gelegt, das ein Kreuz über einem durchbohrten, Blut verströmenden Herzen zeigt. Das Bett ist mit Medaillen umhängt. Weitere fromme Bilder umrahmen sein Kopfkissen und bilden eine Art Heiligenschein um sein ebenholzschwarzes Haar. Seine sechzehnjährige Tochter, die jünste seiner vier Kinder, weint. Stoisch, mit dem Glauben tapferer Ritter von einst, betet die Großmutter. »Weine nicht, meine Liebe! Warum willst du weinen? Du weißt doch, dein Papa geht bald ins wahre Leben ein! Hab festen Glauben daran!« Das ganze Familiensystem ist fest gefügt, nicht einzureißen, verkeilt vom Schlussstein des Glaubens dieser Frau.

Obwohl mir die regelmäßige Kommunion die häufige Begegnung mit diesem Mann ermöglicht und trotz aller Versuche, die ich wage, ihn auf seinen Schmerz und seine Not anzusprechen, kann ich ihm nie mehr als konventionelle einsilbige Phrasen entlocken. »Wie fühlen Sie sich heute, Herr X.?« – »Danke, es geht, es geht!« Das bleibt seine einzige Antwort bis zu seinem letzten Atemzug. Was dachte er in seinem tiefsten Inneren von dieser überdrehten Religiosität, von der ich zu spüren meinte, dass auch er sie hochachtungsvoll auf Abstand hielt?

Während der Krankensalbung lag er auf der Seite, dem Fenster zugewandt, wo nur ich stand, und er weigerte sich, sein Gesicht seiner Familie zu zeigen, die sich bei der Tür versammelt hatte. Ich hätte gern erfahren, was er von dieser religiösen Übersteigerung hielt, von der ich den Eindruck hatte, sie habe ihn erstickt, dessen Leben sich durchaus nicht im Schatten der Weihwasserkessel abgespielt hat. In meiner Ungeduld angesichts einer derartigen höflichen und respektvollen Verschlossenheit habe ich gewünscht, er hätte den Strohhalm ergriffen, den ich ihm hinhielt. Vielleicht erwartete er entgegen allem äußeren Anschein von mir, dass ich ihm die Möglichkeit eröffne, sich auszudrücken und seine Gleichgültigkeit gegenüber diesem ganzen religiösen Theater zu bekunden.

Vielleicht hätte ihn ein Wort befreit und ihm gestattet, den Weg zu beschreiten, von dem ich glaubte, er sei für ihn bereit und warte darauf. Ich wusste, dass sich sein Abschied in einer schwierigen familiären Situation vollzog. Der erbitterte Streit zwischen seinen Brüdern wurde strikt unter der Decke der Religion gehalten. Ein Tod, der zur Sprache gekommen wäre, hätte zweifellos zur Verbesserung des Familienklimas beigetragen. Aber es war unmöglich, unter diesen Umständen das Wort freizusetzen!

Wer sagt, dass das nicht wirklich besser gewesen wäre? Ein freies Wort hätte vielleicht die auf dieser Familie lastende Schwüle wie ein Gewitter gelöst. Wer als Fremder dieses Zimmer betrat, überschritt tatsächlich die Schwelle in eine Art religiöse Sauna, in der einem der Dampf die Augen vernebelte. Da wurde der Blick so benommen, dass er den drohenden Tod gar nicht klar ausmachen konnte. Die einzig mögliche Sprache war die des Dogmas und der eisernen Frömmigkeit. Alle meine leisen Versuche, Türen und Fenster zu öffnen und Luft und Licht hereinzulassen, waren vergeblich: Nichts vermochte den Kranken oder die Seinen aus ihrer religiösen Grotte herauszuholen. Habe ich das falsch gesehen? Ich weiß es nicht. Aber dieses Ende machte mich trauriger als jedes andere. Trotz der ständigen religiösen Dienste, die ich leistete, bleibt mir das Gefühl, dabei ziemlich unnütz gewesen zu sein.

Die Unmöglichkeit loszulassen

Manche Gläubige begeben sich mutig und mit Offenheit daran, an ihrem Glauben zu arbeiten. Aber auch hier steht das Gelingen nicht von vornherein fest. Es geschieht sogar, dass ein authentischer Glaube nicht genügt, um die Verweigerungshaltung gegenüber dem Tod zu durchbrechen. Wohl möchte man so weit kommen loszulassen, wenn das Weiterkämpfen unvernünftig wird; möchte es schaffen, den anderen gehen zu lassen, an den ihm bestimmten Ort; möchte Vertrauen haben und aus der Hoffnung leben, wenn alles hoffnungslos wird; aber der innere Widerstand ist ungemein groß: Man bleibt diesem Instinkt verhaftet, um jeden Preis überleben zu wollen.

Ich erinnere mich an das junge gläubige Paar. Sie ist Lehrerin, er Ingenieur; beide gehören einer christlichen Bewegung an. Sie ist wegen eines Leberkrebs in der Klinik und wünscht, dass ich ihr täglich die Kommunion bringe. Keine Behandlung schlägt bei ihr an; man weiß seit längerem, dass ihr Krebs für sie tödlich sein wird. Ihr Zustand verschlimmert sich, und mit einem Schlag beginnt der freie Fall.

An diesem Tag besuche ich sie wie gewöhnlich. Ich treffe ihre Mutter auf dem Flur; sie sitzt bei der Tür, an die Wand gelehnt. Sie hält ein Tablett, das sie aus dem Zimmer getragen hat, und ihr darüber geneigter Körper verrät die ganze Erschöpfung und Verzweiflung dieser Frau. Es ist zu viel: Sie kann ihn nicht mehr aushalten, diesen Anblick ihrer Tochter, dieses gelblichen Skeletts; diese glasigen Augen, deren Pupillen unter der galligen Pigmentierung verschwinden. Sie weiß, dass ihre Nieren verstopft sind; dass ihre Tochter in den kommenden Stunden sterben wird, dass wir am äußersten Endpunkt angekommen sind.

Die junge Ärztin, die die Kranke begleitet, hat der Vernunft nachgegeben. Sie hat an diesem Morgen dem Ehemann vorgeschlagen, ihr nichts Aggressives mehr zu verabreichen. Das war nur klug, denn schon seit längerem waren alle Heilversuche nutzlos, und heute ist das Ende da, steht unmittelbar bevor, in den nächsten Stunden schon. Diese medizinische Zurückhaltung, zu der diese Frau sonst kaum neigt, freut mich zutiefst. Der Ehemann hat sein Einverständnis erklärt. Es ist beschlossene Sache: Diese junge Frau soll in Frieden sterben können.

Während des Vormittags komme ich auf dem Flur dieses Stockwerks vorbei, ganz in der Nähe des Zimmers der Kranken, und begegne dem Ehemann und der Ärztin. Sie sprechen in jenem durchdringenden Tonfall, der sich zuweilen einstellt, wenn es um kapitale Entscheidungen geht. Zu meiner großen Verwunderung schnappe ich einige Gesprächsfetzen auf: »Haben Sie Mut! Wir wollen es noch mit etwas anderem versuchen.« Ich verstehe ...

Diese Ärztin bringt es nicht fertig, zu ihrer heroischen Entscheidung zu stehen, alle Heilungsbemühungen einzustellen. Sie ist dabei nachzugeben. Da ich weiß, dass sie kaum zu derartigen »Kapitulationen« neigt, habe ich geglaubt, sie sei in diesem Fall doch zum festen Entschluss gelangt, alle aggressive Behandlung einzustellen, als der Ehemann seine Zustimmung gegeben hatte. Aber siehe da: In den darauf folgenden Minuten – und es musste ja nun tatsächlich alles schnell geschehen! – begann das Rad der sinnlosen Torheit sich wieder zu drehen. So wird zwei Stunden, ehe sie ihren letzten Atemzug tut, diese Frau noch einmal völlig nutzlosen Torturen unterzogen: Elektrokardiogramm, Blutabnahme, Elektroenzephalogramm ... Zwei Stunden vor ihrem Ende! Statt eines friedlichen Sterbens ... arme Frau!

Eine Feuerprobe

Wenn der Tod sich ankündigt, ist dies eine derartige Prüfung für das Paar, dass ein unterschiedlicher spiritueller Umgang der Partner mit der bevorstehenden Trennung auch zutiefst die Harmonie und Liebe beeinträchtigen kann, die sie bislang vereinte. Trotz allen Bemühens können die spirituellen Ausrichtungen voneinander abweichen, und die Partner laufen dann Gefahr, voneinander zu scheiden, ohne der Freude zuteil geworden zu sein, Seite an Seite, im gleichen Schritt in Richtung des Jenseits ihrer Liebe gegangen zu sein.

Ich denke da an den jungen dreißigjährigen Mann. Er lebt schon lange mit seiner Gefährtin zusammen und wünscht sich, vor seinem Sterben die Liebe zu seiner Geliebten mit einer kirchlichen Trauung zu besiegeln. Die Krankheit hat ihn bislang daran gehindert. Doch beiden lag sehr an dieser kirchlichen Trauung als letztem Beweis ihrer Liebe zueinander. Er will diese Welt mit der Gewissheit verlassen, dass ihre Liebe nicht etwas Vorübergehendes ist, sondern dass sie durch das »Ja«, das sie einander vor Gott zusprächen, für immer an den Himmel geschrieben bliebe; außerdem trüge die Frau, die von da an seine Gattin sein würde, seinen Namen. Das ist seine größte Freude, eine ungemein tiefe Freude, stärker als der Gedanke an den Tod: Sie ermöglicht es ihm, im Frieden, den ihm sein Glaube schenkt, Gott entgegenzugehen.

Unglücklicherweise weigert sich die junge Frau, die ebenfalls gläubig ist, aber gegen die Krankheit und das vermutliche Ende ihres Verlobten aufbegehrt, ihn auf diesem spirituellen Weg des Ja-Sagens zu seinem Tod zu begleiten. Für sie ist diese Prüfung eine Überforderung. Sicher, sie ist einerseits mit dieser Eheschließung im eigenartigen Zwielicht von Schatten und Licht einverstanden. Aber sie sucht noch Hilfe bei einer Gruppe von Heilern. In der Erwartung eines Wunders, versichert durch seltsame Praktiken, es zu erwirken, hat sie sich ganz darauf verlegt, ihre Hoffnung auf eine körperliche Heilung ihres Verlobten zu setzen. Ihr Herz bleibt verschlossen, in der Verweigerungshaltung gegenüber dem Tod erstarrt, unzugänglich für das tiefe Glück ihres Partners. Während er sich von dieser Eheschließung erhofft, er könne danach und für immer mit ihr ein intensives spirituelles Glück teilen, bleibt sie der törichten Hoffnung auf eine Heilung verhaftet, die einfach nicht mehr möglich ist. Wie gelähmt, zur Salzsäule erstarrt, bleibt sie reglos auf dem spirituellen Weg stehen, den er mit ihr zu beschreiten gedenkt. So bleibt sie zurück und es wird ihr unmöglich, trotz seines Ja ihrem Mann als Abschiedsgeschenk die vorbehaltlos liebevolle Zustimmung zu seiner Freude zu schenken.

Als der Tod schließlich eintritt, wenige Stunden nach ihrer Eheschließung, die ich in aller Schlichtheit mit ihnen im Krankenzimmer gefeiert habe, wird diese junge Frau von ihrem Schmerz völlig zerrissen und ist untröstlich. Verhärtet in ihrer Verweigerung, sieht sie sich völlig außer Stande, auch nur den geringsten Funken jener Freude an sich heranzulassen, die ihr Mann aus dem Ja geschöpft hat, das sie ihm trotz allem zusprach.

Ich fürchte, in ihrem gebrochenen Herzen wird noch lange das bittere Bedauern darüber schwelen, dass sie nur halb jenes Ja ihrem dem Tod geweihten Verlobten hatte zusprechen können. Wer könnte ihr das übel nehmen? ... Doch mich schmerzt es, Zeuge dieses nicht wirklich gelungenen Ja an der Schwelle der Ewigkeit geworden zu sein. Der Schaden ist irreparabel; wie hätte er sich vermeiden lassen? Es ist keine Frage, dass beide, Mann wie Frau, besten Willens waren. Aber wie groß ist der Unterschied zwischen Hoffen und echter Hoffnung, zwischen dem Hoffen, das sich auf menschliches Bemühen und Können richtet, und der Hoffnung, die man einzig auf Gott setzt!

Erinnerungen wachrufen

WENN DER KRANKE und seine Umgebung es zugelassen haben, den sich ankündigenden Tod zur Sprache zu bringen, erwartet sie eine weitere, genauso befreiende Aufgabe: sich an das zu machen, was man als »Anamnese« bezeichnet. Damit ist gemeint, dass man den gesamten Verlauf der Geschichte eines Lebens noch einmal erinnernd vorüberziehen lässt. Man genügt damit dem Bedürfnis, alles Gelebte noch einmal aufzugreifen, seine Gewichte und seine Gnaden abzuwägen, es mit Auge und Herz noch einmal durchzugehen. Der aus dem Leben scheidende Mensch kehrt auf diese Weise ein letztes Mal zu den »großen Augenblicken« seines Lebens zurück, betrachtet, verkostet oder bedauert: wie man sich begegnet ist, sich ineinander verliebt hat, wie man gemeinsam wichtige Entscheidungen getroffen, schwierige Zeiten mit dem Partner durchgemacht hat, wie ein Kind zur Welt kam, welche Etappen man beruflich durchlaufen, wie die Familie sich entwickelt hat usw. ...

Angesichts aller guten und weniger guten Erinnerungen regt sich das Bedürfnis zu danken, zu verzeihen, um Verzeihung zu bitten, niemals Gesagtes endlich zu sagen. Das Beste seiner selbst, die Frucht der eigenen Lebenserfahrung, alles, was wichtig und wesentlich erscheint, um vor dem Hinscheiden noch weitergegeben zu werden, kehrt ins Gedächtnis zurück und möchte die Freude erschließen, ausgesprochen zu werden. Sich an die Anamnese zu machen heißt, sein Leben noch einmal erinnernd zu durchleben und einen Sinn sich abzeichnen zu sehen.

Auf diese Zeit des Sich-Erinnerns und des Dankbarseins sollte man sich nicht mit der Bitterkeit des Bedauerns dessen, was nicht mehr ist, einlassen, sondern mit dem Staunen über das, was alles war, was sich noch darbietet und was als Geschehenes für immer bleiben wird. Wenn man sich so noch einmal tief auf alles einlässt, was eins ums andere hochkommt, und es alles noch einmal verkostet, lichtet es sich allmählich, und ein schöner Sinn zeichnet sich ab. Dann öffnet sich die Tür, in aller Schlichtheit auch das zu leben, was jetzt noch kommt: das Sterben, die letzte Seite des Lebensbuches; denn damit ist alles vollendet.

So wird die Anamnese – dieser Akt des Sich-Erinnerns – zum Weg, der uns an den Ort der Vollendung führt. An diesem Herd der Fülle, dem wir uns nahen, erkennen wir das Aufblitzen von Lichtern längs des gesamten zurückliegenden Weges: Wir finden den Blick des Freundes wieder oder der Unbekannten, der wir einmal begegnet sind, alle Augenblicke der Dankbarkeit, alle Bekundungen der Wertschätzung und der Freundschaft, die uns andere aus tiefstem Herzen zukommen ließen, denen wir zufällig begegnet sind, und auch alle die Worte, die uns eine derartige Freude geschenkt haben, dass es uns schien, sie seien uns bereits von Ewigkeit her zugefallen. Diese Fülle, die wir im Lauf unseres gesamten Daseins schon immer wieder vorausgespürt haben, offenbart sich jetzt in ihrem ganzen strahlenden Spektrum. Wenn der Abschied besprochen, das Getrenntwerden angenommen ist, kann alles kommen: das Danken und das Verzeihen, alles in Milde und Güte. Mit einer geläuterten Milde, die nichts selbstsüchtig An-sich-Reißendes mehr an sich hat, mit jener Zärtlichkeit, die echte Begegnung und gegenseitiges Einander-Schenken zwischen den Menschen ermöglicht.

Der Mensch, der sich zu gehen anschickt und sein Sterben gelassen in der Klarheit des Sinnes und des Wortes vollzieht, lässt auf diese Weise in seinem Umfeld Leben aufkeimen: Er vollendet die Geste des Schöpfers. Unter diesen Umständen wird der Kontakt mit ihm einfach und beglückend. Angst und Befangenheit fallen ab; es tut gut, bei ihm zu sein, wie es ihm gut tut, dass wir bei ihm sind. In seiner Gegenwart fließt auch das Wort, einfach, leicht, tief, Leben spendend wie eine Quelle, innerlich nah und wahr. Der Sterbende hat den friedvollen Atemrhythmus für sein Dasein gefunden; um ihn entstehen anziehende Wärme und Nähe. Er kann von da an seine Menschenbrüder und -schwestern mit großer innerer Freiheit und Leichtigkeit empfangen.

Den Tod wie einen Bogen über das Leben spannen

Der Tod darf nicht verschleiert bleiben, auch nicht aus einer falsch verstandenen letzten Komplizenschaft heraus. Es ist gut, wenn er angekündigt, entschleiert, wahrgehabt und den anderen mit einer wahrhaftigen Sprache mitgeteilt wird. Denn der sich für das Sterben Bereitende verfügt noch über kostbarste Möglichkeiten, zum Leben zu ermutigen! Vorausgesetzt, sein Tod bleibt nicht als Rätsel im Raum stehen, kann er noch einmal die Beziehungen zu den anderen, vor allem zu den Nächsten klären, befreien und vertiefen. Der Tod wird dann wie ein Bogen über das gesamte Leben gespannt. Unter diesem Bogen lässt sich die gesamte Landschaft eines Lebens überblicken, nach rückwärts und nach vorn. Darunter erhalten die Beziehungen, die den Sterbenden mit seiner Umgebung verknüpfen, ihren wahren Platz. Hier geschieht ungeschminktes, wahres Sprechen, ob in Worten oder Gesten. Erinnerte Ereignisse nehmen hier ihren bislang vielleicht übersehenen hohen Wert an. Der Sterbende kann, verwurzelt in Vergangenem wie auch in der ihn erwartenden Zukunft, sein Leben zur Sprache bringen und es so vollenden: es sprachlich als ein einmaliges Werk zu Ende bringen. Wenn ihm auf diese Weise die Erfahrung echter Begegnung mit sich selbst und den anderen zuteil wird, verlässt er eine Welt, aus der jetzt alle Einsamkeit verbannt ist; die Angst vor dem Sterben ist vergangen; der Tod erscheint ihm als das Ewigwerden dieser Augenblicke der Fülle.

Im Umfeld des Sterbenden, der sich vom irdischen Ufer abzustoßen anschickt, werden die Aufgaben dringend: Wesentliches will noch unbedingt getan werden. Man möchte noch Worte der Vergebung sprechen und solche empfangen; Worte sprechen, die für den Angesprochenen eine Qualität von Testament, Vermächtnis haben; kostbaren Rat erteilen, dass sich den Verbleibenden das Leben in Fülle erschließen möge. So manche Pflichten drängen sich noch auf, die noch erfüllt sein wollen, ehe der letzte friedvolle Schlaf einsetzt. Das ist der Moment, den Lebensfaden zu knüpfen, und ganz und gar nicht der, ihn abzureißen: ein erhabener Moment der Weitergabe. Wer seinen Tod bejaht, tut tatsächlich mehr, als ihn nur zu akzeptieren: Gedrängt von diesem Leben, das ihn verlässt, begibt er sich daran, es an die, die bleiben, weiterzugeben ... es ihnen neu »auszuhändigen«. Seinen Tod leben heißt, in eine andere Weise des Seins für die anderen und die Welt einzutreten – und für den Glaubenden, in eine andere Weise des Seins für Gott.

Soweit ich das miterleben kann, richtet sich heute die Sorge dessen, der stirbt, nicht mehr so sehr auf die eigene »ewige Ruhe« noch auf seine Zukunft nach dem Tod oder sein spirituelles Schicksal. Seine vordringliche Sorge gilt denen, die er zurücklässt. »Ich habe Angst, die Meinen allein zurückzulassen: Sie brauchen mich noch so sehr.« Daher ist es erst recht notwendig, dass der Tod nicht zum stummen Verlöschen wird. Er soll im Gegenteil den Hinscheidenden dazu inspirieren, denen, die er zurücklässt, ausdrücklich die Erde und das Universum wie ein Vermächtnis als Erbe und Aufgabe zu übergeben. Wenn man noch früh genug spricht vor dem Fortgehen, lädt man dadurch die Seinen, seine Angehörigen und seine Freunde, dazu ein, das unfertige Tuch, an dem man gewoben hat, zu ergreifen und dann, wenn man gegangen ist, ihrerseits daran weiterzuweben. »Meine Freunde, meine Kinder, meine Brüder, meine Schwestern, ich verabschiede mich von euch. Ich vertraue euch diese Erde an. Ich vertraue auf euch. Ihr werdet weitermachen. Auch ihr werdet schließlich sterben, nachdem ihr diese Welt bewohnt und an ihr gewirkt habt. Ihr könnt mich gehen lassen, ich sage dazu ja. Jetzt liegt es an euch, hier zu leben und euch einzusetzen!«

Franz von Assisi hat bei seinem Sterben seine Brüder, die ihm nach-gefolgt sind, Gott anvertraut, aber auch der Welt, den umliegenden Bergen, dem Berg La Verna, all den Orten, die Schauplatz der wichtigsten Ereignisse seines Lebens waren. Auch die Abschiedsreden Jesu im Johannesevangelium sind von einem gewaltigen schöpferischen Atem getragen. Am Vorabend seines Sterbens wendet sich Jesus an seine Jünger, an seinen Vater. Seinem Vater gegenüber zieht er die Bilanz seines Wirkens auf Erden; seinen Jüngern vertraut er das Wesentliche seiner Botschaft in ihrer ganzen Tiefe, Weite und Kraft an. »Meine Kinder, ich bin nur noch kurze Zeit bei euch. Ein neues Gebot gebe ich euch: Liebt einander! Daran werden alle erkennen, dass ihr meine Jünger seid: wenn ihr einander liebt.« – »Euer Herz lasse sich nicht verwirren. Glaubt an Gott, und glaubt auch an mich!« – »Ich komme wieder und werde euch zu mir holen, damit auch ihr dort seid, wo ich bin.« – »Wer an mich glaubt, wird die Werke, die ich vollbringe, auch vollbringen, und er wird noch größere vollbringen, denn ich gehe zum Vater.« – »Ich werde euch nicht als Waisen zurücklassen, sondern ich komme wieder zu euch.« – »Frieden hinterlasse ich euch, meinen Frieden gebe ich euch.« Was da in einem solchen Abschied aufleuchtet, sind Glanzworte menschlicher Vollendung.

Wenn der Tod naht, ist jeder Mensch eingeladen, einen neuen Bezug zu den anderen, den ihn umgebenden Wesen, der Welt, die er gekannt hat, herzustellen. Mittels der wunderbaren Möglichkeit seines Wortes setzt er ans Ende seiner Partitur das Fermate-Zeichen, diesen Schlusspunkt, auf den alle vorausgehenden Noten zu ihrer Vollendung hinstreben. Er rührt an den ihm zustehenden Platz in dieser Welt. Ein eigenartiges Glück, bestehend aus Einfachheit, universaler Verbrüderung mit allen Dingen und Wesen, eröffnet ihm eine

Art wesentlicher, kosmischer Freude, die etwas von einem grundlegenden Neubeginn an sich hat – so, als wäre das Ende der Anfang von allem.

Diese Erfahrung ist nicht nur Ausnahmemenschen vorbehalten. Jeder Mensch kann auf seine eigene Weise den Tod für die anderen zu etwas Leben Spendendem werden lassen und ihnen helfen, das Danach zu leben. Das Sterben ist der springende Punkt des Lebens; so beschleunigt der Tod oft Dinge, verleiht ihnen Dringlichkeit. Was bislang unmöglich schien, steht bei seinem Nahen unbedingt an: Das Verzeihen, das zu gewähren man sich geweigert hatte, wird plötzlich unumgänglich; das Wort an den ungeliebten Sohn, das die Befangenheit unter Verschluss hielt, kommt plötzlich heraus. Der Tod spielt die Rolle eines Auslösers; als unfehlbarer Spiegel bringt er ans Licht, was ein Leben lang dem Blick verborgen war. Angesichts seiner entstehen überraschend Gesten, werden Worte anvertraut; es ist eine Art »Enthemmung« des Lebens.

Da bespricht ein Mann eine Abschiedskassette für seine zwei Töchter, die er ins Sommerlager geschickt hat, damit sie dort nicht miterleben, wie ihr Vater stirbt. – Da möchte die Mutter, die mir sagt, sie habe ihr Leben verpfuscht, vor dem Tod noch etwas gutmachen: Von Gewissensbissen geplagt, dass sie ihrem Sohn nicht erlaubt hat, zum Katechismusunterricht zu gehen, möchte sie noch einmal mit ihm sprechen, in der Hoffnung, doch noch miterleben zu können, dass er die Taufe empfängt, die sie ihm verwehrt hatte. – Da ist der Priesterfreund, der die Kraft findet, seinen bevorstehenden Tod bekannt zu geben. – Da ist dieser Nichtgläubige, dessen Zimmer ich betrete und der mir unvermittelt sagt: »Ich glaube nichts. Aber ich weiß, dass ich sterben muss.« Und dann zählt er mir alles das auf, was er noch für seine Kinder in die Wege leiten muss, was ihm noch am Herzen liegt und er ihnen noch sagen will.

Wenn ein Mensch zu seinem Tod ja sagt, wird für ihn alles ganz einfach, gleitet er in den Frieden hinein, wird mild und zärtlich. Man könnte sagen, er schmiegt sich noch einmal besonders stark an den Kai des Lebens, wenn er im Begriff ist, ins Sterben abzustoßen. Da spielen Umgangsformen, Glaube, Namen keine große Rolle mehr: In meinen Augen wird in diesen extremen Momenten, in denen er sich sterben sieht, der Mensch von einer Art aus dem Innersten seines Wesens aufsteigenden Urwunsches aufgefordert, sich über sich selbst hinaus zu erheben. Er hat etwas von unbeschreiblicher Größe an sich, dieser Friedenszustand, den er von jeher vorausgeahnt hat und der ihn jetzt ruft und anzieht. Wir stehen vor einer authentischen spirituellen Erfahrung, wenn wir den Hinübergang eines Menschen erleben, der von dort aus, wohin er in seinem Leben gelangt ist, den Schritt hinein in eine größere Ganzheit und Dichte des Menschseins setzt. Ob man sie nun als spirituelle Erfahrung bezeichnet oder nicht, jedenfalls wird der Mensch hier auf seine Füße gestellt; es wird ihm klar und deutlich gezeigt, dass es eine Auferstehung gibt, vermischt mit dem Tod. Und es liegt in der Natur dieser Erfahrung, dass sie sich der Umgebung mitteilt. Die Freude ist genauso ansteckend wie die Angst.

In einem Brief spricht Emmanuel Mounier, dessen Tochter todkrank war, von seinem Leiden als Vater; bezüglich seiner Frau spricht er von einem »transfigurierten«, »verklärten«, das heißt schon mit Lichtpfeilen durchschossenen Leiden: »Alle unsere kindlichen Wünsche widerstreben, zerreißen, leiden unsäglich. Aber man muss es wohl sagen, nicht wahr, dass wir es in diesen Tagen stark empfinden, wie wir, mit diesem verklärten Leiden – das andere ist hässlich, dieses nicht – an unser Wesen als Menschen rühren ... Eine meiner ungewöhnlichsten Erinnerungen ist das Gesicht, mit dem mir eines Tages X. ... eröffnete, sein Sohn sei vor zwei Stunden gestorben. Über einer totalen Erschütterung leuchtete eine Art souveräner Freude, und die Erschütterung war bereits nicht mehr eine solche; das zeigte sein königliches Gesicht, das von einer eigenartigen Einfachheit, der

Einfachheit eines kleinen Kindes, geprägt war. Kein Wort über die Freude des christlichen Leidens vermag begreiflich zu machen, wie das ist, wenn man einmal ein solches Gesicht auf dem Gipfelpunkt seines Geschicks gesehen hat.«

Das Geheimnis des Todes ist für jeden Menschen einmalig. Sich diesem Geheimnis öffnen heißt, weise zu werden, mag man dabei den Beistand des Glaubens haben oder nicht. Sich verschließen dagegen heißt, den Tod nur oberflächlich zu erfassen. Die »schönen Tode«, an die ich mich erinnere, sind diejenigen, wo dem Schweigen wesentliche Worte und Gesten abgerungen wurden, die dem Sterbenden und den ihn Umgebenden halfen, im Herzen Frieden aufbrechen zu spüren. Es gibt kein Alter, das besonders geeignet wäre, seinen Abschied vorzubereiten und aus seinem Tod die Vollendung seines Lebens zu machen. Kinder liefern uns dafür oft erstaunliche Beispiele.

»Könnten Sie bitte veranlassen, dass meine Eltern hinausgehen?«

»Herr Doktor, könnten Sie bitte veranlassen, dass meine Eltern hinausgehen?« Sebastian ist elf. Heute haben ihn seine Mutter und ihr Freund ins Konsultationszimmer begleitet, wie es alle Eltern tun, die bei ihrem kranken Kind in der Klinik sind. Sebastian ist noch ein Kind. Aber er ist bereit, sich aufzuraffen und kühn ein klares Wort zu verlangen, selbst wenn dies unverschämt wirkt. Wie anders, ohne verletzende Forderung, könnte er sich die Wahrheit verschaffen, wo er doch erst elf und blind ist und ihn seine Eltern bei jedem Gang von der einen zur anderen Einrichtung der Klinik begleiten müssen?

Seit Tagen sind seine Hoffnungen auf Heilung angesichts des Umfangs seines ständig sich vergrößernden Tumors geschwunden. Man braucht ihn nicht mehr davon zu überzeugen, dass die Therapie nichts bewirkt und die Pflege, die man ihm angedeihen lässt, sich fortan darauf beschränkt, ihm physische Schmerzen zu ersparen, und die Behandlungen, die er noch bekommt, nur dazu dienen, ihn moralisch aufzurichten. Er weiß das, selbst wenn er so tut, als glaube er noch an das, was man ihm alles vorschlägt.

Sein Krebs hat seine beiden Augen erreicht. Er ist verloren, das weiß er. Aber er möchte es bestätigt hören, dass es so ist, und zwar aus dem Mund dessen, der es weiß. Das braucht er, um weiterkämpfen zu können und eine Aufgabe zu erfüllen, die ihm wichtig ist: seinem Leben den Schlusspunkt zu geben, ohne den es in seinen Augen unvollständig bliebe.

Ohne diese Bestätigung seines Zustands aus berufenem Mund halten ihn eine Art Unsicherheit, ein Zögern zurück und wie in der Schwebe; sein Wille kann sich nicht in Gang setzen und beschließen, was er noch vor seinem Sterben erledigen will.

So braucht er also die direkte Gegenüberstellung mit seinem Arzt, und zwar unter vier Augen, ohne die behütende Anwesenheit seiner Eltern. Sie sind zu verwundbar. Er weiß recht gut um die schmerzliche Empfindsamkeit von Eltern, die unendlich unter dem Schlimmen leiden, das an ihren Kindern zehrt. Vor ihnen wird kein Wort ungeschützter Wahrheit aus dem Mund des Arztes kommen. Und so will er heute die Gegenüberstellung, von Mensch zu Mensch. Die Strategie ist fertig, er hat sie während seiner vielen Nächte gründlich vorbereitet, bis in alle Einzelheiten.

»Herr Doktor, könnten Sie bitte veranlassen, dass meine Eltern hinausgehen?« So packt er also die Sache an. Seine Eltern werden entlassen, auf den Flur hinausgeschickt, und allein angesichts des Chirurgen, dem er vertraut, wagt er die entscheidende Frage zu stellen, die ihn aus dem Netz der Lügen und des Schweigens befreien wird. Sie kommt scharf wie ein Schwert, zischt wie ein Pfeil ins Schwarze: »Unter uns, Herr Doktor, wie viel Zeit bleibt mir noch zum Leben? Bitte sagen Sie es mir ganz offen!«

Wie sah die Antwort des Arztes angesichts dieses ungewöhnlichen Vorstoßes aus? Ich weiß es nicht. Ich vermute: unvollständig. Aber Sebastian hat begriffen: Sein Ende ist unabwendbar und nah; er wird schon bald sterben. So ist für ihn die Zeit gekommen, sich auf seinen Tod einzulassen, seine Lebensaufgabe abzuschließen.

Schon seit einiger Zeit bringe ich ihm die Kommunion aufs Zimmer. Wie gewöhnlich sitzt auch an diesem Tag seine Mutter still zu Füßen des Betts und wohnt der Kommunion ihres Sohnes bei, und auf der anderen Seite des kleinen Betts ein Mann, ihr Lebensgefährte, den Sebastian »Vater« nennt. Ich will gerade das Zimmer verlassen, als Sebastian mich aufhält und zu meiner großen Überraschung mit seltsam ruhiger Stimme fragt: »Herr Pfarrer, könnten Sie auch einmal meiner Mutter die Kommunion bringen?«

Was einem in die Nacht getauchten Kind antworten, das bald sterben wird und von mir wie eine Gunst erbittet, seiner Mutter die Kommunion zu reichen? Wie ihm diese größte Freude verweigern? Aber warum stellt er mir diese Frage genau in diesem Augenblick, vor dieser Frau und vor ihrem Lebensgefährten, von denen ich nichts kenne außer ihr Schweigen? Und außerdem: Will sie selbst überhaupt kommunizieren? Warum hat sie mich nicht schon von sich aus darum gebeten? Sie empfindet zweifellos insgeheim einen Widerstand; ist es deshalb, weil sie den Glauben nicht hat? Worin denn besteht das Geheimnis dieser drei vor mir versammelten Wesen, in diesem besonderen Augenblick religiöser Sammlung? Ich weiß nicht, was ich antworten soll.

Ich halte mich also an diesem Tag an das, was mir spontan in den Sinn kommt, und sage: »Das ist kein Problem für mich, wenn deine Mama das wünscht. Aber darüber reden wir noch einmal, ja? Einverstanden?« Ich hoffe dabei im Stillen, dass diese Frau die Initiative ergreifen und zu mir zu einem Gespräch kommen wird.

Doch ich wartete am folgenden Tag und auch am Tag danach vergebens darauf. Nach einigen Tagen, als sich die Sache hinzog, wiederholte das Kind mir gegenüber seine Bitte und wieder auf die gleiche Weise. Sebastian lag daran, dass seine Mutter die Kommunion empfange. Seine Erwartung war zu dringend, als dass ich sie hätte überhören können; ich musste darauf eingehen. So wollte ich von mir aus den Schleier anheben. Ich vereinbarte mit seiner Mutter ein Gespräch.

Ich erfuhr dann, dass diese Frau mit dem Mann, mit dem sie ihr Leben teilte und den sie liebte, nicht verheiratet war. Sie war geschieden und konnte ihn nicht kirchlich heiraten. Jedoch liebte sie diesen Mann, der Sebastian, das Kind aus ihrer ersten, gescheiterten Ehe, angenommen hatte. Und Sebastian wusste, dass seine Mutter mit diesem Mann glücklich sein würde, wenn sich in ihre wegen des Scheiterns ihrer ersten Liebe immer noch offene Wunde nicht auch noch das tödliche Gift ihres unausrottbaren Schuldgefühls gemischt hätte. Unzählige Male hatte Sebastian mit angehört, wie seine Großmutter dieser Frau den unerträglichen Vorwurf gemacht hatte, ihn vorehelich zur Welt gebracht zu haben, womit Sebastian ein »Kind der Sünde« sei und jetzt, als Kranker, das Unglückskind seiner Mutter.

Sebastian sah sich also schon durch seinen Ursprung und dann auch durch sein Ende im Zentrum der Tragödie seiner Mutter und zugleich auch im Zentrum ihres Leidens. Entstellt und dem Tode geweiht, empfand er sich angesichts des Schmerzes, den er seiner Mutter zufügte, als der lebendige Preis, den sie für ihre »Sünde« zahlen musste; er war ihr Übel, die Ursache ihrer Schuldgefühle und ihres Schmerzes. Diese Situation also wollte er vor seinem Tod noch bereinigen.

Seine geheime Überlegung war einfach: Wenn seine Mutter kommunizieren könnte, würde das für sie bedeuten, dass Gott ihr ihren Fehler verziehen hatte. Damit könnte sie Versöhnung und Frieden mit sich selbst und mit Gott finden; und damit wäre für sie ihre eheliche Lage bereinigt. Sie könnte dann auch Sebastian in Frieden gehen lassen.

Diese Kommunion, von der er hoffte, sie gemeinsam mit seiner Mutter vor seinem Sterben noch empfangen zu können, war sein größter Traum, ja schon ein Stück Paradies für ihn! Er hätte damit sozusagen auf einen Streich den Makel seiner Geburt gelöscht, seine Mutter »reingewaschen« und ihren Partner legitimiert, der ihr zum echten Ehemann geworden wäre. Vor allem aber hätte es bedeutet, sie davon zu befreien, dass er die bleibende Verkörperung ihres vorehelichen »Vergehens« blieb, sie von dem Schuldgefühl zu befreien, er sei deswegen so krank geworden, und sie von der unerträglichen Vorstellung zu befreien, sein Tod sei schließlich der Sühnepreis dafür, dass sie damals in Sünde sein Leben empfangen und ihn zur Welt gebracht habe, und darum müsse sein Leben bald beendet werden.

»Sebastian, du gesegnetes Kind! Was für Gedanken hattest du in deinem Kopf! Dein Gesicht war schon entstellt, aber du vermochtest ganz klar mit dem Herzen zu sehen. Ich hätte das kaum erraten. Aber wie sehr verstehe ich jetzt deine Hartnäckigkeit, mit der du nicht vor einer solchen Pflicht kapituliertest. Danke, dass du das mit so großer Einfachheit tatest, mit deiner Hartnäckigkeit als Kind! Du lässt mich erkennen, wie tief das Unternehmen reicht, einen anderen Menschen zu begleiten.«

Jemanden begleiten, das heißt, ohne es recht zu wollen, gepackt zu werden von der verborgenen Geschichte des anderen, der einen anspricht und ins Boot seines Lebens einsteigen lässt. Es heißt, mit ihm die grundsätzliche Aufgabe anzupacken, die er zu erfüllen hat. Es heißt, sich dem anderen jenseits seines Unglücks bei seinen großartigen Vorhaben anzuschließen; heißt, ihm in der Schlichtheit und im Glück brüderlicher Begegnung nahe zu kommen.

»Sebastian, du hast mich in dein Boot genommen. Gemeinsam haben wir die Aufgabe angepackt, die noch erfüllt werden musste, bevor dein Ende kam. Ich habe zu dir den Kontakt von Herz zu Herz gefunden. Ich konnte in meinen Gesten und Worten ganz frei werden und dir sagen, was mir mein Gewissen auftrug. Ich empfand keinerlei Scheu, mit dir offen zu sprechen und dir das zu verweigern, worum du mich so eindringlich gebeten hattest. Was ich dir geben konnte, das war für mich, dir die harte Wahrheit zu sagen. Auch für dich war es hart, sie entgegenzunehmen. Aber es war die volle Wahrheit auf dem Fundament der Achtung und Wahrheit. Gemeinsam haben wir an unseren gemeinsamen Zustand als Mensch gerührt, in seinem Elend, aber auch in seiner Größe.«

Vom Wert des letzten Augenblicks

Die letzten Augenblicke eines Lebens sind für den Sterbenden wie für die, die dableiben, von unendlichem Wert. Immer bleibt noch etwas zu verknüpfen oder zu besiegeln. Ein Knoten, ein Siegel können durch Unscheinbares zustande kommen: Man hält eine Hand, legt die Hand auf eine schweißbedeckte Stirn, auf die Lippen, die man mit einem Wattebausch befeuchtet. Oder durch einen Blick ...

»Bevor er gestorben ist, hat mich mein Vater noch einmal angeschaut. Er hat mich angelächelt!«, sagte mir erstaunt mitten in ihrer Trauer die Tochter von Monsieur Prin. Sie war sechzehn. Welche Fülle an zärtlicher Zuneigung hat dieses Mädchen für sein ganzes weiteres Leben aus diesem flüchtigen Augenblick bezogen!

Umgekehrt aber: Wie soll man die Wüste der Herzen bewässern, die nur den schweigsamen Tod eines lieben Menschen erlebt haben und denen kein solcher Blick, keine Geste mit der Hand, nicht die Zärtlichkeit des einfachen Dabeiseins vergönnt war? – Die Mutter eines Krankenpflegers ist zum Sterben in die Klinik gekommen. Sie ist allein gestorben. Ihr Sohn hat sich vor dem Dabeisein gedrückt. Er ist nur abends vorbeigekommen. Wovon ist er verletzt, dass er alle diese schwierigen Abschiede meiden muss? Man weiß auf seiner Station, dass er nie in dem Augenblick dabei ist, wenn ein Kind stirbt. Er brachte es nicht einmal fertig, seiner eigenen Mutter die Hand zu halten.

Mir bleibt von ihm die folgende Erinnerung tief ins Gedächtnis gegraben: wie er in einem anderen Fall kurz den Kopf in mein Zimmer hereinstreckte, schluchzte und dann auf dem Flur davonlief und ich ihm durch die offene Tür nachsah. Wie eine Granate, die man entsichert und dann weit von sich wirft, hatte er die Nachricht hereingeschleudert: »Ihre Tochter Laura ist gestorben!«, und war dann rasch fortgerannt. Ich hatte gerade den Vater und die Mutter eines Kindes zu mir gebeten, um mit ihnen über ihre im Sterben liegende Tochter zu sprechen und darüber, wie es anschließend weitergehen könne. Sie wünschten sich, dass ich sie in ihrer Not als Nichtgläubige begleite. Ihr Töchterchen konnte jeden Augenblick sterben. Und da war der Krankenpfleger hereingeplatzt und hatte die Nachricht verkündet. Hatte sie verkündet und war weggerannt: Der Bote war verschwunden. Er begleitete uns auch nicht ans Bett des toten Kindes.

»Er hat vor seiner Tür gekehrt«

Gestern waren in meinem Sprechzimmer in der Klinik eine Frau und ihr Sohn, der Sohn um die dreißig. Alexis, der Mann und Vater, ist tags zuvor gestorben. Fünfzig ... an Gesichtskrebs. Es war ein fünfjähriger Kampf. Er war kein praktizierender Christ, äußerte jedoch den Wunsch, bei der Überführung seines Leichnams aus dem Krankenhaus solle ein Segen gesprochen werden. Er war Protestant, hatte in der Kirche seiner Frau geheiratet, aber er wollte, dass die religiöse Zeremonie in der Klinik stattfinde. Die Klinik, das war sein Platz. Die Kirche des Dorfes sagte ihm nicht zu, weshalb er keinen Wert darauf legte, dass dort etwas geschehe. Nicht dort waren die Höhepunkte seines Lebens begangen worden.

Diese Frau redet und redet. Sie hat das Bedürfnis, alles nur erdenkliche Gute über ihren Mann zu sagen: über seine Güte, seine Aufrichtigkeit, seinen Mut, vor allem aber über seine letzten Augenblicke. Das Kostbarste seien seine langen und ausführlichen Aussprachen gewesen, bevor er von ihnen gegangen sei. Denn er sei nicht »einfach so« gegangen, sondern habe sich vorbereitet, sei bereit gewesen, da er mit ihnen viel über seinen Tod gesprochen habe.

Sie möchte mir vor allem über den einen denkwürdigen Abend erzählen, vor zwei Wochen. Es war abends gegen elf Uhr, als er neben ihr, die sie vor Verblüffung und Staunen, aber auch Bewunderung wie gelähmt dagelegen habe, zu reden angefangen habe. Und er habe geredet und geredet ... bis über ein Uhr in der Nacht hinaus. Danach habe er mehrere Abende lang weiter seinen Monolog geführt, bis zur Erschöpfung, bis alles Wesentliche gesagt gewesen sei.

Was er ihr gegenüber getan habe, dieses Aussprechen von allem, das habe er auch mit seinem Sohn gemacht und auch mit seinem sechsjährigen Enkel. Dem einen wie dem anderen habe er alles erklärt: sein bevorstehendes Ende – was heiße, dass sie sich bald nicht mehr sehen würden –, und dass es schon bald so weit sei, denn er wisse, dass er bald sterben müsse. Er sagte ihnen auch, wie sehr er sie liebe und wie sehr ihm daran liege, ihnen das zu sagen, bevor er sie alle verlasse.

So sitzt die Frau vor mir auf der Sitzbank; von Zeit zu Zeit glitzern ihre Augen von Tränen, die sie zwischendurch kurz zum Innehalten zwingen, und dann fordert sie ihren Sohn zum Sprechen auf, und auch der spricht von seiner Bewunderung für diesen wunderbaren, unvergleichlichen Gatten und Vater, der »vor seiner Tür gekehrt« habe; denn er habe alles gesagt, was nur irgend zu sagen gewesen sei, bevor er die Augen geschlossen habe.

»In der Stunde unseres Todes: in der Stunde unserer Geburt«

Juliette ist vier. Sie wird in wenigen Tagen sterben, nach über einem Jahr der Pflege und der Leiden, des unablässigen Kämpfens mit einigen Hoffnungsschimmern dazwischen. Heute haben die Ärzte ihr Urteil gesprochen: Man kann nichts mehr machen. Der Tumor siegt, er greift bereits die vitalen Zentren des Gehirns an. Der Tod ist schon ganz nahe, unabwendbar.

Wir sind bei ihr, ihre Mutter und ich, an dem kleinen Bettchen, in dem Juliette schlummert. Ihre Augenlider beschwert der Schlaf, in den sie die Beruhigungsmittel versetzen. Allem Anschein nach leidet sie nicht. Zweifellos hört sie uns, ist auf ihre Weise präsent. Ihre Mutter streichelt sie, spricht mit ihr, unablässig. Wir reden miteinander. Über das Schwere der letzten Zeit, die Hoffnungen, die Liebe und Zärtlichkeit. Ihre beiden großen Schwestern sind zu Hause geblieben; sie wissen, was los ist. Alle wissen, dass es um Juliette sehr schlecht steht und sie schon bald ... All das kommt über die Lippen dieser Mutter, ein großer Schmerz, aber auch wie eine Art Frieden, eine Ergebung; jedenfalls das Gefühl, eine Sendung erfüllt zu haben: Alles, was irgend möglich war, ist versucht worden. Ab jetzt bleibt ihr nur noch auszuhalten, so stark wie möglich zu sein, bei ihrer Tochter zu sein. So intensiv wie möglich im jeweiligen Augenblick zu leben, die letzten Augenblicke zärtlicher Liebe und Nähe in ihrer ganzen Dichte in sich aufzunehmen. Auch »Auf Wiedersehen« zu sagen, sie noch einmal zu streicheln, und dann ... »loszulassen«, wenn es sein muss. Sie herzugeben.

»Herr Pfarrer, das ist für mich, als läge ich mit Juliette zum dritten Mal in den Geburtswehen ... Vor vier Jahren habe ich sie zur Welt gebracht. Das waren die ersten Wehen. Und dann die Freude, als sie da war! ... Dann wurde sie krank. Das war vor siebzehn Monaten. Von da an setzte ihr langsamer Verfall ein: diese schlimmen Verunstaltungen ihres Körpers, die ihr Tag um Tag dieser Krebs zufügte. Ihr Blick, ihr Abmagern, vor allem ihre dünnen Beinchen! ... Ich litt zum zweiten Mal Wehen um Juliette: um dieses Kind, das da zerstört wurde, völlig verändert, jeden Tag mehr ... Ich brachte sie noch einmal zur Welt, sie zu lieben, als die gleiche wie früher. Ich gebar diese unbekannte Juliette, die mir ihre Leiden bescherte ... die mich fragte, ob ich sie immer noch lieben wolle ... Und jetzt sind zum dritten Mal die Wehen da. Ich muss sie in die Welt hineingebären, in die sie gehen soll. Ich muss sie in die ewige Gegenwart hinein abgeben, jenseits des Todes, sie diesem neuen Leben jenseits des Lebens anheim geben.«

So sprach sie von ihrer neuen Art Schwangerschaft, die sie in den kommenden Tagen mit großen Wehen durchleben musste. Sie litt sehr, aber im Grunde mit einer Gelassenheit, aufmerksam wartend. Es würde noch einmal sehr schmerzlich werden, denn jede Trennung sei schmerzlich. Aber Juliette würde in ein neues Leben eingehen, dessen war sie sich mehr als sicher: in ihr endgültiges, wahres Leben. Für immer ... und sie würde sie nie mehr verlassen. Diese Mutter bedauerte keinen Augenblick, ihr damals das Leben geschenkt zu haben. Ein tiefer Friede, eine ungemeine Kraft hatten sie erfasst. Es war wie das Gefühl, etwas vollendet, ein Werk abgeschlossen zu haben.

»Das musste sein ... wenn ich sie weiter lieben wollte. Und weil ich sie liebte, nahm ich sie so, wie sie war. Liebte sie weiter, ging mit ihr, liebte sie als Versehrte, Entstellte. Blieb weiterhin ihre Mutter, auch wenn sie wie abwesend war. War immer für sie da, begleitete sie auf ihrem Kreuzweg. Heute muss ich sie noch einmal zur Welt bringen, hinein in jene Welt, die ich nicht kenne. In jenes Leben jenseits des Lebens. Diese Geburtsstunde steht kurz bevor.«

Von Schmerzen erfüllt, benommen vor Müdigkeit und Erschöpfung, fasste diese Mutter das, was sich angesichts ihrer sterbenden Tochter auf dem Grund ihres Wesens abspielte, in diese Worte. Sie empfand dieses Hineingeben in den Tod als Akt des Gebärens, zum dritten Mal, als Vorbereitung auf ein neues, ihr unbekanntes Sein. Da ging es um viel mehr, als nur ja zu sagen zu ihrem Weggang. Es ging um eine Art aktiven Hingebens, indes ihre Gesten, ihre Worte seit Tagen nichts anderes waren als Spielarten und Einübungen ins endgültige Adieu.

Es war eigenartig. Zu keinem Zeitpunkt während dieser langen

Begleitung glaubte ich bei dieser Mutter das geringste Bedauern wahrnehmen zu können. Sie war immer glücklich, Juliette zur Welt gebracht, ihr das Leben geschenkt zu haben. Hingegen empfand ich, dass sie stark aus dem Gefühl lebte, alles getan zu haben, was zu tun war, und zwar immer dann, wenn es anstand, bis zum Schluss. So sprach sie ihr letztes Ja zu einem dritten Leben für ihre Tochter. Sie würde sie nicht allein gehen lassen.

Der »Hinübergang« von Christian

Christian wird in den nächsten Stunden sterben. Er ist dreiundzwanzig. Ein junger Ingenieur, seit anderthalb Jahren verheiratet, Vater eines acht Monate alten Söhnchens. Er und seine Frau Marie gehören einer häuslichen Gebetsgruppe an. Seine Frau ist mit ihrer seit zwei Jahren verwitweten Schwiegermutter da, außerdem sind Christians Bruder, seine Schwester und sein Schwager anwesend.

Es ist elf Uhr abends, als ich über Funk gerufen werde. Die Mutter Christians erwartet mich allein im Flur; sie hat nicht den Mut, bei dem dabeizustehen, was bald eintreten muss: der Tod ihres Sohnes. Sie braucht jemand anderen als ihre Kinder, der ihr beisteht. Es ist wie das Bedürfnis, in diesem schwierigen Augenblick den engen Kreis der Familie zu öffnen, das Ereignis zu verallgemeinern, die Wohltat der Anteilnahme Fremder zu beschwören. Denn angesichts des Todes verlangen die Umstände nach einer kosmischen Dimension, um wirklich zu werden. Das Sterben eines Menschen ist nicht ein Ereignis, das sich ganz im Kelch der Familie fassen ließe, selbst wenn diese Familieneinheit von jener menschlichen und spirituellen Dichte ist wie bei der Gruppe, die an diesem Abend Christian umgibt. Als einziger Fremder unter ihnen führe ich, ohne es recht zu wissen, dieses Hinscheiden über die Privatsphäre der Familie hinaus und verleihe ihm durch meine Anwesenheit den Status eines Urgeschehens des Menschseins und der Weltordnung.

Ich als Priester bin also hier nicht so sehr im Namen meines Priestertums, sondern eher im Namen dieses menschlichen Urgeschehens. Christian bedarf keines Sakraments mehr. Die Eucharistie hat er bereits empfangen. Jede und jeder der Anwesenden versteht es im Übrigen, von sich aus die eigenen Gebetsworte zu finden, und hat mich dafür nicht nötig. Alles ist klar und still. Es geht eher darum, Christian beizustehen, den »Hinübergang« zu schaffen; ihm zu helfen, sich im Gebet am Vertrauen auf seinen Gott festzuhalten, der ihm bald schon begegnen will.

Um den Körper von Christian herrscht großer Friede. Er ringt um Atem und lässt von Zeit zu Zeit seinen Blick wie zum Abschied vom einen zum anderen in der Runde schweifen. Auch die Begegnung mit Gott nimmt hier eine universalere Dimension an. Jeder trägt mit seinem stillen Gebet, seinem Schmerz und seinem inneren Frieden zu dieser Begegnung bei. Jeder versinkt in anbetendem Schweigen und tritt so vor der Initiative Gottes zurück, der kommt; alle verstehen es, ihm Platz zu machen. Christian gehört bereits mehr Gott als seiner Frau Marie, jedoch ganz im Einvernehmen mit ihr. Und wir – jeder von uns vertraut ihn ebenfalls seinem Gott an, den Ehemann, den Sohn, den Bruder, den Schwager, den Freund. Niemand hält Christian zurück. Ein Geheimnis vollzieht sich. Gott ruft sein Kind heim, und alle sind hier damit einverstanden.

Als er seinen letzten Atemzug ausgehaucht hat, wird angesichts dieser unsichtbaren, ewigen Begegnung des Geschöpfs mit seinem Schöpfer das Schweigen zur Anbetung. Was für eine eindrucksvolle Begleitung auf dem Weg zum ewigen Hochzeitsfest! Gott nimmt ihn auf: Uns bleibt die Anbetung, in der Haltung reinen Loslassens. Man kann nur noch still weggehen; jeder spürt und verehrt ein bislang unbekanntes Geheimnis.

Wenn man einen Fremden – wie ich es war – im Kreis der Familie zulässt und ihn darin willkommen heißt, verändert das Ereignis des Sterbens seine Natur. Die Anwesenheit eines anderen, wenn wohlwollend und diskret akzeptiert, bewirkt, dass der geschlossene Kreis familiärer Nähe aufgebrochen und das Ereignis über die Grenzen der Familie in seine kosmische Dimension hinaus erweitert wird. Diese Anwesenheit verleiht zum einen diesem familiären Ereignis eine Dichte, die es ohne sie kaum hätte, zum anderen aber hilft sie ihm zur Öffnung, die Enteignung und Gabe zugleich ist. Der Tod wird dann nicht mehr nur als Gewalttat und Entreißen erlebt, sondern er wird zur Gabe an Gott.

So schmerzlich er ist, nimmt er doch das Gesicht eines natürlichen Ereignisses an, das zur Ordnung der Dinge gehört. In diesen extremen Augenblicken entsteht zwischen den Wesen eine stumme Verbrüderung und führt ihre Herzen zusammen; eine schweigsame, dichte, freundschaftliche Kommunion vollzieht sich. Es ist geheimnisvoll. Werde ich jemals genau erfahren, was meine Anwesenheit unter solchen tragischen Umständen bedeutet? Gewiss ist jedenfalls, dass dieses Zeichen der Freundschaft oder einfach der Mitmenschlichkeit uns fürs ganze Leben miteinander verknüpft hat.

Der Sturzbach des Verzeihens

Der Tod eines Angehörigen enthält für seine Umgebung immer das Angebot, angesichts dieses tragisches Ereignisses sich auf etwas ganz Eigenartiges einzulassen: auf den Schritt in eine neue spirituelle Dimension. Wenn man diese Gelegenheit verpasst, ist das immer ein tiefes Unglück, denn diese Augenblicke sind die letzten, und weitere gibt es nicht; die Chance ist dann für immer vertan.

Unlängst war ich Zeuge dieses Unglücks am Bett einer Frau in unserer Außenstation La Grange. Sie hat gerade ihre Mutter verloren und weiß es noch nicht. Madame Berger liegt, gelähmt am rechten Bein und der rechten Seite, in ihrem Bett, an das sie für immer gefesselt bleiben wird. Zwischen uns ist eine herzliche Freundschaft entstanden, seit wir uns das erste Mal begegnet sind. Damals hatte sie mir mit einem spöttischen Lächeln im Moment, als ich weggehen wollte, die »Wundertätige Medaille der Rue du Bac« hingehalten, die sie immer bei sich trug. Heute ist ihr Mann bei ihr. Wir beschließen, ihr die Nachricht zu eröffnen: Vor zwei Tagen sei ihre Mutter gestorben und gestern sei der Trauergottesdienst gewesen. Sie weint.

Beide haben sich schon lange nicht mehr gesehen. Ihre Mutter wollte das nicht und sie übrigens auch nicht. Von Kindheit an eifersüchtig, hasst sie diese Mutter, wie sie auch ihre Schwestern hasst, die ihr alle Zuneigung der Mutter gestohlen haben. Zudem ist ihr durchaus klar, dass sie sich sowieso nie mehr im Leben gesehen hätten. Trotzdem fließen ihre Tränen in Strömen, fließen immer weiter. Sie schluchzt.

Aber ihr Schmerz bezieht sich nicht so sehr darauf, dass sie jede Chance verloren hat, ein letztes Zeichen der Zuneigung zu bekommen, diesen letzten Blick der Anerkennung seitens der Mutter. Ihr Bewusstsein, etwas versäumt zu haben, richtet sich auf etwas ganz anderes.

Man verzeiht nur sehr schwer, dass man eine bestimmte Liebe nicht erfahren hat. Da liegt sie jetzt auf ihrem Krankenlager und stellt sich vor, wie es gewesen wäre: wenn sie sich vor ihre dem Sterben nahe Mutter gestellt hätte, als sie noch lebte ... Wie sie alles Gift, das sie seit ihrer Kindheit angesammelt hatte, ausgespuckt hätte. Wie sie alles, was sie erlitten hatte, von sich gegeben, ihre Schlussabrechnung gemacht hätte. Ja, sie hätte ihr alles energisch hingeknallt. Das wird ihr jetzt für immer fehlen, und das lässt sie jetzt in Tränen ausbrechen, diese verpasste Gelegenheit, doch noch hinzugehen und Rache zu nehmen. Diesen ganzen Schlamm muss sie nun weiter in sich behalten, wo sie sich doch gewünscht hätte, ihn irgendwann einmal ausspucken zu dürfen.

Jedoch ist diese Gewalttätigkeit zu dicht, auch zu mörderisch, als dass nicht auch darin ein Geheimnis verborgen wäre, etwas Wesentlicheres als die Gewalttätigkeit, wie ein Schatz, den ein tosender

Sturzbach mit sich wirbelt. So wird ihr anhaltendes Weinen allmählich von längeren Zeiten des Schweigens abgelöst. Ganz langsam beruhigt sie sich. Ihr innerer Blick richtet sich auf eine geheimnisvolle Wirklichkeit. Auf ihrem Gesicht gewinnt die Milde wieder die Oberhand und überdeckt die Traurigkeit ihrer Züge. Der Hass wird immer länger unterbrochen; weicht allmählich dem Schauen. Ein unsichtbares Licht erhellt sie. Und ... da kommt es ihr. Sie begreift ...

Sie hatte sich so sehr gewünscht, der Damm könnte eines Tages brechen, alles Angestaute sich lösen. Sie hatte dabei auch schon geahnt, dass diese entfesselte Gewalttätigkeit, das Losbrechen des Sturzbachs, sie befreien würde und dieser Sturzbach dann nicht nur aus Hass bestehen, sondern sich in Verzeihen wandeln könnte. Dieser angestaute Sturzbach erdrückte sie fast, und sie glaubte, um sein Dasein gar nicht zu wissen; insgeheim aber wartete sie nur darauf, dass er sich löste, dass Hass und Verzeihen losbrächen. Wäre sie ihren Hass losgeworden, hätte sie auch im Frieden die Frau gehen lassen können, der sie das Leben verdankte; dieses Leben, das auch sie bald würde loslassen müssen. Mit diesem Verzeihen wären auch bei ihr selbst jener Friede und jene Würde eingekehrt, die ihr so sehr gefehlt hatten, weil ihr Hader lebenslang ihr Gefährte war und sie ihn auch heute noch nicht aus ihrem Herzen auslöschen konnte. Ich sehe sie in diesem Augenblick dort vor uns: im Verstummen und im Unglück. Ihre Hände sind leer, ihr Bedürfnis nach Versöhnung bleibt ungestillt. Sie weint.

Die letzten Augenblicke eines Lebens gleichen sehr den allerersten. Auch die Familie muss dabei unterstützt werden, den schmerzlichen Abschied zu durchleben, indem man für sie da ist und sie begleitet. Auch sie muss »geboren werden«, hinein in jene vergessene Dimension unseres Menschseins: Sie ist gezwungen, diese »elfenbeinernen Türen« zu durchschreiten, muss akzeptieren, dass der Tod an ihre Pforten klopft.

»Wenn alles vorbei ist …«

In Fällen, wo keine Begleitung durch den Seelsorger stattfinden konnte und der Tod den Kranken und seine Umgebung jäh überrascht hat, kommt es oft vor, dass die Familie dennoch mit dem Seelsorger sprechen möchte. Sie hat das Bedürfnis zu sprechen und das zu äußern, was in der Beziehung für immer verpasst wurde. Dieses Sprechen über den Tod, auch wenn er schon eingetreten ist, tut gut und tröstet.

Eines Tages ruft man mich ans Bett einer Frau, die gerade gestorben ist. Es ist der Pfingsttag, und ich bin gerade dabei, mich auf die Messfeier vorzubereiten. Gleich nach der Messe begebe ich mich ins Zimmer der Verstorbenen; ihr Mann, ihre zwei Töchter und der Sohn empfangen mich. Welcher Glaubensrichtung gehören sie an? Ihr Familienname ist spanischer Herkunft. Zweifellos wünschen sie, dass ich mit ihnen bete. Ich lade sie ein, sich meinem Gebet anzuschließen. Ihr Schweigen wundert mich: Auf keine der Fürbitten reagieren sie. Weder der Vater noch die älteste Tochter glauben an ein Leben nach dem Tod. Sie haben, so erzählen sie mir, aus beruflichen Gründen – denn sie arbeiten auf psychiatrischem Gebiet – eine intensive Selbstanalyse gemacht, und ihre Psychoanalyse liefert ihnen ihre eigene Art Glauben und Gewissheit: Die Verstorbene, ihre Frau und Mutter, ist für immer tot.

Wozu bin ich also hierher gekommen, was soll ich tun? Haben sie sich lediglich einer gewissen Tradition gebeugt, deren Begründetheit sie im Stillen bezweifeln? Sie erzählen mir, die Verstorbene sei gläubig gewesen, allerdings nicht praktizierend. Das Gespräch kommt in Gang, es kommt Licht hinein: Der Mann und seine Frau haben nie miteinander über das Problem des Todes gesprochen. Nur die älteste

Tochter hatte sich mit ihrer Mutter auf dieses gefährliche Gebiet gewagt. Sie war es, die angesichts der sterblichen Hülle ihrer Mutter Wert darauf gelegt hatte, dass diese für sie und ihre Mutter so wichtigen Augenblicke in Gegenwart eines Dritten noch einmal vor ihrem Vater, ihrer Schwester und ihrem Bruder zur Sprache kämen. So hatte also sie diese Bitte geäußert, ich möge kommen. Sie brauchte einen Mittler, um sich zu jener Freiheit des Sprechens über den Tod ihrer Mutter durchzuringen und daraus jenseits allen Glaubens Trost und Freude zu schöpfen.

Die Aufbahrung des Leichnams

Die Zeit, während der Leichnam aufgebahrt liegt, ist ebenfalls Anlass zu tiefen inneren Erschütterungen; ich möchte sogar sagen, es handelt sich auch hierbei um ein wichtiges Ereignis des Menschseins. Zuweilen ist es von einer Intensität, dass einem fast der Atem stockt.

Welch eigenartiger Anblick ist es im Leichenhaus, wenn die schweigsamen Menschengruppen herantreten, in wechselnder Dichte, je nachdem, wie viele Autos und Fußgänger gerade erscheinen. Ich muss unwillkürlich den Ausdruck auf den verhaltenen Gesichtern betrachten. Welchen Herzensregungen folgen all diese Männer und Frauen mit ernstem Gesicht? Mit welcher inneren Einstellung finden sie sich zu diesem Termin ein? Da stehen sie, noch in möglichst weitem Abstand, vor dem Sichtschutz aus Tuja, flüstern leise miteinander oder schweigen, unweit der noch geschlossenen Türen des Raums für die Totenfeier. Sie sind aus allen vier Himmelsrichtungen der Freundschaft, der Verwandtschaft, der Kollegenschaft, der Nachbarschaft gekommen; auf den Wegen des persönlichen, sozialen, gewerkschaftlichen oder politischen Lebens des Verstorbenen. Mir ist unbekannt, welche Bande oder Geheimnisse jeden Einzelnen von ihnen mit dem Menschen verbinden, dem sie mit ihrer trauernden, stummen Anwesenheit die letzte Ehre geben möchten.

Um den Sarg eines Kindes drängen sich neugierig die Kameraden aus der Schule, der Pfarrgemeinde oder dem Sportverein. Und dann sind da Vater und Mutter, Brüder und Schwestern, Onkel und Tanten. Und im weiten Kreis um sie der Kranz ihrer Bekannten von der Arbeit, aus der Nachbarschaft, alle auf gleicher Ebene, eine vielschichtige Menge. Die Solidarität der Menschen versammelt sich hier in konzentrischen Kreisen, in immer größer werdendem Abstand, trauernd, aber für einen Augenblick unendlich menschlich.

Alle sind da. Jeder trägt das Lebensblatt mit sich im Herzen, auf dem geschrieben steht, was er gemeinsam mit dem erlebt hat, der sie jetzt verlässt. So steht da eine lebendige Bibliothek voller Geheimnisse um den offenen Sarg des Menschen, in dem der sorgfältig gekleidete und geschmückte Leichnam ruht. Selbst die schuldig Gewordenen, die Untreuen sind da. Ihre Haltung beschäftigt mich besonders: Welche Verletzungen tragen sie im innersten Gewebe ihres Lebens, die, welche eines Tages gegangen sind, den Kontakt abgebrochen haben, weit fort vom Gemeinsamen, die das Drama oder das Elend hinter sich gelassen haben, die Gefährtin oder den Gefährten, die Traube der Kinder, die ihr Weinstock zur Zeit ihrer glücklichen Gefährtenschaft getragen hatte?

Wo sind all sie in ihrem Schweigen? Welche Verletzung reißt in diesem Augenblick wieder auf, tief in ihrem Herzen, vor diesem marmorkalten Gesicht mit den geschlossenen Lidern? Welche lang verschlossene Regung?

Davor, während, danach …

Heute wird in der Trauerkapelle der Abschied von Pierrette gefeiert. Vor ihrem Sarg hat sich ein Mann niedergeworfen. Welche Lampe in welchem inneren Heiligtum zieht diesen Mann in den Vierzigern hierher und wirft ihn auf die Knie? Da ist er, zwischen seinen beiden Töchtern, vor dem Sarg derer, die er eines Tages ganz plötzlich verraten, für immer im Stich gelassen hat.

Angesichts der Menge, die an diesem Vormittag herbeikommt, beschäftigt mich die gleiche Frage wie immer: Welche Worte soll ich bei mir finden, um den geheimen Erwartungen all derer zu entsprechen, die sich um den offenen Sarg scharen? Was kann ich sagen, was in den Herzen zu wecken vermag, was in diesem privilegierten Augenblick wach werden könnte? Welche Echos soll ich wecken, die der Realität ihres Lebens entsprechen? Wie soll ich mich hier fassen, um ihnen die einzig zutreffenden Worte zu dieser unverhofften Begegnung und Gelegenheit zum Verzeihen zu geben?

Ja, was geht tatsächlich hier vor meinen Augen im Herzen des Monsieur L. angesichts des Leichnams seiner Frau vor? Was geht im Herzen ihrer Tochter Françoise vor? Dieser jungen Frau in ihrem langen schwarzen Kleid mit dem langen Haar, das sie zum heutigen Anlass geknotet hat, am Sarg ihrer Mutter, zu der sie so entschieden gehalten hat? Sie, die so vieles weiß, denn sie hat das geheime Tagebuch ihrer Mutter in der Kommode gefunden und an sich genommen, mit jenen Seiten auch, denen die schlimmsten Leiden und schmerzlichsten Augenblicke ihrer Mutter anvertraut sind: der Ehebruch des Vaters, sein Fortbleiben seit jener verrückten Nacht irgendwo in einem Hotel in Bagdad. Sie ist zwar die Jüngste, trägt jedoch am schwersten an der Last der Zerrissenheit ihrer Familie: am Auszug des Vaters, dem sich Gehen-Lassen der Mutter, ihrem Elend; der Depression und dem Selbstmordversuch ihrer Schwester und schließlich auch noch an dem entsetzlichen Krebs, der ihre Mutter zerstört hat.

Zum Glück gibt es für diese Familie den Glauben. Pierrette hat es verstanden, ihren Kindern den Glauben weiterzugeben. Françoise ist wie ihre Mutter ein gläubiger Mensch. Sie begleitet in ihrer Pfarrei Gruppen von erwachsenen Neugetauften. Daraus schöpft sie auch heute, vor dem offenen Sarg ihrer Mutter, Kraft und Zuversicht.

Pierrette, die da in ihrem letzten hölzernen Bett liegt, ist zerrissen vom tiefen Kummer über den Weggang ihres Mannes aus diesem Leben geschieden. Sie hat ihr Leiden in fünfzehn Gedichtstrophen hinausgeschrieen, die ihr Tochter Françoise als Kostbarkeit bei sich verwahrt.

Gegen Ende ihrer Krankheit lehnte es Pierrette lange ab, dass ihr Mann sie in der Klinik besuchte. Ihr Herz konnte dem nicht zustimmen, obwohl er eindringlich und wiederholt darum bat und eine wohlmeinende Tante zu vermitteln versuchte. Sie stellte ihnen immer ein kategorisches Nein entgegen. Doch je eindeutiger sich ihr Ende abzeichnete und sie sich keine Illusionen mehr über ihr baldiges Hinscheiden machen konnte, ging in ihr wie ein Stern die Vorstellung auf, es wäre notwendig, vor dem Sterben zu verzeihen. Ein immer stärker werdender innerer Ruf ließ ihr keine Ruhe mehr und verfolgte sie bis in ihre Nächte und Gebete hinein.

Spät an einem Donnerstagabend, als ich ihr die Kommunion bringe, kommt sie von sich aus darauf zu sprechen, was sie in diesem Augenblick bewegt: alles Schwere, das sie mitgemacht hat, das Elend ihres Lebens und zum Schluss dieser Gedanke des Verzeihens, der sie nicht mehr in Ruhe lässt, weil er immer stärker das Gift ihres Haders angreift und in ihr arbeitet. Ich höre ihr an diesem Abend schweigend zu und kann deutlich spüren, wie in ihr diese Stimme nicht lockerlässt, sie möge sich zum Verzeihen durchringen. Aber an diesem Abend ist sie noch nicht bereit, den entscheidenden Schritt über die Schwelle zu tun und ernsthaft ans Verzeihen zu denken. »Ich werde mir das morgen noch einmal durch den Kopf gehen lassen«, sagt sie zum Schluss.

Doch Gott ließ nicht locker. Ihre Umgebung, auch ihre eigenen Töchter, flehten sie genau wie ihr Mann und die Tante an, sich durchzuringen zum Verzeihen. War ihnen bewusst, welchen Preis sie das kostete? Ihre Hände mussten sich entkrampfen und öffnen, sie musste dieses Kostbare loslassen, diesen Schatz, den sie umklammerte und noch nicht hergeben wollte: »ihr« Verzeihen. Sie leistete Widerstand. Nach so vielen Erniedrigungen und so vielen Leiden – sollte sie da auch noch vollends ihr Rückgrat krumm machen und sich zum Verzeihen erniedrigen? Doch sie wusste, es war offenkundig: Eine Versöhnung würde es nie mehr geben, wenn sie nicht diesen inneren Widerstand aufgab, ihre kostbare Rache opferte.

Eines Nachmittags geht ihre Tante im Flur auf und ab. Sie hält mich an: ob ich nicht etwas Druck auf ihre Nichte ausüben könne, damit sie endlich ihren Mann in ihr Zimmer vorlasse? Die Zeit drängt; die ersten Anzeichen geistiger Verwirrung stellen sich bereits ein; morgen wird Pierrette vielleicht schon nicht mehr in der Lage sein, auf diese Inspiration des Himmels einzugehen: Morgen kann es bereits zu spät sein.

Ich halte es für angemessen, die Dinge zu beschleunigen: Ob sie einverstanden sei, dass ich ihrer Tante davon erzähle, wie sehr sie dieser Gedanke an das Verzeihen verfolge? Und da doch ihr Herz bereits von ihm gewonnen sei, warum ringe sie sich nicht dazu durch, statt es noch länger zu verschleppen?

Das lange innere Ringen kommt zu seinem Abschluss. Im Lauf des Tages nimmt die Tante die Dinge in die Hand: Auf ihre Bitte hin begleitet sie der Mann und wartet in der Cafeteria, bereit, falls doch grünes Licht kommen sollte. Damit ist für mich der Augenblick da, Pierrette die geheimen Vorkehrungen ihrer Tante zu eröffnen. Sie erfährt, dass ihr Mann schon in den Mauern der Klinik weilt und in der Cafeteria auf ihre Erlaubnis wartet, zu ihr heraufzukommen. Eine ungeheure Gefühlserregung überzieht ihr von der endgültigen Erschöpfung gezeichnetes Gesicht. Sie ist einverstanden. Endlich! ... Oder hat sie in diesem Augenblick, angesichts ihres bußfertigen Mannes, vielleicht doch nur an Canossa gedacht? ...

Als ich einige Stunden später ihr Zimmer betrete, sitzt mit dem Rücken mir zugekehrt ganz nah an ihrem Bett ein Mann, den ich nicht kenne. In seiner Rechten hält er die Hand von Pierrette. Sie schweigen. Etwas Heiliges strahlt von dem Punkt aus, den ihre ineinander verflochtenen Finger umschließen. Ich wage es nicht, den Zauber zu stören, der aus dieser Quelle auf die Gesichter und die Körper und bis zu den kahlen Wänden dieses Zimmers leuchtet. Pierrette hat die Augen geschlossen. Ein entspannter, seliger Friede ruht auf ihrem Gesicht. Beide rühren sich nicht; mein Kommen haben sie gar nicht bemerkt. Pierrette scheint zu schlafen: Sie ist in der Betrachtung versunken. Im Namen ihres Gottes hat sich ihr Innerstes dem Verzeihen geöffnet.

Über die stumme Silhouette dieses Mannes hinweg mache ich mich bemerkbar. Keine Regung. Ich nenne meinen Namen: »Pierrette, ich bin's, der Pfarrer!« Sie öffnet die Augen, sieht mich, lächelt. Ein verschworenes Lächeln! Wir haben uns verstanden. Sie hat erraten, mit welcher Freude ich das Geheimnis dieser Vergebung miterlebe, zu der sie doch noch ja sagen konnte, bevor sie heimgeht.

Mir erscheint es angebracht zu verschwinden, ohne mit diesem Mann Kontakt aufgenommen zu haben. Ich will in die Kapelle gehen und sie beide in mein Gebet einschließen, voller Glück und Dankbarkeit über diese »Heimkehr des verlorenen Sohnes«. Am Abend, bei meinem letzten Abschiedsbesuch, sehe ich sie noch einmal alle beide. Der Mann ist da, immer noch mit dem Rücken zur Tür, stumm; seine Zeitung liegt noch zusammengefaltet zu Füßen von Pierrette. Aber sie schläft. Wieder vereint erlebt das Paar noch einmal den gemeinsamen Frieden früherer Tage, während jeder im Schweigen seines Herzens seinen mühsamen Weg und die Lasten seines Lebens vor die Lampe des Verzeihens hält.

Was hat sich zwischen den beiden während dieser Stunden der Heimkehr zueinander abgespielt? Ich weiß es nicht. Aber was macht das schon! Pierrette wird zum letzten Mal die Kommunion empfangen, die ihr so sehr geholfen hat. »Ich habe den Leib Christi empfangen. Etwas anderes brauche ich nicht mehr«, sagt sie wenig später zu ihrer Mutter, die in sie dringt, doch den Joghurt zu essen, den man ihr aufs Tablett gestellt hat. Das letzte Mahl, das letzte Wort: Es ist sieben Uhr abends. Ich ziehe mich zurück. Gerade ist ihre Tochter Françoise gekommen sowie eine ihrer Schwestern. Gegen elf Uhr abends hört Pierrette mit Atmen auf.

Die Töchter und die übrigen Angehörigen haben darum gebeten, den schwierigen Augenblick der Aufbahrung im Leichenhaus der Klinik mit einer religiösen Zeremonie zu begleiten. Ich vereinbare mit Françoise, dass wir uns zur Vorbereitung darauf treffen. Als Erste ist dann Livia da. Wir stellen uns einander gegenseitig vor. Ich spüre deutlich den tiefen Schmerz dieses Mädchens, das ich nie bei seiner Mutter gesehen habe. Was mir besonders auffällt, ist die ungeheure Unruhe hinter den erstarrten Zügen ihres Gesichts und der graue Schleier über ihrem Antlitz. Die Müdigkeit ihres Blicks erschüttert mich; ich errate aus ihrem Zögern und ihrer Langsamkeit, welche Last des Leidens sie kaum mehr zu ertragen vermag.

»Herr Pfarrer, glauben Sie, dass die Seele meiner Mutter lebt?« Ich spüre deutlich das Echo ihrer Glaubensvorstellung eines »Lebens nach dem Leben«, der Überzeugung, die Seelen der Verstorbenen kämen ins Alltagsleben zurück, um sich den Lebenden zu offenbaren und sie zu terrorisieren. Livia hat eine Psychotherapie mitgemacht. Sie erzählt von ihren allnächtlichen unerträglichen Albträumen; dass sie auch während des Schlafens nie die Lampe ausmachen könne. Seit ihre Mutter von daheim in die Klinik eingeliefert worden ist, haben sich ihre Angstzustände gewaltig gesteigert; sie kann nur noch schlafen, wenn jemand in der Nähe ist, meistens ihre Schwester, manchmal ein Bekannter, jetzt ihr Vater.

Ihre Schwester Françoise kommt. Im Sprechzimmer kehrt Vertrautheit zwischen uns ein. Ich lasse dem Gespräch seinen Lauf. Aber am Ende unserer Besprechung sind wir noch nicht weit mit der Vorbereitung der Aufbahrungsfeier gekommen, die ich am nächsten Morgen halten soll. Gerade dass ich noch einige Einzelheiten über das Leben Pierrettes erfahren habe, über ihr liebevolles Wesen, ihr bewundernswertes Talent zur Gestaltung von Familienfesten, die sie trotz ihres Elends beim geringsten Anlass zu feiern liebte. Auch die Aussagen über ihren Glauben, ihre Aufrichtigkeit und ihre Treue. Françoise hat ein Gedicht verfasst und möchte es beim Trauergottesdienst vortragen. Schließlich ist sie einverstanden, es schon bei der Feier nach der Aufbahrung zu lesen.

Die beiden Töchter legen Wert darauf, dass der Trauergottesdienst in der nächstgelegenen Pfarrkirche stattfinde. Wir versuchen vergeblich, mit dem zuständigen Priester Kontakt aufzunehmen. Soll es eine Messe oder ein einfacher Wortgottesdienst sein? Bis jetzt hat die Familie darüber noch gar nicht nachgedacht. Ich schlage einige Texte vor. Das Evangelium vom »Verlorenen Sohn« würde ganz gut zur Rückkehr des Vaters und zum Verzeihen von Pierrette passen. Sie sind einverstanden. Livia möchte Flöte spielen. Ein Freund könnte die Orgel übernehmen. Aber wird man in der Pfarrei damit einverstanden sein? Wo man doch bis zur Stunde noch gar nicht Kontakt miteinander aufgenommen hat? Die Zeit drängt. Wie wird der Priester reagieren, der die Feier halten soll?

Angesichts der beiden ratlosen Mädchen muss ich mich selbst so rasch wie möglich mit dem Priester in Verbindung setzen, um die Sache zu erleichtern. Zu allem Unglück meldet sich beim Bereitschaftsdienst der Pfarrei niemand. So werde ich morgen früh von meiner Wohnung aus dort anrufen, bevor ich in die Klinik fahre. Da ist dann endlich der junge Priester der Pfarrei am Apparat; er wird den Gottesdienst übernehmen. Ich bin erleichtert. Er wird die Not dieser beiden jungen Frauen verstehen und sie nicht enttäuschen. Am Abend nach der Beerdigung erfahre ich, dass alles gut verlaufen sei. *Deo gratias!*

Wie immer beschaffen sein mag, was man um den veranstaltet, der bald sterben muss, ob Eltern, Freunde oder Umgebung: Strategien des Schweigens, des Leugnens oder des Lügens, um sich gegenüber dem Tod blind zu stellen – es kommt der Moment, in dem er massiv, siegreich, sarkastisch da ist. Oder eigentlich schon nicht mehr da ist, sondern zugeschlagen und sein Werk, seinen Sieg hinterlassen hat: diesen leblosen Körper. Der Tod kommt.

Nach der ganzen Spannung, die alle zerriss, zwischen der Lüge und der Realität, zwischen dem Sagen – oder Lügen – und dem Tun als ob wird plötzlich alles ganz einfach, ist *er* lautlos eingezogen. Überwältigend offensichtlich war er da, von niemandem mehr zu leugnen: der Tod, man braucht es nicht mehr eigens zu sagen. Alle Gefahr ist vorbei; er hat sein Werk vollbracht. Jetzt braucht man nicht mehr zu lügen, denn Leugnen ist gar nicht mehr möglich. Der Kampf ist verloren, der Tod Realität. Er hat gesiegt. Tod: ein stummes, ein mächtiges Wort. Ein schwarzer Spiegel. Vor ihm ersterben alle Worte.

Aber mitten in diesem zu Stein erstarrten Schweigen, diesem absoluten Schweigen muss sich eine Stimme melden und bannen, was dieses Schweigen verhüllt. Mehr noch: Dieses Wort muss endlich den Sinn sagen, ihn aus diesem Grab des Schweigens herauskommen lassen.

Jetzt muss vom Davor und Danach die Rede sein; aus dem Abgrund muss wieder Leben aufsteigen.

Der Sinn muss erklingen, muss als Echo in den Höhlen der Herzen widerhallen, muss alle erfassen, dieser noch verschlossene, erstickte Sinn.

Zuweilen – wenn man es wünscht – ist das mein Wort, das sich dann erhebt. Mein Wort als Priester hat die Kraft des Symbols, ist symbolisches Wort, denn jeder transponiert es beim Hören in seine Tonart und verleiht ihm seine eigene Tonalität.

Ich zwinge das Wort nicht herbei: Ich empfange es, es kommt mir aus den Echos und den Resonanzen, die ich einfange, zu. Die Totenfeier ist also auch für mich eine Erprobung des Wortes.

Jedes Mal frage ich mich neu: »Wie kann es mir gelingen, mit meinem Wort dieser Menschenmenge, die da von allen Seiten herbeiströmt an den Sarg, den Frieden der Herzen zu erschließen? Wie kann ich alle diese verborgenen und schmerzlichen Stimmen, die hier im Kreise stehen, zu einem einzigen Konzert zusammenführen?«

»Meine Damen, meine Herren! Treten Sie ein! Kommen Sie näher!« ... Da unten sind sie, draußen, so weit am Rand wie nur möglich. Sie widerstreben meiner Aufforderung, kleben am Boden, haben bleierne Füße. Rühren sich nicht, wie abgestoßen, zurückgedrängt, auf Abstand gehalten von einer geheimnisvollen Kraft. Welcher Schrecken vor diesem offenen Sarg!

Welche innere Verwirrung lässt sich erahnen bei dieser jungen Frau, die sich halb zurückbeugt, nach vorn schaut, verstörten Blicks ist, die Hände bereit hält, sie sofort vors Gesicht zu schlagen, um sich die Augen zuzuhalten! Ihre Füße tappen eher schwebend über den Boden, als dass sie ihn berühren, je weiter sie nach vorn kommt. Nicht hinschauen! ... Ein »schönes« Andenken wahren!

Aber welches »schöne Andenken« möchte sie sich in ihrer Erinnerung bewahren? Könnte es vielleicht sein, dass dahinter die Angst steckt, beim Anblick des Toten sein eigenes Leben im Spiegel des Lebens zu sehen? Der tote Körper scheint allen Raum um sich zu verzehren, Leere und Öde zu schaffen. Welcher Mühe bedarf es bei jeder Totenfeier, um sie alle herzuholen, alle diese dem Toten einst Nahen, um ganz da zu sein!

Ich kenne die Freiheit und Weite, diese Feier jeweils so zu gestalten und ihr die Form zu geben, die ich für angebracht spüre, um über die üblichen Worte hinaus etwas sagen zu können, das die Herzen erreicht. So gibt es keinen von vornherein vorgesehenen festen Ritus. Die Kapelle, in der die Trauerfeier stattfindet, ist für mich ein bevorzugter Ort für das hilfreiche, Sinn stiftende Wort.

Ohne liturgische Kleidung bleibe ich zunächst unerkannt, bis ich, wenn es an der Zeit und die Familie da ist, auf die Schwelle dieses mit beiden Flügeln weit offenen Portals trete und die Anwesenden bitte hereinzukommen. Was stellen sie sich vor, was erwarten sie sich von diesen Minuten der Feier, während ich sie mir anschaue und ihnen die Hand reiche?

Ich bin mir der außergewöhnlichen Dichte der Gefühle bewusst, die der Tod auslöst, und weiß, dass meine Worte unter diesen speziellen Umständen ihre ganz eigene Bedeutung haben. Und dass sich mir bei dieser Besinnung auf den Tod die Möglichkeit bietet, eine Art Hoffnung ins Leben zu rufen, ja genauer: neues Leben zur Welt zu bringen.

Gérald hat sich gewünscht, dass man auf ihn anstößt

Das Bedürfnis nach einem Ritual, nach einem ganz persönlichen Ausdruck des Adieu, das Bedürfnis nach einer ganz besonderen, individuellen Begräbnisfeier, man könnte sagen: nach einem »Begräbnis anderer Art« ist heute sehr stark ausgeprägt und nimmt zuweilen erschreckende Formen an.

Eine der außergewöhnlichsten Trauerfeiern, deren Zeuge und Akteur ich gewesen bin, war diejenige von Gérald. Seine ganze Lebensgeschichte war mit dem Motorrad und dem Seitenwagen verbunden, und so war es ganz natürlich, dass seine Motorradkameraden die Gestaltung der Feier in die Hand nahmen.

Sie kommen, hundert, hundertfünfzig Motorradkumpel. Gérald versammelt sie. Auf dem Sarg liegt eine ganze Kollektion von Symbolen, die an seine Aktivitäten als Motorradmechaniker, an seine Eigenarten und an ihre gemeinsamen Erlebnisse als Motorradfahrer erinnern. Vorne auf dem Sargdeckel ein Knäuel aus Elektrodrähten, dabei ein winziges Radiogerät; daneben die Nietzange, mit der er unzählige Nummernschilder befestigt hat; sie liegt auf drei alten, kreuz und quer hingelegten Nummernschildern, zweifellos Reliquien einiger Motorräder, die bei weniger glorreichen Rennen den Geist aufgegeben haben. Mitten auf dem Sargdeckel steht wie eine geschmückte Kerze eine Nockenwelle und zeigt mit ihrem zugespitzten Ende zum Himmel.

Es sind dies die Sargbeigaben von Gérald, die die erheiterndsten Kommentare auslösen. Er liegt so da, wie er offensichtlich seinen Lebtag umgeben war oder jedenfalls in seinen glücklichen Zeiten: umgeben vom Gerümpel seiner Garage. Auch die alte Motorradzeitschrift gehört dazu. Sie erinnert an eine ganz besonders persönliche Begebenheit seines Lebens: In einer ihrer Spalten steht die Annonce, über die Gérald seine Mitfahrerin im Beiwagen und spätere Frau gefunden hat.

Wie Herbstblätter kunterbunt durcheinander gefallen, sind große Herzen aus weißem Papier über ihn verstreut, auf denen nach Art alter Votivbilder irgendwelche denkwürdigen Episoden zitiert werden, deren Reiz mir entgeht. Waren es Siege oder Pleiten, Ausrutscher oder Launen, was weiß ich? Jedenfalls wecken sie eine Fülle von Erinnerungen und lösen Gelächter aus. Eines dieser Herzen berührt mich als Priester besonders; es will provozieren und stößt mir, dem »Großmeister« dieses Karnevals-Mummenschanzes, besonders auf. Mit großen schwarzen Buchstaben trägt es den Spruch: »Weder Gott noch Meister über mir!« Hinten am Sarg ist eines jener roten Nummernschilder befestigt, die zum Überführen noch nicht zugelassener oder abgemeldeter Autos verwendet werden, und darüber liest man bei genauem Hinsehen in silberner Schönschrift: »Ich hab's euch ja gesagt, dass ich krank bin! Gérald.«

Draußen auf dem Parkplatz vor der Trauerhalle stehen Dutzende von Motorradfahrern mit ihren Helmen bereit, um Géralds Prachtmaschine in der Eskorte zu geleiten. Das letzte Zeichen der Feier schließlich, das letzte Geschenk, wird während der Ansprache von Joseph, einem der Kameraden, hervorgeholt: eine riesige, aus Teig gebackene Taube, die mit Chantilly-Creme übergossen ist. Die Verwirrung der Angestellten des Bestattungsunternehmens trägt nur noch zum Ruhm der Albernheiten dieser erfinderischen Freunde bei: Sie lassen sie mit auf den Leichenwagen stellen.

Während ich spreche, hört mir Piera, seine Frau, zwei Schritt vor mir in der ersten Reihe, mit weit aufgerissenen Augen zu. Bei ihr ist Thierry, der neunjährige Sohn, das Überraschungskind und schließlich das Wunderkind; denn er ist es, der Gérald daran gehindert hat, seinem Leben selbst ein Ende zu setzen. Auch er hört mir aufmerksam zu, hingekauert zwischen den Beinen seiner Mutter. Zu meiner Linken hält sich der stämmige Joseph für seine Ansprache bereit. Er wird gleich das Wort ergreifen, um die Großtaten Géralds und eines guten Teils derjenigen zu verkünden, die ihn zu diesem letzten Lebewohl umringen. Überraschender noch ist gleich neben mir ein Mann im dunklen Anzug mit blauem Rollkragenpullover, Père Jean-Luc, ein Priester, der selbst begeisterter Motorradfahrer und darüber ein guter Freund von Gérald geworden ist.

Ein großer bunter Haufen ist da also auf dem Asphalt versammelt, vorwiegend aus Männern bestehend, und wartet ab, bis ich fertig bin. Es ist ein Kommen und Gehen, Lachen und Plaudern. Viele treten zum letzten Gruß an den Sarg von Gérald, manche beugen sich vor und lesen laut die schwarz geschriebenen Inschriften auf den Papierherzen. Angesichts der lebhaften Reaktionen, die diese für mich unverständlichen Nachrufe bei etlichen auslösen, kann ich mir vorstellen, dass sie gemeinsam Erlebtes wachrufen, und ich begreife irgendwann den tieferen Sinn, der bei dieser seltsamen Zeremonie seinen Ausdruck findet.

Seine Freunde, die ihn durch und durch kannten und die Abenteuer und Leidenschaften Géralds teilten, wählten ganz vorsätzlich in seinem Sinne dieses Harlekinkleid für seine letzte Reise. Der tote Gérald versammelte alle zu einer verrückten Trauer.

Auf dem Sarg steht Champagner; jeder geht hin und füllt sich dort sein Glas. So wird der Sarg Géralds zur improvisierten Bar. Eine Profanierung? Eine Verspottung und Verunehrung, von einem Sarg zu trinken? Man könnte so denken. Aber wird der sakrale Aspekt dieses traurigen Anlasses dadurch missachtet? Im Gegenteil!

Unter der humoristischen Verkleidung spüre ich ein authentisches Schamgefühl. Dieser Karneval hat einen Sinn: Die Kameraden versuchen, mit all dem die Wunde zu verbergen, die das Verschwinden des unbesiegbaren Gérald dem Herzen eines jeden von ihnen zugefügt hat. Denn der Krebs war nicht allein für Gérald eine Niederlage. Er war zugleich eine Niederlage für alle seine Kameraden. Hier, angesichts der sterblichen Hülle von Gérald, wird es allen eindeutig klar: Sogar ein Motorradfahrer kann an Krebs sterben! Und dieser Tod verfügt ganz und gar nicht über den heroischen Glanz eines Todes mitten im Rennen. Auch der Motorradfahrer ist Mensch, und selbst unter seinem surrealistischen dicken Motorradanzug kann er ganz »jämmerlich« an einem Krebs sterben ... Ein trauriger Tod!

Ohne dass es zuvor abgesprochen worden wäre, lebten plötzlich um den toten Gérald uralte Riten für Friedhöfe und Gräber wieder auf, bei denen sich die Gruppe der Lebenden am Ruheplatz der Toten zum Essen und Trinken versammelt. Wer es fertig brachte, sich nicht bei den seltsamen Auswüchsen dieser ungewöhnlichen Feier aufzuhalten, konnte spüren, dass diesem Ritus eindeutig eine erstaunliche Kraft innewohnte. Eine männliche solide Brüderschaft fand hier die Form, ihre Gefühle und ihren Kummer zum Ausdruck zu bringen und zugleich auch ihre Vitalität.

Um den Wagen, der Gérald zu seiner letzten Küste fahren wird, herrscht eine Atmosphäre und Geschäftigkeit wie in einem Hafen, kurz bevor das Schiff in See sticht. Abschied und Wiedersehen. Der Sarg steht voller Champagnerflaschen. Die Gläser werden von Hand zu Hand weitergereicht. Gérald hat gewünscht, dass man auf ihn anstoße. Aber ein bestimmter Geist ist aus diesem improvisierten Gewimmel herauszuspüren: Gérald.

Der letzte Ulk: Die Kameraden haben während der Trauerfeier die Luft aus den Reifen des Totenwagens herausgelassen! Gérald wird sie, seine Freunde, also nicht so glatt verlassen, kann nicht schleunigst die Ziellinie überfahren! Das ist ihre Art, es ihm noch einmal heimzuzahlen. Er hatte einmal seinen Konkurrenten Tapeziernägel auf die Strecke gestreut, um sie am Siegen zu hindern.

Wie Serge zu Grabe getragen wurde

Ganz bestimmt sind nicht alle Zeremonien von dieser Originalität! Aber jede spiegelt ein Stück weit die Vergangenheit dessen, der da von uns geht. Ich erinnere mich an Serge, an seinen Tod. Er hatte keinen Menschen. Ein Freund, ein gewisser Monsieur Wilson, nahm schließlich seine Trauerfeier in die Hand. Mit einer Sammelaktion wurde das für eine würdige Feier Nötige besorgt. »So, das habe ich zusammengebracht, Herr Pfarrer! Das reicht doch, oder? Was meinen Sie?«

In ihrer kindlichen Unsicherheit und mit dem, was sie über die Herzensregung dieses Menschen verraten, bewegen mich diese Worte tief: Sie sprechen von der Sorge um das würdige Ende eines Menschenbruders. Serge wird also eine Familie haben, ich habe sie entdeckt: alle seine Freunde aus dem Bistro ... Es werden mehr als fünfzig. Eine junge Frau in rotem Mieder und strengem dunkelbraunem Jackett hat das Wort ergriffen, um zu erzählen, was sie aus dem Leben Serges weiß. Er war Nachtportier, und sie verdankt ihm, dass sie es geschafft hat, seinerzeit, als sie noch ganz jung und unerfahren war, das blühende Hotel, das sie heute führt, von ihren Eltern zu übernehmen und in dem Stadtviertel gut angenommen zu werden.

Was hat Serge in seinem Leben geleistet? Seine Frau und seine Kinder sind nicht da; er hat den Kontakt zu ihnen seit langem verloren. Dafür sind alle diese schlichten Menschen da, unsicher und ungelenk in ihren Gesten, aber mit dem Herzen dabei und von ehrlicher Trauer angesichts seines Sargs, angeführt von dieser jungen eleganten, wohl angesehenen Frau. Man musste sie sehen, alle diese Kunden aus dem Bistro, die Kumpel von Serge, wie sie stolz auf die Worte waren, die sie von den Lippen dieser Frau vernahmen! So gingen sie mit ihrem Serge seinen letzten Gang. »Danke, Serge! Wir alle sind Ihnen so dankbar für das, was Sie für uns waren! Sie waren uns ein unersetzlicher Freund! Sie werden uns allen fehlen!«

Zeremonien, die neues Leben wecken

Diese Zeremonien, ganz gleich in welcher Form, verfügen über die überraschende Kraft, in denen, die zurückbleiben, neues Leben zu wecken. Sie wirken sich insgesamt auf die Angehörigen, die Familie und sogar noch die weiter entfernten Freunde aus. Aus diesem Grund sind sie mir so wichtig. Angesichts einer Versammlung unterschiedlichster Menschen, die der Tod eines Mitmenschen um einen Sarg zusammenführt, liegt mir daran, in allen das Licht zu wecken und hervorzurufen, das längst in ihrer eigenen Tiefe schlummert.

Wenn ich vor der Zeremonie die Gelegenheit hatte, die Angehörigen zusammenzurufen und mit ihnen über das Leben des Verstorbenen zu sprechen sowie darüber, was sie von dieser letzten Begegnung erwarten, fällt es mir leichter, zu erspüren, zu erfassen, was jeder in sich birgt und was in ihm brodelt, wenn er jetzt mitten in dieser Menschenmenge steht.

Warum sind sie da, Gläubige wie Nichtgläubige? Was kommen sie vor dieser letzten Ruhestatt suchen, in der das Gesicht verschwindet, das sie nie mehr sehen werden? Ich möchte den allen gemeinsamen Punkt treffen, den Kern, der die Einheit dieser Menge ausmacht.

Damit dies möglichst gut gelingt, kann es nicht genügen, nur auf starre liturgische Formen zurückzugreifen.

Der Trauergottesdienst

Das Eingehen auf die versammelten Menschen und das Hören auf sie scheint mir beim Trauergottesdienst genauso wichtig zu sein wie bei der sich anschließenden Bestattung; es geht um das Gleiche.

Die Frau von Claude, einem Pflegehelfer in meiner Klinik, wurde brutal durch das Platzen eines Aneurysmas weggerafft, während sie am Steuer ihres Wagens auf ihren Sohn wartete, der vom Gesangsunterricht kommen sollte. Für die Familie war das ein schreckliches Drama; die beiden Kinder waren erst elf bzw. dreizehn. Auf Grund meines freundschaftlichen Kontaktes zu Claude wollte ich selbst den Trauergottesdienst in der Pfarrei halten. Auch seine junge Frau kannte ich recht gut.

Die Kirche ist voll. Ich sehe viele mir gut bekannte Gesichter. Roland, der Krankenpfleger, mit seinem kleinen Kinnbart und seinem ernsten und offenen Gesicht lehnt hinten am Pfeiler. Ich weiß, dass er nichts glaubt; wir haben uns unlängst darüber unterhalten. Auch die Stationsschwester ist da. Wir haben uns oft gegenseitig wegen unserer philosophischen und religiösen Überzeugungen geneckt. Dr. M. ist schon ziemlich früh gekommen. Auch viele vom Pflegepersonal sind da, von denen ich weiß, dass sie sich als Ungläubige bezeichnen – eine dichte, aufmerksame Menge, die hier noch enger zusammengedrängt wirkt, sodass die Kirchenbeleuchtung sie deutlich aus dem sie umgebenden Dunkel hervorhebt.

Eine Trauergemeinde überrascht mich jedes Mal. In solchen Augenblicken des Unglücks und Abschieds bricht immer wieder große Solidarität auf. Die genaue Funktion der Einzelnen, ihr Rang auf der Leiter irgendeiner Hierarchie spielen dann kaum mehr eine Rolle.

Plötzlich führt die Not alle enger zusammen. Vor allem die Jugend im Alter dessen, der gerade abberufen worden ist. Mit dreiundzwanzig sterben ...

In weißer Albe stehe ich in der Nähe des Pults und warte auf das, was kommen wird und ich noch nicht weiß; ein tiefes Empfinden der Zuneigung und der tiefen inneren Kommunikation öffnen mir das Herz für all die Menschen in diesem vollen Kirchenschiff. Ich als der für die Zeremonie Verantwortliche fühle eine gewisse Erregung angesichts des mir noch unbekannten Verlaufs des Rituals, die ich nur mit Mühe zu beherrschen vermag. So achte ich genau auf das, was sich in mir regt und bemerkbar macht. In diesem Moment sind mir die Worte weniger wichtig als die innere Beziehung, die ich instinktiv zwischen mir und den vielen Menschen knüpfen will, die zur Kirche hereinströmen, zum Sarg vorkommen und sich dann langsam auf das Haupt- und die Seitenschiffe verteilen.

Es ist diese Art Kommunion, die ich genau jetzt suche, indes ich die Gesichter derer betrachte, die zum Altarraum nach vorn kommen. Wie die Flamme ihr Licht in dem Öl findet, in das sie taucht, so muss ich den Raum und die Luft spüren, worin diese Kommunion schwingt; denn ich bin mir sicher, wenn ich dann dem inneren Strom folge, der mich trägt und aus dem ich immer wieder zu schöpfen vermag, dann treffe ich genau den richtigen Ton.

Meinem Empfinden nach kann ich nur dann gut sprechen, wenn ich die Worte finde, die mir die Gesichter und Blicke eingeben. Roland, Marie, Claude: Ihr wisst gar nicht, welche Kostbarkeiten ich von euren Stränden des Schweigens auflese!

In der Kirche Saint-Sulpice

In der Kirche Saint-Sulpice in Paris, in der Maria-Himmelfahrts-Kapelle: Enge Freundinnen von Christine haben sich gewünscht, dass sich nach ihrer Beisetzung in ihrer Heimat alle ihre Freunde und

Mitarbeiter aus Paris noch ein letztes Mal zu ihrem Gedächtnis in Paris versammeln. Ihrer Tochter liegt daran, dass ich dieser Trauerfeier leite. Weil ich ihre Mutter begleitet habe, ist sie davon überzeugt, ich würde eine gute Feier gestalten. Viele haben sich an diesem Abend in der kreisrunden Kapelle eingefunden. Der Altartisch steht in der Mitte unter einer großen Lampe.

Christine war die künstlerische Leiterin eines großen Verlags und hatte zu vielen Kollegen ein freundschaftliches Verhältnis. Ich wusste im Voraus, dass in dieser Versammlung etliche Gläubige unterschiedlicher Konfessionen sein würden: Katholiken, Protestanten, Juden. Aber auch, dass die Mehrzahl zum Glauben keine Beziehung hat.

Als ich komme, sind alle schon schweigend versammelt. Meine leider unvermeidliche viertelstündige Verspätung hat Geist und Herz der Anwesenden nicht zerstreut. Die ungefähr hundertfünfzig anwesenden Menschen sitzen im Halbkreis um den für die Messe gerichteten Altartisch, die durch helle Beleuchtung hervorgehobene Stelle. Ich kenne niemanden außer der Tochter der Verstorbenen und ihrer besonders engen Freundin, deren Stimme mir bei den zwei oder drei Telefonaten zur Vorbereitung der Feier vertraut geworden ist. Ich spüre, wie die Erwartung groß ist; auch echt, angesichts der großen Anzahl derer, die gekommen ist – weit mehr, als wir geschätzt hatten. Wie werde ich ihr entsprechen können?

Auf Grund dieser sehr unterschiedlichen innerlichen Voraussetzungen, die ich in den Herzen der Einzelnen erahne, möchte ich mit meinen Worten den allen diesen Männern und Frauen gemeinsamen Bezugspunkt zu treffen versuchen, sodass sich jeder in der eigenen Einmaligkeit ernst genommen und in der eigenen inneren Mitte angesprochen fühlt, an dem Punkt, an dem alle zu spüren vermögen, dass sie gefunden haben, was zu suchen sie hergekommen sind.

Nur wenn diese Kommunion gelingt, bricht die Freude darüber auf, gefunden zu haben, was man gesucht hat, vielleicht ohne es zu wissen. Und das, obwohl ich diese Feier ganz einfach gestaltet und möglichst einfache Worte gebraucht habe. Ja, es ist gelungen, diese Menschen an jene Stelle in sich selbst zu führen, an der ein Wort für sie ganz persönlich nur darauf gewartet hat, geweckt zu werden.

Eine Taufe im Schatten des Vaters

Jean-Paul ist zum letzten Mal auf die Intensivstation eingewiesen worden und hat mich um das Krankensakrament gebeten. Er denkt schon lange daran und hat mit mir wiederholt darüber gesprochen; aber heute ist es für ihn so weit: Er möchte es empfangen. Er weiß, dass sein Ende nahe ist.

Es ist früher Nachmittag. Seine Frau hat sich zu diesem Anlass frei nehmen können und ist bei ihm. In einer Tragetasche steht bei der Tür ihr Baby, Elvira. So ist also auch ihr Kind dabei, die kleine Elvira. Sie ist erst vier Monate alt. Das kleine wunderbare Geschöpf schläft und hält dabei seine beiden winzigen Däumchen vor den Mund; so wird es an der Feier teilnehmen. Seine Eltern wollten, dass es dabei sei. Es ist ihr einziges Kind, und sein Geschick war bis zu diesem Punkt derart eng mit dem Ihrigen verwoben, dass es keinen rechten Sinn ergäbe, wenn es heute fehlte. Ja, es ist der Mittelpunkt ihres Daseins: die Frucht ihrer gemeinsamen Vergangenheit; das, was bleibt, wenn Jean-Paul bald sterben wird; geradezu das Herz ihrer Eltern, das da hinter diesen geschlossenen Lidern selig in der Wiege schläft.

Was macht es also aus, wenn es schläft! Wenn es bewusst noch nichts mitbekommt ... immerhin ist es dabei, einbezogen in diesen wichtigen Augenblick ihres Lebens als Paar! Das ist sein Platz. Nach so vielen leidvollen Erfahrungen, bis es so weit war, dass sie ihm das Leben schenken konnten, bedarf der Vater heute seiner Anwesenheit, um es vorbehaltlos allem Kommenden anvertrauen zu können.

Jean-Paul liegt, durch zwei zusätzliche Kissen aufgestützt, aufgerichtet im Bett, um sein Kind neben dem Bett auf dem Boden sehen zu können. Er beugt sich zu ihm vor. Aber sein Blick ist ins Weite gerichtet: Nicht das Gesicht von Elvira ist es, was er anschaut. Jenseits von ihr, weit hinter dem Spiegel, den dieses Kleinkind darstellt, tauchen seine Erinnerungen auf. Dort entziffert er seine eigene Geschichte, geht sie noch einmal durch; auch die Erinnerung an sie beide als Paar – und dann mit ihrem Kind. Zunächst das lange Warten, die zehn Jahre der Kinderlosigkeit voller Beschämung, immer wieder aufsteigender Hoffnungen und dann wieder Enttäuschungen.

Dann plötzlich, eines Tages, als es doch endlich geklappt hat: dieses Glück zunächst, dieses überwältigende, verrückte Glück, dass das schon kaum mehr Erhoffte doch wahr geworden ist! Seine Frau ist schwanger, er also doch fruchtbar, endlich doch noch Vater! Und dann ... noch am selben Tag ... am Tag von Elvira ... das Schreckliche: das Ende! Es war vormittags. Die Untersuchung beim Betriebsarzt ... »Jean-Paul, Sie haben Krebs!« Wie ein Blitz aus dem heiteren Himmel des Vaterseins!

Ihm geht bei der Vorbereitung auf das Krankensakrament all das noch einmal lebhaft durchs Herz; seine Gefühle überwältigen ihn, stürzen ihn in einen Abgrund des Schweigens. Das nah Bevorstehende – sein Tod – ist so ungeheuer schmerzlich: Elvira wird bald schon Halbwaise sein. Langsam lässt er das an sich heran, es wird zum zärtlichen Gefühl für sie, das sich in all das Schmerzliche mischt. Er tastet sich daran heran, dazu ja zu sagen.

Mit seiner Krankensalbung möchte er heute diese beiden ganz gegenläufigen Erfahrungen seiner letzten Lebensmonate sich verschränken lassen und als gläubiger Mensch in seinem Herzen miteinander versöhnen: einerseits sein Vatersein, diese zunächst schon fast nicht mehr erhoffte Vaterschaft, die ihm vor gerade erst dreizehn Monaten endlich gewinkt hatte und jetzt erfüllt war; und andererseits dieses düstere Abenteuer – das Unglück –, das doch wieder alles umstürzte: der Ausbruch des Krebs, der ihm schon morgen den Tod bescheren kann.

In diesem Krankenzimmer geschieht nun etwas Eigenartiges:

Wo jetzt alles mit seinem Tod bald zum Abschluss kommen wird, zieht in ihn eine tiefe Gewissheit ein, fast wie eine Art Freude, und beginnt von innen her zu leuchten, verleiht seinem Gesicht jene entspannten Züge, wie sie dem Gesicht eines Menschen eigen sind, der sein Leben vollendet hat. Gewiss, er wird sterben, aber vollendet als Vater, denn er wird mit seinem Glauben als Vater dieses Leben besiegeln, das Elvira von ihm erhalten hat.

Ich gehe hin, nehme Elvira in meine Arme und lege sie auf das Bett, in die Krippe, die die gespreizten Beine ihres Vaters unter der Decke bilden. Das Buch für das Ritual liegt aufgeschlagen neben ihr; ich lese daraus vor. Ihre Mutter steht an meiner Linken zu Füßen des Betts dabei; sie betrachtet bewegt die ungewöhnliche Komposition, die Jean-Paul und ich um dieses Kind bilden, das jetzt aufmerksam schaut und mit seinen weit offenen Augen die Gesten der Salbung mitverfolgt, mit denen ich die Stirn und die Hände seines Vaters bezeichne. Sie blickt mich an. So nimmt Elvira Teil am Geheimnis, das sich über ihr vollzieht; man könnte sagen, sie begleitet unseren Glaubensdialog in seiner innersten Mitte. Ein Schatten der Unschuld, eine Gefährtin des lichtvollen Glaubens ihres Vaters; eine lebendige Gefährtin seines Todes. Ein eigenartiges Ineinander von Tod und Hoffnung ist das, wie ein Wunder um dieses Kind.

So wie heute habe ich selten in der radikalsten Entblößung von allem äußeren Aufwand und in der höchsten Einfachheit der Zeichen eine derartige Intensität und einen solchen Höhepunkt der Emotion bei diesem Sakrament der Krankensalbung erlebt. Über diesem Kind, in dem sich alle unsere Gefühle zärtlicher Zuneigung versammeln, versuche ich zu erfassen, was mich derart bewegt und anspricht. Ich weiß, das Kindsein rührt bei uns Erwachsenen an ganz eigene Kräfte und verfügt über sein »Geheimnis«. Aber was uns alle drei in dieser Stunde zu diesem Frieden führt, der in seiner Anerkenntnis und Anbetung so schwer und zugleich so mild ist, ist von anderer Natur. Es ist über diesem Kind, das er bald verlassen wird, der glühende Glaube eines Vaters, dessen Vaterschaft erfüllt ist und der ja dazu sagt, seine geliebte Tochter Gott und seiner Frau in die Hände zu legen; der zugleich ja dazu sagt, von seinem Kind und seiner Frau getrennt zu werden und sie loszulassen. In ein und demselben Akt nimmt er an, dass seine Tochter lebt und er selbst im Tod erlischt. Zugleich begreift er, dass sich gerade in seinem Loslassen als Vater sein Vatersein vollendet und Elvira das lebendige Inbild seiner Liebe und Ehe bleibt.

Elvira ist für ihn dereinst das Kind, das doch endlich kommen sollte, das Kind großer Wehen, der Hoffnung – und schließlich des Wunders; heute wird es ihm zum Kind der Hoffnung, zum Trost des Vaters. Die Flamme des Lebens ist seinen Händen nicht entfallen, nein, er darf die Gewissheit mit sich nehmen, dass er sie in ganzer Fülle weitergegeben hat. In diesem Kind, das ihm beschieden ist, hat ihn das Leben ganz erfüllt. Trotz allem Schweren hat Gott ihn ganz erfüllt.

Die Feier hat Jean-Paul mit tiefem Frieden erfüllt, ja, mit einer stillen Freude. Doch seine Augen zeigen, dass etwas noch fehlt, etwas Wesentliches. Vor seinem endgültigen Abschied und trotz seines Zustands der Erschöpfung muss er eine Leerstelle noch ausfüllen: Elvira soll die Taufe empfangen, damit das Leben seines Gottes sein Werk an ihm vollende und seine Tochter auch zur Tochter Gottes werde. Die Zeit drängt, er weiß es.

Kurz danach bin ich für vierzehn Tage Urlaub abwesend. Als ich zurückkomme, erfahre ich, dass er in eine Station für Schmerztherapie eingewiesen worden ist. Er ist glücklich, am Telefon meine Stimme zu hören. Hat er mein Erstaunen und meine Freude gespürt, zu erfahren, dass er noch lebt? Ich weiß es nicht. Aber er möchte, dass ich morgen, am Sonntag, im Lauf des Nachmittags zu ihm komme; er wünscht, dass ich Elvira taufe. Ich sage zu und schlage ihm vor, darüber unter vier Augen zu sprechen. Aber er könne sich schon alles genau überlegen und vielleicht einige Texte heraussuchen, die er gern bei der Feier verwendet haben möchte.

Es ist drei Uhr nachmittags, als ich ihn besuche. Er sitzt trotz der Notwendigkeit, ständig Sauerstoff zugeführt zu bekommen, mit angespannten Zügen aufrecht da, mit dem Notebook auf dem Schoß. Gewissenhaft tippt er die Lesungen, die er über Nacht herausgesucht hat. Sein Gesicht strahlt; mit einem Triumphgefühl bringt er die übermenschliche Anstrengung auf, sich dieser letzten, selbst auferlegten Herausforderung zu stellen: der Taufe seiner Tochter. Welch unsagbares Glück dieser Mensch darüber empfindet, seine allerletzten Reserven dafür zu verausgaben! Es ist für ihn ungemein kostbar, jetzt noch, ganz kurz vor seinem Tod, die Taufe seiner einzigen Tochter erleben zu können. Unter dem Vorbehalt, dass man auf der Station damit einverstanden ist, vereinbaren wir den Termin dafür. Auf der Station sind sie einverstanden. So werden wir am Freitag das Fest feiern! Es wird Kuchen und Champagner geben! Ich verlasse ihn mit dieser ungewöhnlichen Vorausfreude auf die Taufe. Bis Freitag!

Am Tag danach, am Montag um acht Uhr morgens. Bei den Freunden, zu denen ich mich für Sonntag/Montag zurückgezogen habe, läutet das Telefon. Es ist für mich. »Jean-Paul ist gestorben! Ganz plötzlich, diese Nacht!« Seine Frau ist am Apparat. Schweigen. Mir verschlägt es die Stimme. Taufe ade! Und es hätte so schön werden können! Stumm teilen wir in diesem aschfahlen Schweigen unsere Trauer und Enttäuschung. Dann finden wir wieder Worte. »Wie wäre es, wenn wir am Begräbnistag von Jean-Paul die Taufe feiern würden?« Wie aus einem erloschenen Herd sind mir diese Worte aufgeflackert, haben sich mir nahe gelegt, glasklar. Das ist offensichtlich das Nächstliegende. Die Frau am anderen Ende begreift. Diese Frau, mit feinem Gespür und spirituell wach, erfasst spontan, welchen Sinn das überraschende Zusammentreffen beider Ereignisse haben würde. Sie stimmt gerne zu. Elvira wird also an dem Tag getauft werden, den ihr Vater ausgesucht hat; und er wird auf seine Weise bei diesem Fest dabei sein. Das hatte er sich ja so sehr gewünscht.

So blieb noch, unser Vorhaben zu organisieren. Ich selbst konnte die Feier nicht halten, weil sie weit fort von Paris, im Midi, stattfinden sollte. Würde der für die Beisetzung zuständige Priester zu dieser ungewöhnlichen Verknüpfung zweier Feiern bereit sein? Würde er sich imstande fühlen, ihr vorzustehen und den wahrscheinlich überraschten, vielleicht sogar skandalisierten Teilnehmern ihren Sinn und inneren Zusammenhang zu erschließen? Ich nehme mit ihm Kontakt auf. Wir haben Glück! Er ist dazu bereit. Elvira wird also während der Begräbnisfeier ihres Vaters, noch in seiner Gegenwart, getauft werden. Das wird für die Gemeinde ein Aufsehen erregendes Ereignis werden. Später erfahre ich, dass die Feier wie vorgesehen stattfand, in der gleichen Kirche, in der Jean-Paul getauft worden war. Draußen vor ihr ruht er jetzt für immer.

Elvira wird heranwachsen, ihre Lebensfreude und Vitalität entfalten. Eines Tages wird man ihr erzählen, wie ihr auf zweifache Weise das Leben geschenkt wurde. Sie wird alles erfahren: das lange Warten, bis es endlich so weit war, dass sie kam; alles über ihre Geburt, über die geradezu verrückte Freude ihres Vaters; über ihr stummes Dabeisein, als er an diesem denkwürdigen Tag das letzte Sakrament empfing; alles auch über eine weitere Geburt für sie: über diese Taufe, die sich ihr Vater, Jean-Paul, so sehr gewünscht hatte; über diese Taufe, an der er nur allzu gern noch als Lebender teilgenommen hätte, bei der er aber leider nur noch mit seiner sterblichen Hülle dabei sein konnte. Kurz: Sie wird erfahren, wie sehr sie ersehnt war. Und ich wage zu glauben, dass sie auch glücklich darüber sein wird, dass sie genau an dem Tag für den Glauben geboren wurde, an dem ihr Vater für den Himmel geboren wurde.

Vor Kindern den Tod verbergen?

Nein! Wer mit dem Geheimnis des Todes zu tun bekommt, wird dadurch von Trauer befreit. Auch Kinder haben ihr Recht darauf, daran Anteil zu haben; folglich darf man ihnen das nicht nehmen.

Denn wenn man so dem Tod begegnet und aus innerstem Herzen ja zu ihm sagt, heißt das, dass man an das geheimnisvoll in ihm verborgene Leben rührt, an diese erstaunliche Wirklichkeit, die einer Kraft der Auferstehung gleicht. Es stimmt, die Begegnung mit dem Tod macht zunächst ohnmächtig und ist schmerzlich. Die Erwachsenen kommen oft nur mit großer Mühe und ganz langsam auf dem Weg zu dieser Wahrheit voran. Ihre natürliche Neigung gibt ihnen instinktiv ein, den Tod vor den Kindern verbergen zu sollen. Sie vergessen dabei, dass die möglichen Phantasien des Kindes dann viel verhängnisvoller sind als die nackte Wirklichkeit.

Ich erinnere mich an jenen Mann, dessen Frau in der Klinik gestorben ist. Durch einen Telefonanruf, zu dem mir die Krankenschwestern raten, erfahre ich, dass die Beisetzung bereits vor zehn Tagen genau in der Stadt stattgefunden hat, in der ihre beiden Kinder derzeit tagsüber in einem Freizeitzentrum sind, diese aber immer noch nicht wissen, dass ihre Mutter tot ist. Seit zehn Tagen schon kommen diese Kinder also allabendlich heim und haben noch keine Ahnung, dass sich ihre Mutter nie mehr zu ihnen an den Tisch setzen wird. Ihr Vater hat das Kunststück fertig gebracht, es vor ihnen völlig zu verheimlichen. Am Tag der Beerdigung spielen diese Kinder im Freizeitzentrum, während unmittelbar daneben in ihrer Pfarrei der Trauergottesdienst für ihre Mutter stattfindet. Dieser Mann will die Rückkehr der Kinderärztin aus dem Urlaub abwarten, um mit ihr zu besprechen, wie er seinen Kindern den Tod ihrer Mutter beibringen könne.

War es mir gelungen, ihn davon zu überzeugen, er müsste es ihnen so schnell wie möglich sagen? Ich weiß es nicht. Es schien ihm völlig unvorstellbar, dass ein Vater vor seinen Kindern Tränen vergoss und seinem Kummer freien Lauf ließ. Ich fürchte, dass ich mich vergeblich bemühte. Wie konnte er nicht begreifen, dass er mit seinen Tränen und seinem Kummer seinen Kindern den besten Beweis dafür gegeben hätte, welch große Liebe ihn, ihren Vater, mit ihrer Mutter, die ihnen das Leben schenkte, verbunden hatte?

So weit kann es gehen, wenn man die Kinder beschützen will. Ich halte diese ungeheure Angst davor, die Kinder mit dem Tod zu konfrontieren, für einen schweren Erziehungsfehler, der großen Schaden stiftet. Kinder sind genauso wie Erwachsene dazu fähig, diese Prüfung zu bestehen und auch ihrerseits in ihr eine bedeutsame Weisheit für ihr ganzes weiteres Leben zu finden; allerdings müssen die Erwachsenen sie dabei an der Hand nehmen und sie begleiten.

Da kommt mir diese andere ergreifende Szene in Erinnerung, die in ihrer Einfachheit intensiv wie ein Kindermärchen war: wie der kleine Christian sich um den Sarg bewegte, in dem der reglos erstarrte Körper seiner größeren Schwester lag. Sie war sieben und er damals knapp über drei. Ich sehe ihn noch deutlich vor mir mit seinen weit offenen, großen blauen Augen, sprachlos; sein Gesicht reichte noch kaum über den Rand des Sargs. Aber mit welcher Intensität betrachtete er den Körper seiner Schwester! Man hätte meinen können, dieser Blick habe ihn selbst ganz in diesen Sarg aus rötlichen Planken hineingezogen, in dem seine Schwester in ihren letzten Schlaf versunken lag. Vorsichtig streifte er an den Brettern entlang, streichelte sie mit seinen kleinen Händchen, mit welch behutsamer Zärtlichkeit! Es war, als betastete er eine Wirklichkeit, nähme an etwas Maß, das er bisher nur von den Bildern im Fernsehen kannte. Für ihn war das der Tod in der Realität; und dieser Tod war der Tod seiner großen Schwester. So begriff er bis ins Innerste seines Herzens, warum sie jetzt nie mehr mit ihm spielen oder streiten und für immer fort sein würde.

»Herr Pfarrer, machen Sie es einfach und kurz!«
Die letzte Zusammenkunft

Für alle, gleich welchen Alters und unabhängig davon, wie nahe sie dem Verstorbenen stehen, haben diese Zusammenkünfte beim Trauergottesdienst ihre Bedeutung. Aber das, worum es dabei geht, die Rolle, die sie für den Menschen spielen, der vom Hinscheiden eines ihm nahe stehenden oder sonstigen Menschen betroffen ist – kurz, der »Sinn« dieser Feier entgeht den Beteiligten oft. »Herr Pfarrer, machen Sie es einfach! Und vor allem sollte es nicht zu lang sein!«

Ich weiß nicht, welche Angst hinter dieser schon tausendmal gehörten Bitte steckt, wenn ich mit den Angehörigen die Trauerfeier bespreche. Ist es die Angst, es »nicht zu verkraften«, wie man sagt; die schmerzliche Intensität des Ereignisses nicht auszuhalten? Ist es eine ungläubige Haltung gegenüber einer religiösen Feier, deren Sinn oder hilfreiche Wirkung man sich nicht vorstellen kann und deren Worte und Gesten man von vornherein als unwichtig und langweilig empfindet? Ist das einfach zu viel? Doch selbst hinter diesen Bitten, es gnädig zu machen, erahnt man verschwommen, dass diese schwierigen Momente durchaus ihre Bedeutung haben und einem etwas abverlangen. »Man weiß nicht, was sagen, aber wenn man nicht hingehen würde, käme man sich als Feigling vor.«

Der Mensch hat das Bedürfnis, seine Toten zu begleiten. Er ist es sich selbst schuldig, dabei zu sein, und zwar genauso sehr, wie er es dem Scheidenden und seiner Familie schuldig ist. Man muss Adieu sagen, »Auf Wiedersehen«. Der Tod eines anderen führt jedem von uns den Tod vor Augen, der eines Tages auch der unsrige sein wird, und so stößt er uns unvermeidlich auf die Frage, welchen Sinn denn heute unseres eigenes Leben eigentlich hat.

Es geht darum, den Tod zu »realisieren«, »wahrzunehmen«: In unserer Zeit, in der wir den Sinn für die radikale Hinfälligkeit des Menschen verloren haben, bieten die letzten auf den soeben Verstorbenen gerichteten Gesten eine Gelegenheit, sich mit ihr wieder auseinander zu setzen. Man sieht den toten Körper, identifiziert ihn, erkennt ihn, schaut ihn zum letzten Mal an. Es ist bekannt, wie furchtbar es ist, wenn jemand spurlos verschwindet und sein Körper nie mehr zu finden ist. Wir brauchen diese Vermittlung des toten Körpers, selbst wenn wir uns davor scheuen: Wir müssen das Leben, das da erloschen ist, feiern können, zusammen mit anderen, müssen dann behutsam den, der von uns gegangen ist, begleiten und, um seinen toten Körper versammelt, gemeinsam beten können und ihn auf diese Weise seiner Ewigkeit anvertrauen.

Von daher gesehen lassen bei mir die Einäscherungen von Toten Fragen offen: Was will man damit? Einen ökologisch sauberen Tod? Oder den Tod verschwinden lassen? Den Toten in die reine Abwesenheit entlassen ... Man möchte die Lebenden nicht belasten, die, die zurückbleiben, sagt man oft. Welch merkwürdiger Hang, den Toten völlig zunichte werden zu lassen, ihn absolut auszulöschen! Man verstreut die Asche. Oder man weiß nicht wohin mit der Urne; stellt sie vielleicht monatelang auf dem Wohnzimmerschrank aus. Eine Urne zu viel, eine bedrückende Anwesenheit, auf Dauer unerträglich ...

Der gegenseitige Austausch bei der Trauerfeier

Nach einem Tod, der Leben geweckt hat, gestattet die Abschiedsfeier, die Schätze zu öffnen, die dieser im Herzen der nahen Angehörigen zurückgelassen hat. Das ist der Anlass, sie mit allen zu teilen, die sich an diesem Tag einfinden. Wenn mir die Gelegenheit geboten wird, versuche ich gern, auf meine Art durch mein Wort zu diesem wunderbaren Austausch zwischen Lebenden und Verstorbenen beizutragen sowie zwischen den Lebenden untereinander.

Ich wiederhole im Folgenden eine Ansprache, die ich bei der Trauerfeier eines Mannes gehalten habe, den ich begleiten durfte und dessen letzte Minuten für seine Kinder dank dieser Begleitung ihrer Auffassung nach von allergrößter Bedeutung geworden sind. Auf ihren ausdrücklichen Wunsch hin glaubte ich, es annehmen zu sollen, diese Feier zu leiten und etwas zu sagen. Nachdem wir gemeinsam sehr intensive Zeiten um das Bett ihres Vaters verbracht hatten, konnte ich mich nicht einfach entziehen. Sie wünschten, dass wir auch den in der Kirche versammelten Freunden und Bekannten Anteil an diesen für sie so wichtigen Minuten voller Licht und Menschlichkeit geben sollten.

»Liebe Freunde,
Sie nehmen teil am Abschied eines Menschen,
Sie sind dabei,
sind da, bei den Angehörigen.
Sie stehen dem bei, der geht,
lösen die letzten Bande, die ihn noch zurückhalten.

Sie stehen auch den Anwesenden bei, seinen Angehörigen, den Menschen, die der Schmerz zerreißt, versteinert, lähmt, die die Angst vor dem Getrenntwerden stumm werden lässt ...

die angesichts dessen, der von ihnen geht, nur noch armselige Worte der Angst, der Weigerung über die Lippen bringen: ratlose Worte, Schutzschirme gegen die Tränen.

Lassen wir es zu, dass mitten in diesem Sturm der Gefühle ein wahres, echtes Wort über unsere Lippen kommt, dass es gesprochen und gehört werde, dass durch dieses Wort echte Blicke frei werden, auch wenn sie von Tränen verhängt sind, echte Gesten zärtlicher Zuneigung und Anteilnahme.

Lassen wir es zu, dass unsere Zuneigung zueinander, die wir nie deutlich zu zeigen wagen, heute sich ausdrücken darf ...

dass mit ihr alles, was war, noch einmal aufblüht, all das, was war und bis jetzt nie recht gesagt worden ist.

Lassen wir es zu, dass uns Erinnerungen hochkommen und mit ihnen Dankbarkeit und Freude, aber auch Bedauern und Verzeihen.

Wenn uns das gelingt, wird uns eine Erfahrung zuteil, die sich mit keiner anderen vergleichen lässt. Am ehesten lässt sich das mit einem Geburtsvorgang vergleichen, einer Geburt, die da in den Menschen und zwischen ihnen stattfindet.

Da knüpfen sich dann unerwartete Bande zwischen den Anwesenden, weil damit ein nie geahntes, unglaubliches, unerwartetes Leben entsteht, das die gesamte Vergangenheit in einer neuen Gegenwart fasst. Das ist ein neues Leben von der Art, wie wir es uns schon immer erhofft hatten.

Solche Bande sind schon zwischen uns in diesen letzten Tagen entstanden, liebe Armelle, Anne und Guy, und darum habe ich eurer Bitte entsprochen. Ich brachte es nicht übers Herz, sie abzuschlagen.

Wenn ich also jetzt hier bin, liebe Freunde, dann euretwegen. Ich bin um dessentwillen hier, was wir an intensivem Leben gemeinsam erfahren haben, in den letzten Stunden von Jean-Marie, eurem Vater und Freund.

Doch wenn ich eure Bitte richtig verstanden habe, dann habt ihr aus dem Grund darauf gedrängt, dass ich heute hier teilnehme, weil es euch um eure Freunde geht, die hier um euch versammelt sind. Ich glaube, ihr habt euch gewünscht, dass auch sie Anteil an dem Leben bekommen, das ihr am Sterbebett von Jean-Marie erfahren habt, der euer Vater war und genauso euer guter Freund.

Und ihr habt mich beauftragt, hierher zu kommen und vor ihnen zu bezeugen, was für ein Leben aufsprudeln kann, wenn ein Mensch seinem eigenen Ende begegnet. Ich will die Größe bezeugen, das Unfassbare, das in den allerletzten Augenblicken eines Lebens geschehen kann, wenn sich dieses Leben in seiner Gesamtheit vor seinem eigenen Bewusstsein, vor Gott und vor den anderen zusammenfasst und sein letztes befreites Wort spricht.

Danke, Armelle, danke, Anne, danke, Guy, dass ihr mir die Gelegenheit gegeben habt, hier bei euch mit eurer Botschaft zu sein, vor dem Sarg von Jean-Marie, und dass ich etwas aussprechen darf, das mich zutiefst erfüllt und zu meinen festesten und kostbarsten Überzeugungen gehört. Auf dieser Überzeugung gründet meine tagtägliche Arbeit in der Klinik, deren Seelsorger ich bin.

Oft hört man in der heutigen Welt sagen, am schönsten sei der Tod, wenn man von ihm unbewusst ereilt werde. Man sagt gern: »Er hat zum Glück sein Sterben gar nicht mitbekommen!«

Das ist kein Glück! Diese Art Tod mag in gewisser Hinsicht zwar die leichteste sein. Denn Sterben ist hart. Und es ist hart, jemanden sterben zu sehen. Und hart, sich selbst sterben zu sehen. Aber ein Tod, von dem man selbst nichts mitbekommt, ist nicht der beste und nicht der menschlichste. Und ganz bestimmt ist er nicht der fruchtbarste.

Denn was für geheime Ruinen lässt doch ein solcher Tod zurück! Wie viel Bedauern im Herzen derer, die zurückbleiben, Bedauern darüber, etwas nicht mehr gesagt und getan haben zu können! Manche Fragen nicht mehr gestellt haben zu können. Keine Gelegenheit mehr gehabt zu haben, bestimmte Dinge zu verzeihen oder für manches um Verzeihung zu bitten. Und, bei Kindern, aus dem Mund von Vater oder Mutter nicht mehr jenes letzte Wort der Liebe gehört zu haben, auf das man vielleicht sein Leben lang gewartet hat ... und das nie gesprochen wurde.

Ein solcher Tod ist gewiss kein Tod, durch den sich ein Leben vollendet. Durch einen solchen Tod vollendet sich auch nicht das Vater- oder Muttersein. Denn ein Leben ist nur dann vollendet, die Fermate ist erst dann gesetzt, wenn im letzten Augenblick das letzte wahre Wort gesprochen, der letzte Blick getauscht, das letzte Lebewohl gesagt wird.

Man muss auch die letzte Seite seines Lebens schreiben! Erst diese gibt ihm seinen ganzen Sinn. Sie fasst noch einmal alles zusammen, korrigiert es, vollendet es. Kurz: Sie ist es, die Leben schenkt. Denn Leben wird nur in seiner Fülle weitergegeben, wenn auch seine letzten Augenblicke darin gefasst werden können.«

Eine grundlegende Erinnerung: Der Tod meiner Mutter

SIE WAR ERST NEUNUNDDREISSIG, meine Mutter Lucie, als sie uns in der Nacht, Mitte November, verließ, meinen Vater und uns, ihre vier Kinder. Neununddreißig ist recht jung, um vier Waisen zurückzulassen. Ein knapper Monat vergeblicher chirurgischer Eingriffe hatte genügt, um die erstaunliche Lebenskraft dieser Frau bis zum letzten Tropfen auszulaugen. Dabei hatten wir Kinder doch so auf den guten Ausgang dieser lange aufgeschobenen und so sehr gefürchteten Operation gehofft; aber die Risiken waren damals noch hoch, das wussten wir, zumal in jenem kleinen Provinzkrankenhaus. Aber es musste auf jeden Fall etwas unternommen werden, damit endlich diese »Leberkrisen« aufhörten, von denen die junge, mutige und widerstandsfähige Frau immer wieder plötzlich und mit derartigen Schmerzen heimgesucht wurde, dass sie sich darunter wand, was uns allen schrecklich zusetzte. Wir hatten auf ein Wunder gehofft, das unseren Ängste ein Ende bereiten würde. Aber dann war alles ganz aus.

Am Abend des 17. November war Mama wieder in ihrem Zimmer, ihrem Bett. Man hatte sie aus Saint-Jean-de-Maurienne überführt, damit sie daheim, im Kreis der Ihrigen, sterben konnte.

Da liegt Mama also hingestreckt vor uns. Man hat zu diesem Anlass den kleinen runden emaillierten Ofen aufgestellt, wie man das bei jeder Geburt tat oder wenn jemand schwer krank war. Er verleiht dem Raum im Winter eine angenehme Temperatur. Ihr Gesicht mit den hohen Backenknochen und den eingefallenen Wangen hebt sich stark von ihrem üppigen schwarzen Haar ab. Sie atmet langsam und regelmäßig. Eine ungeheure Müdigkeit hat alle ihre Züge entspannt und weckt den Eindruck, sie habe sich völlig in eine absolute Ruhe sinken lassen. Im Schatten, den die Deckenlampe mit dem gewellten Milchglasschirm rund um das Bett zeichnet, umstehen wir sie schweigend. Die Scheu hält uns reglos im Bann, nebeneinander, um das vom Licht erhellte Bett. Schläft sie?

Noch heute sehe ich, wenn ich daran zurückdenke, eigentlich nur ihr Gesicht. Ihr Mund steht weit offen. Aber vor allem die Augen sind es, die mich faszinieren. Ich kann den Blick kaum lösen von diesen halb geschlossenen Lidern, die nur das elfenbeinerne Weiß der Augäpfel hervorschauen lassen. Diese weißen Mandorlen sind lebendiger als die starren Blicke von Statuen und reden mit einer fremdartigen Sprache zu mir, die ich unentwegt zu entschlüsseln versuche ... In welche Unendlichkeit richten sich ihre offenen Pupillen? ... Welche Himmel oder welche Abgründe schauen sie in ihrer Abwesenheit an? Diese Augen, wie ich ihnen inzwischen hunderte Mal in der Klinik begegnet bin, kann ich immer noch nur mit tiefer Bewegung anschauen, mit ihrem Blick, der bereits weit fort ist, um ein unbekanntes Anderswo anzuschauen.

Im friedvollen Schweigen, in dem nur das Knistern des Holzofens zu hören ist, stehen wir im Schatten da, unsere Blicke auf die Zone im Lichtkreis gerichtet. Von Zeit zu Zeit rühren sich leise Zeichen. Wir wachen vor dieser Flamme, die langsam erlischt. Gleich wird sich das Gesicht von Mama beleben, eine Welle wird über den Marmor ihrer Lippen laufen. Wir begreifen: Sie will etwas sagen.

Von wer weiß woher steigt etwas Lebendiges auf und regt sich plötzlich. Dieser Körper ist bewohnt! Eine verborgene Flamme schwelt noch unter der Asche dieses erschöpften Wesens. Erde und Himmel ... alles ... will über diese kaum mehr sich bewegenden Lippen kommen. In einem letzten Ja will sie noch einmal alle gelebten Jahre aufgreifen, umfassen. In diesem scheinbar leblosen Körper war doch noch etwas an der Arbeit!

Tante Célestine, die Schwägerin, wird gerufen. Sie bittet sie um Verzeihung, und mit diesem Wort wird eine ganze Vergangenheit versammelt und versöhnt: Mit Tante Célestine hatte es immer Differenzen gegeben, weil sie dem Charakter nach so grundverschieden, so unverträglich waren und weil ihre Kinder sich immer wieder in die Haare gerieten.

Dann ist Papa an der Reihe. Sie hat ihm vier Kinder geschenkt. Ich, der Älteste, bin erst vierzehn. Die Jüngste ist neun; sie ist im Augenblick bei einer Tante. Mama möchte ihre Liebe und die Frucht ihrer Liebe besiegeln. Sie möchte mit der Gewissheit scheiden: Papa wird dieser einen Liebe treu bleiben. Er wird uns Kinder bis ans Ende lieben.

Was hat sie zu meinen Brüdern gesagt? Zu ihrer Schwester, Tante Zabeth, bei der wir jedes Mal Zuflucht suchen, wenn uns das Haus ohne Mama zu leer vorkommt? Ich weiß es nicht. Aber ihre Sorge richtet sich darauf, dass alles, was sie angefangen hat und selbst nicht vollenden kann, weitergeht. Nur wenn das gewährleistet ist, kann sie in Frieden scheiden.

Wie die Wogen des Meeres ständig kommen und gehen, so ist es, als pulsierten uns aus diesem erlöschenden Leben Wogen des Unendlichen entgegen. Alles Gewesene, alle gelebte Liebe, die unermessliche Offenheit einer unbekannten Zukunft – all das wogt vor und zurück, und es ist, als schimmere im Herzen von all dem eine Art Ahnung der Ewigkeit, wie ich sie noch nie in der Vordergründigkeit unseres Alltags wahrgenommen hatte ... Das Herz schwillt an, und aus dem ungeheuren Kummer wird ein runder voller Friede, in dem wir eine in dieser Art noch nie verspürte innerste Gemeinsamkeit feiern. Angesichts des Todes, der das Leben bis zu einer Art essentieller Reinheit destilliert, rühren wir gemeinsam an die stille und starke Größe unserer innersten Menschennatur.

Um nichts auf der Welt hätte ich diese so erfüllten und dichten Augenblicke missen wollen, so sehr sie auch mit unerträglichem Schmerz verbunden waren. Jahre später habe ich von meiner Schwester erfahren, welches Unglück ein Herz belasten kann, wenn es von diesen unvergleichlichen Momenten fern gehalten wurde.

Vor einigen Jahren habe ich im Sommer wieder meine Heimat besucht und dabei die Tonbandaufnahme eines Vortrags mitgebracht, bei dem ich in Paris über meine Erfahrungen bei der Begleitung Sterbenskranker und dem Miterleben ihrer letzten Tage gesprochen habe. Ich habe darin vor allem hervorgehoben, wie wichtig es sei, dass trotz der ungemein schmerzlichen Umstände die Angehörigen und vor allem auch die Kinder in diesen letzten Augenblicken um den Sterbenden anwesend seien. Meine Schwester saß hinten im Wohnzimmer auf dem Sofa und hörte sich die Kassette an, während ich im vorderen Teil des Raums saß und Zeitung las. Ich hatte absolut keine Ahnung, dass meine Ausführungen etwas mit dem zu tun haben könnten, was meine Schwester seit ihrer Kindheit plagte.

Plötzlich war es, als breche bei ihr ein Damm unter einem schon lange angestauten Druck, und sie zerfloss in Tränen. »Therèse, was ist denn mit dir los?« Sie konnte vor Schluchzen kaum sprechen und brachte schließlich die unglaublichen Worte hervor: »Weißt du ... genau das ... dass lastet mir ... schon immer auf der Seele. Als Mama starb, wart ihr da. Zu euch .... zu euch hat sie noch etwas gesagt. Zu mir ... nichts!«

Was tun? Was sagen angesichts eines solchen Kummers? Ich konnte nur schweigen, mich schämen, dass ich diesen Vorzug genossen hatte. Kam mir überhaupt der Reflex, sie in die Arme zu nehmen, oder war ich selbst zu sehr erschüttert? Arme Schwester, die du nicht dabei warst, bei diesem Treffen im Kern des Lebens, diesem letzten Treffen, zu dem uns die empfing, die uns zur Welt gebracht hatte!

Du hast dein Leben lang diesen Mangel, diese Abwesenheit wie eine Schande mit dir getragen. Vermutlich haben die Tanten gemeint, für dich, das kleinste Kind, sei es noch zu belastend, die letzten Augenblicke unserer Mutter mitzuerleben. Und da erfahre ich jetzt, fünfzig Jahre danach, wie du darunter gelitten hast!

Jetzt kommt es mir wieder, damals ... Und ich begreife. Es war hinter dem Sarg von Mama. Du gingst neben mir. Wir überschritten Seite an Seite die Schwelle zum Friedhof, zwischen den beiden festen Pfeilern aus grauem Stein. Papa hatte dir zu diesem Anlass an den Kragen deines Mäntelchens ein Revers aus schwarzem Filz genäht. Dieses Schwarz stand dir wunderbar: Du warst bildhübsch mit deinen neun Jahren. Ich sehe wieder, wie du einen ganz eigenartigen Gang hattest; du trugst neue Schuhe. Man hätte meinen können, du kokettiertest, denn du schrittest eher mit Eleganz als von Schmerz belastet. An diesem Tag hatte ich dich verkannt. Wenn ich jetzt daran denke, tut es mir ihm Herzen weh. Du fandest nicht deinen Platz in diesem allgemeinen Schmerz. Du wusstest nicht, in welcher Trauer du lebtest.

Ich habe mein Leben lang intuitiv gespürt, von welchem Gewicht diese Worte waren, die Mama am Rand der Ewigkeit noch über die Lippen kamen. Solche Worte sprechen nicht mehr nur die Lippen. Es ist der Hauch des Seins schlechthin, der da weht und noch einmal Worte formt. Das gesamte Sein ist darin zusammengefasst und spricht sich uns zu. Es ist, als kondensiere sich das Sein in einer äußersten Aufgipfelung, um mit dem letzten Hauch Leben zu schenken und es mit einer endgültigen Botschaft zu versehen.

In diesen letzten Augenblicken scheint sich ein enges Band zwischen Geist und Körper zu knüpfen: Der Körper wird wie transparent für das Denken. Das Sein des Sterbenden hat sich verfeinert; es passiert mit seinem Dasein den Filter der Ewigkeit, und seine Bilder erscheinen auf dem Bildschirm des Bewusstseins. Und wir, die Lebenden, werden in diesen Vorgang mit einbezogen, als Mitspieler in einem unsichtbaren Film, in einer schweigenden Präsenz, mit der der Sterbende einen lautlosen Dialog unterhält.

Mama konnte nicht gehen, ohne aufgehoben zu haben, was das Einssein der Menschen trennt. Wir waren da, um diesem wesentlichen Wunsch nach Kommunion und Frieden entsprechen zu können. Mit ihren versöhnenden Worten entschwand Mama uns, aber zugleich vertraute sie uns Gott und dem Leben an. Von ihr ging auf uns die Einladung über, das Leben wirklich in seiner Fülle und Dichte zu leben. Das war eine eigenartige Kommunikation von Wesen zu Wesen, und das Medium dieses Austauschs war ihr ganz zu Hauch und Wort gewordener Körper.

An meine tote Mutter habe ich keinerlei Erinnerung. Ich entsinne mich nicht ihres letzten Atemzugs, dieses Augenblicks, ab dem nichts mehr in den von da an reglosen Körper hineingeht und nichts mehr aus ihm herauskommt. Meine Erinnerung versetzt mich unversehens in die Kirche, zur Trauerfeier vor ihrer Beisetzung. Ich sehe mich in dieser Kirche meiner Kindheit und meiner Taufe. Zweifellos ganz vorne, in der Nähe der für die Sänger reservierten Chorstühle. Ihre Stimmen, mehr kräftig als harmonisch, voller Inbrunst und Überzeugung, erfüllen die Kirche mit den lateinischen Gesängen der Totenmesse. Diese Gesänge sind mir nur allzu vertraut. Ich habe sie jeden Morgen gehört, wenn ich schon frühmorgens bei der Messe für einen Verstorbenen der Pfarrei ministriert habe.

In diese Kirche war ich auch schon als kleiner Junge mit drei oder vier Jahren mit meiner Mutter zum Beten gegangen. Einmal war das an einem Sommernachmittag. Wir waren ganz allein in der Kirche, in der ersten Bank vorne. Da knieten wir in der ungezwungenen Stille des leeren Kirchenschiffs. Neben mir betete meine Mutter aus ihrem tiefsten Herzen vor diesem fernen und geheimnisvollen Tabernakel. Und plötzlich hatte ich das starke Gefühl einer Gegenwart: Im Tabernakel wohnt jemand. Davon war ich zutiefst überzeugt. Meine Mutter sprach innig mit einem lebendigen Gast, so intensiv, wie ich sie noch nie mit einem Menschen hatte sprechen hören. Eine von Gewissheit angesteckte Gewissheit war das, ein aus dem Glauben der Mutter geborener Glaube.

Hatte ich angesichts des Sargs meiner Mutter an diesen Sommernachmittag gedacht? Nein, ich glaube nicht. Aber das, was für mich beim Trauergottesdienst geschah, während des Gesangs des »Dies irae«, war von der gleichen Intensität, der gleichen Evidenz. In meiner Erinnerung verschmelzen beide Augenblicke zum Echo ein und derselben grundlegenden Gewissheit.

Das Auftauchen dieser Gewissheit bleibt mir ein Rätsel. Welcher Abgrund ist das in mir, aus dem diese Worte aufsteigen, die sich mehr meinem Sein als meinem Geist einprägen? Welche inneren Landschaften haben diese Worte durchwandert, während sie langsam ins Licht emporstiegen? Ich möchte nur zu gern ihren Verlauf kennen, in der Hoffnung, sie besser zu begreifen. Aber die einzigen Worte, die mir dazu kommen, sind: »So ist es eben: Das ist das Leben!« Und mit ihnen erfassen mich ganz tief ein Friede, eine Gewissheit, eine Freude. Es ist, als falle ein innerer Vorhang und erschließe mir eine völlig neue Landschaft. Der Vorhang liegt auf dem Boden; der Nebel ist verscheucht. Man betritt die Wirklichkeit und empfindet ein unerschütterliches Ja dazu, wie die Welt eingerichtet ist. Und der Tod gehört zu dieser Welt. Er lässt uns ans Geheimnis dieser Welt rühren.

Für mich ist die Erinnerung an diesen Augenblick von grundlegender Bedeutung. Er ist mehr als die Erinnerung an etwas Gewesenes, so sehr ist sie mir eingeschrieben, in alle Fasern meines Wesens. Mir kommt für diese innere Gewissheit der Vergleich, als sei es, wie wenn ein Instrument eine neue Klangfärbung erhält: Alles, was man darauf spielt, klingt von da an anders als früher. Mein Sein lebt alles anders.

Bei diesem Trauergottesdienst wird das berühmte »Dies Irae« angestimmt, der lateinische Gesang vom »Tag des Zorns«, den man heute aus der Liturgie verbannt hat, eine Lawine von Tönen. Die Stimmen schmettern Noten, Rhythmen, lateinische Vokale in rasender Kadenz. Die Sänger lassen die Gewölbe mit Genugtuung von ihrer Überzeugung vibrieren. Ich habe mich während meiner ganzen Kindheit in diesem musikalischen Vulkan gebadet. Er verfügt über den faszinierenden Klang gelehrter Worte, die für mein bescheidenes Schülerlatein noch zu hoch sind, das Auf und Ab klarer, nüchterner Töne und den Schwung galoppierender Reime. Das alles wirkt so zusammen, dass dieses Schreckensgedicht mich keineswegs in Verzweiflung oder schreckliche Angst vor einem zürnenden Gott stürzt. Ich begehre vor dem Sarg meiner Mutter nicht auf. Es ist eher ein unglaublicher Kontrast zwischen den apokalyptischen Worten dieses groben »Dies Irae« und der friedvollen Einsicht, die sie mir erschließen.

Wie können derartige innere Erdbeben einen solchen Frieden gebären? Was hat sich da abgespielt? Das ist schwierig zu beschreiben. Wir können nur Worte an Worte reihen, und sie bleiben immer unzureichend, um das zu fassen, was im Herzen vorgeht. Diese ganz einfachen Worte: »So ist es eben: Das ist das Leben!« sind mir gekommen wie mit einer sanften Woge, die mich emporhob, wie von den äußersten Zellen meines Körpers und der Erde her. Es ist, als werde das Sein im Wort aufgelöst und erstehe daraus neu. Von da an ist es für immer von einer glücklichen Gewissheit, einer Kraft, einem unerschütterlichen Frieden erfüllt. Das alles nimmt nicht den Schmerz. Aber es ist da. Das ganze Sein ist geeint, weit über sich selbst hinaus: geeint mit der ganzen Welt.

Die unermessliche Wahrheit konzentriert sich zuweilen in wenigen Worten, in Worten von bestürzender Einfachheit, von schrecklicher Banalität. Aber für den, der sie empfängt, bergen sie eine ganze Offenbarung.

Blaise Pascal hat in der Nacht seiner Erleuchtung die nackten Worte aufgeschrieben: »Jahr der Gnade 1654. Feuer. Gewissheit. Gefühl des Friedens. Freude. Freude. Freude. Tränen der Freude ...«

Vielleicht nie sonst, bei keinem anderen Umstand des Lebens, rührt man derart nah an die Ordnung der Welt, in diesem vollen bejahten Kontakt, als dann, wenn man mit dem Tod eines geliebten Menschen konfrontiert wird. Und jeder Tod eines Menschen, der einem nahe steht, birgt in sich das Potential, eine solche grundlegende Erfahrung zu erschließen. Man hütet sie dann als kostbaren Schatz für die Lebenden.

Abschluss

Den Tod mit anderen Augen sehen – was heißt das? Was muss man dabei ändern?

Es ist gar nicht so einfach, den Tod mit anderen Augen zu sehen. Man kann sich das nicht einfach verordnen oder sich auf Kommando umstellen oder alles mit einem Schlag ändern, wie man einen Schalter umlegt. Zudem ist es unmöglich, sich von sich aus umzustellen und sich entsprechend zu verhalten. Es genügt nicht, der leuchtenden Lampe einen rosafarbenen Filter vorzuschrauben. Es muss einem vielmehr eine unsichtbare Wirklichkeit aufgehen, die bewirkt, dass einem in der Dichte der Wirklichkeiten, die entweder vom Tageslicht beleuchtet oder in die Schwärze der Nacht getaucht sind, das unsichtbare Herz aller Dinge und der dunklen Nacht aufscheinen.

Erst dann kann sich dem glücklichen Blick ein neues Universum darbieten und seine Gegenwart offenbaren. Dann tut sich uns eine bislang im Herzen der Welt verborgene Welt auf und aus einem unscheinbaren, alltäglichen Grund kann uns dann aus der Tiefe eine innere Fülle aufsteigen. Ihr Anlass kann ein Wassertropfen sein, während wir vorher das Meer brauchten, um auch nur entfernt etwas Ähnliches zu erahnen.

Aber wie kann man zu einem derart radikalen Wandel gelangen? »Rezepte« genügen hier nicht. Erst recht nicht bestimmte Verfahren zum Erlangen von Weisheit. Damit man diesen neuen Blick bekommt, muss das eigene Wesen ein neues Verhältnis zu den Dingen einnehmen; und dieses Verhalten angesichts des Todes lässt sich nicht von anderen kopieren noch durch eigene Willensanstrengung herstellen: Weder Anspannung noch Einübung führen dorthin. Es bedarf eines inneren Weges. Es liegt an jedem Einzelnen, diesen zu finden und ihm zu folgen. Man sollte hier eher von einem totalen Neuansatz seines ganzen Wesens sprechen; denn es geht darum, eine völlig neue Struktur des Lebens zu erfinden. Kurz: Es geht um ein Abenteuer der Bekehrung, der man sich ausliefert, um ein Loslassen – um sich ganz dem Wirklichen auszuliefern, das da ist.

Wir wissen es: Man kann sich nicht von einem Tod nach Art des »Wolfstodes« von Alfred de Vigny auf einen Tod »nach der Art Jesu« umstellen, ohne zuvor einen mühsamen Weg zu durchlaufen; und auch nicht von einem heroischen, verbissenen Schweigen auf das Gebet des Ja-Sagens zu Gott oder ganz einfach zur Realität. Durch den Tod in seinen Grundfesten erschüttert, ist der Mensch mit seinem gesamten Sein zu einer Wesensumwandlung eingeladen, um in sich ohne ungute Spannung den Bruch zwischen einer ihm bekannten Vergangenheit, die er nicht loslassen will, und dem Sich-Ausliefern an die unerwarteten, ihm innewohnenden Kräfte der Neugestaltung zu versöhnen, um sich öffnen und an das Jenseits des Möglichen glauben zu können.

In vielerlei Hinsicht gleicht dieser Weg einer Geburt. Man findet darin alle ihre Merkmale, den langsamen Prozess und die notwendigen Reifungsphasen; denn er gehorcht den geheimnisvollen Schüben des Lebens. Es ist mehr ein Weg des Seins als des Wollens. Ein Weg des Hörens, der Sehnsucht – ja, der Sehnsucht vor allem! Denn es sind keine leeren Worte, wenn es im Psalm heißt: »Dein Angesicht, Herr, suche ich! Dein Antlitz ist es, wonach mich verlangt.«

Den Tod mit anderen Augen sehen heißt also, uns im Frieden mit unserem Tod zu versöhnen, indem wir den Abgrund zwischen dem, was unser Leben war, und uns selbst überschreiten. Es heißt, diesen Tod mit offenen Händen aufzunehmen und unter seinem Anschub in Geduld etwas zu gestalten, das dem elementaren Bereich des Lebens angehört.

Die allererste Bedingung dafür ist, dass man den Tod vorsieht. Ihn geben – ihn »schenken« – wäre dann die allerhöchste Möglichkeit, denn wenn man ihn im Frieden denen anbietet, die nach einem an die Reihe kommen, heißt das, ihm Sinn zu geben und die anderen in die Lage zu versetzen, ihn mit dem gleichen Frieden anzunehmen.

Meine Sorge als Priester und Begleiter der Menschen in der Klinik erhält ihre besondere Qualität durch diese Mühe, sich zum Ja-Sagen durchzuringen, die unvermeidlich jedem Schwerkranken zugemutet wird, wenn sein Tod naht. Sie richtet sich darauf, dessen Freiheit so weit freilegen zu helfen, bis sich zwischen ihm und seiner Umgebung dank des miteinander geteilten Wortes ein Feld eröffnet, auf dem Worte der Zuneigung und der herzlichen, menschlichen Anteilnahme möglich werden, und sich dank der Stärke dessen, der fortgeht, die Bande festigen, die die Menschen um das Kerngeheimnis des Menschseins vereinen: das Geheimnis des Todes und des Lebens.

Angesichts des sich ankündigenden Todes besteht die wichtigste Aufgabe jedes Menschen darin, sich um das Ungewöhnliche zu bemühen, sein Dasein mit diesem neuen Akt des Lebens zu versöhnen, der sich ihm auferlegt und als Sterben bezeichnet wird. Es geht für ihn darum, alle seine Kräfte zu diesem abschließenden Werk aufzuraffen. Was mich betrifft, so versuche ich, mich so weit wie möglich verfügbar für das zu halten, was geschieht, und dazu beizutragen, dass diese Versöhnung leichter gelinge und stattfinde.

Heute öffnet sich unsere Gesellschaft hier und da für die Vorstellung, dass der Tod ganz wesentlich zum Leben des Menschen gehöre. Man wird sich zunehmend bewusster, von welcher Bedeutung es für unsere heutige Kultur und Zivilisation ist, dass sich der Mensch mit seinem Tod versöhnt, und man beginnt zu sehen, welche Freude und Vollendung der Mensch auf dieser letzten Etappe seines Weges finden kann. Womöglich hat er sogar genau sie bereits tastend sein ganzes Leben lang gesucht. Ein Kranker, der auf diese Weise schließlich fündig geworden ist, hat mir geschrieben: »Es klingt verrückt, wenn ich zwei Schritte vor dem Ende meines Lebens (das ich liebe) sage, dass ich glücklich bin.«

Aber bevor mit Hilfe des offenen Wortes auf breiterer Front eine Bresche geschlagen, der Tod zur Sprache gebracht wird und viele Sterbende dadurch an die miteinander verbundenen Geheimnisse von Tod und Leben zu rühren vermögen, muss noch all das überwunden werden, was sich diesem zutiefst persönlichen Durchbruch entgegenstellt: die Mauer des Schweigens, das Verstummen des Kranken, die Angst der Umgebung, das trostlose Übereinkommen: »Heilung oder Nichts«.

Würde das gelingen, könnte dann der Kranke mit Erfolg die Wirren des Kampfes hinter sich lassen und sich auf einen Frieden, ja eine Freude einlassen, die auf ihn warten? Und wie geschieht es, dass einer vom Zustand des passiven Kranken, der sich benebelnden Versprechungen hingibt und in der Angst lebt, den Übergang schafft in den Zustand des aktiven Kranken, der das Ende selbst in die Hand nimmt und nach und nach die Initiative bei seinem Sterben ergreift? Das weiß niemand vorher.

Es gibt keine ideale Begleitung; das haben wir im Lauf dieses Buches immer wieder feststellen müssen. Wir wissen nur, dass bestimmte Etappen zur Pflichtkür gehören. Man braucht Zeit für das langsame Vertrautwerden und das Sich-daran-Gewöhnen; man braucht Geduld, um die richtigen Gelegenheiten herauszuspüren. Es bedarf auch vieler einzelner Schritte zur Begegnung, zum Sprechen, zum Herstellen von Klarheit zwischen den Gesprächspartnern. Jeder Mensch hat für all das seine ganz eigene Bahn. Darin besteht die ganze Größe und Schlichtheit unserer menschlichen Lebendigkeit und Sterblichkeit.

Mein Anteil bei diesem Ringen ist der des Dritten, des Katalysators, über den das Wort gehen kann; und der des Geburtshelfers, der dazu beiträgt, dass in diesem erschreckenden Augenblick des Sterbens das Leben geboren wird und Hoffnung und Ewigkeit aufleuchten. Diese Rolle ist bescheiden, aber erhaben, genau wie das Sterben des Menschen. Kranker wie Seelsorger erfahren dabei als Menschen ihre grundsätzliche Sterblichkeit.

Diese Aufgabe stellt sich nicht nur allen, die unverhofft plötzlich mit ihrem Tod konfrontiert werden. Ich als Seelsorger bin nicht exklusiv in dieser Rolle des Begleiters von Sterbenden. Das Thema stellt sich heute jedem Menschen guten Willens, der sich entschieden weigert, vor der Frage nach seinem Ende zu kneifen.

Das Tabu, mit dem der Tod belegt ist, lastet immer noch auf unserer Gesellschaft. Dieses Tabu zu brechen heißt, die Kommunikationswege zwischen denen, die gehen, und denen, die bleiben, weiter zu öffnen. Es geht darum, dass ein Mensch so weit kommt, dass er seinen Tod zu bejahen vermag und dass er die angemessenen Worte findet, mit denen er sich von denen verabschieden kann, die er zurücklässt. Dann kann der Akt seines Sterbens für sie von unschätzbarer Bedeutung werden. Ihnen wird dann eine Art von neuer Teilhabe am Sein geschenkt, etwas Befruchtendes; ich glaube, es geschieht dann etwas, das einer Geburt gleicht. Sie vermögen, mit seinem Fehlen zu leben und ihrerseits die Ungewissheiten und Endlichkeiten des Lebens zu bejahen.

Wer würde es sich nicht wünschen, allen, die er liebt, dieses letzte Geschenk machen zu können? Der Tod als Geburtsakt für den, der geht, und auch für alle, die ihren Lebensweg weitergehen ...

Danksagung

Ich möchte mich hier bei allen bedanken, die mir mit Rat und Tat beim Anpacken, Verfassen und Vollenden dieses Buches zur Seite gestanden sind:

bei Marc Leboucher von den Éditions Desclées de Brouwer, ohne den meine Erfahrungen als Klinikseelsorger nie in die Form eines Buches geflossen worden wären;

bei Anne Reboux-Caubel, die meine Texte, Aufzeichnungen und Notizen geordnet und zunächst einmal ins Reine geschrieben hat;

bei Monsieur Prof. Daniel Chassagne, der bereit war, das Manuskript zu lesen und mich dank seiner Ratschläge in den Genuss seiner großen Erfahrung am IGR und in der Welt der Medizin kommen ließ;

vor allem bei allen Schwestern und Brüdern des menschlichen Weges durchs Leben zum Sterben und in den Tod, denen ich auf ihrer letzten Etappe nah sein durfte;

bei allen meinen engen Gefährten und Mitarbeitern, die im Laufe all der vergangenen Jahre zusammen mit mir die Seelsorgearbeit bei den Kranken im IGR gewährleistet haben;

bei den Ärzten, Krankenpflegerinnen und -pflegern und dem ganzen Personal am IGR, bei denen ich immer Kompetenz, Hingabe, kollegiale Zusammenarbeit und Freundschaft erlebt habe;

bei meinen zahlreichen Freunden, die mir Gastfreundschaft, Stille und Ermutigung boten und die auch meine ersten kritischen, aufmerksamen und wohlwollenden Leser waren.

Sterbende würdevoll begleiten

Sheila Cassidy
Die Dunkelheit teilen
Spiritualität und Praxis der Sterbebegleitung
240 Seiten, Paperback – ISBN 3-451-23737-7
»Ein wahrhaft kostbares und hilfreiches Buch«
(*Jean Vanier*).

Barbara Leisner
Abschied nehmen
Praktischer Rat und Hilfe in Tagen der Trauer
200 Seiten, Paperback – ISBN 3-451-26084-0
An was beim Todesfall alles zu denken ist – ein einfühlsamer, praktischer Ratgeber, kompetent und übersichtlich.

Daniela Tausch-Flammer
Sterbenden nahe sein
Was können wir noch tun?
Herder spektrum Band 4919
Im Umgang mit sterbenden Angehörigen sind wir oft sehr hilflos. Erfahrungsberichte und Denkanstöße.

Carola Otterstedt
Leben gestalten bis zuletzt
Kreative und einfühlsame Begleitung sterbender Menschen
Herder spektrum Band 4716
Neue Impulse für die Sterbebegleitung – mit vielen erprobten Anregungen und praktischen Hinweisen.